KB260546

객관적
20세기
전반기
史

객관적 20세기 전반기史

지은이 | 이윤섭

1판 1쇄 펴낸날 | 2010년 12월 5일

펴낸이 | 이주명
출력 | 문형사
종이 | 화인페이퍼
인쇄 | 한영문화사
제본 | 한영제책사

펴낸곳 | 필맥
출판등록 | 제 300-2003-63호
주소 | 서울시 서대문구 충정로2가 184-4 경기빌딩 606호
이메일 | philmac@philmac.co.kr
홈페이지 | www.philmac.co.kr
전화 | 02-392-4491
팩스 | 02-392-4492

ISBN 978-89-91071-82-7 (03900)

잘못된 책은 바꾸어 드립니다.
값은 뒤표지에 있습니다.

이 도서의 국립중앙도서관 출판시도서목록(CIP)은 e-CIP 홈페이지(http://www.nl.go.kr/cip.php)에서 이용하실 수 있습니다.(CIP제어번호: CIP2010004163)

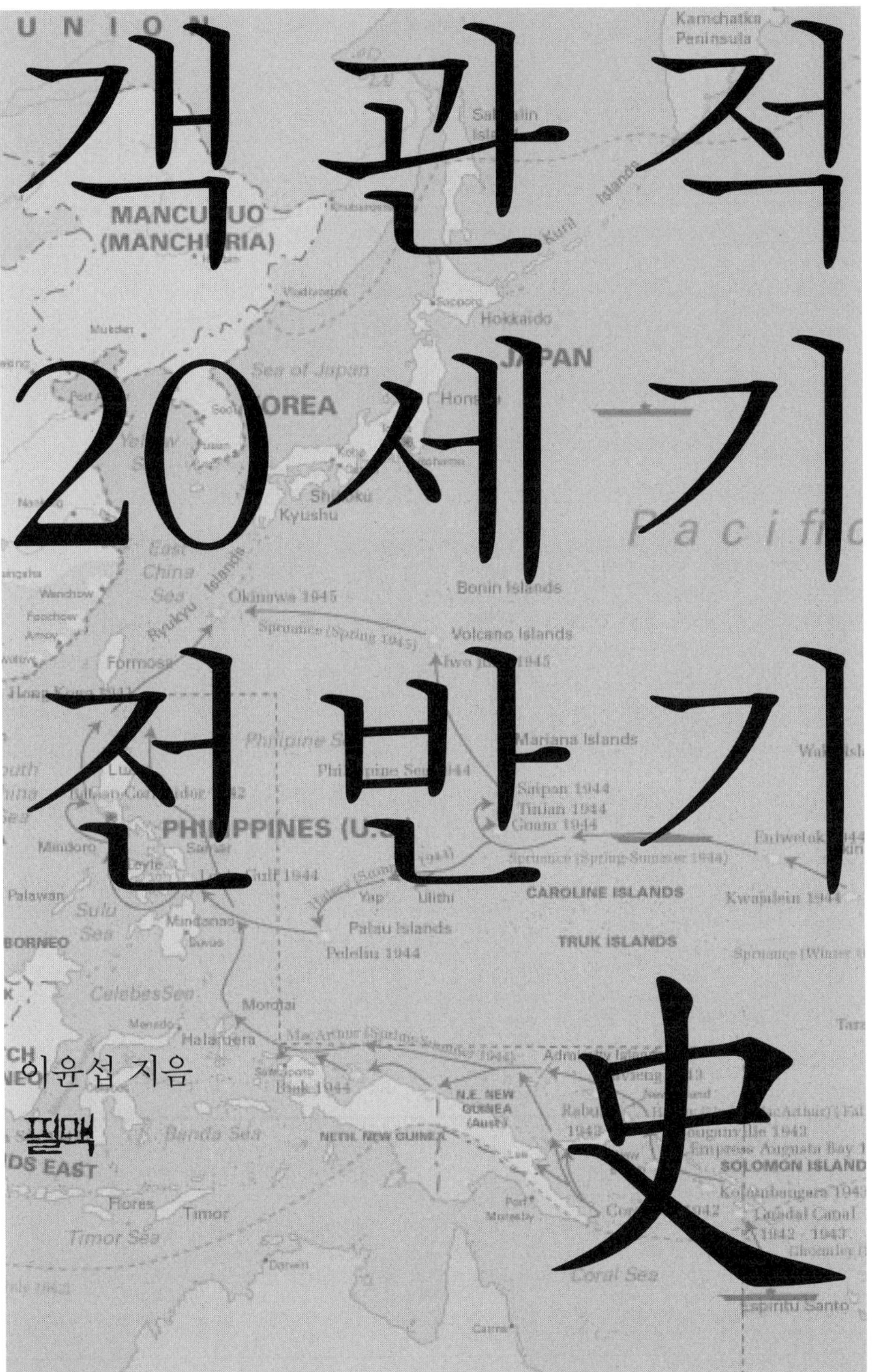
객관적
20세기
전반기
史
이윤섭 지음
필맥

좌우익 대립이 치열한 한국 현대사에서 민족주의는 자유민주주의와 사회주의보다 영향력이 더 강한 이데올로기였다. 민족주의는 포퓰리즘과 결합해 저급한 민족주의로 타락하기 쉬운데, 이러한 형태의 민족주의는 본질적으로 개인들의 치졸한 자화자찬과 자존자대 충동을 집단화해 그럴듯하게 포장한 것에 불과하다.

한국, 중국, 일본 등 동아시아 3국이 모두 민족주의의 미망에서 벗어나지 못해 각각 자기 나라 역사를 서술하는 데서 숱한 문제를 안고 있지만, 일본 제국주의의 식민지로 전락한 바 있는 한국의 근대사 서술은 유독 문제가 심각하다. 자신의 부끄러운 점을 은폐하는 것도 그렇지만 국력이 미약하여 세계사의 주체가 아닌 객체가 된 시기의 역사도 자기 나라 중심으로 기술한다.

이 때문에 학교에서 국사를 배워도 조선 왕조가 어떠한 과정을 거쳐 식민지가 되었는지를 알 수 없게 된다. 한국이 독립하는 과정에 대한 서술도 일제가 미국과의 전쟁에서 패망하여 한국이 식민지에서 벗어난 엄연한 역사적 사실은 한두 줄에 그치고 '불굴의 민족적 저항', '화려한 독립운동사' 로 메우기에 바쁘다. 이런 식으로 한국 근대사를 배운 학생들의 머리에 남는 것은 그저

‘일제의 악행’, ‘민족의 고난’ 정도일 뿐이다.

우리나라에서 사용되는 국사 교과서나 세계사 교과서의 서문을 보면 대체로 과거를 성찰해 미래의 좌표를 설정하고 대한민국이 나아갈 길을 제시하는 것을 목표로 한다고 쓰여 있다. 그러나 세계사의 객체적 일부가 된 한국의 현실에 대한 냉정한 인식은 없이 민족주의 정서에 매몰된 근대사 서술은 그러한 목표의 달성에 전혀 도움이 되지 않는다.

대한민국이 수립된 세기인 20세기는 열강의 이해 충돌로 인해 인류의 역사상 최대 규모의 전쟁이 두 차례나 벌어지고 수많은 민족의 운명이 그에 따라 좌우된 격동의 시기였다. 대한민국이 수립된 과정과 그 뒤의 한국사 및 현재의 세계정세를 이해하기 위해서는 그 시기를 돌아볼 필요가 있다.

이제 대한민국이 수립된 지 60년이 넘었고 상당한 수준의 국가적 성취를 이룩했으니 ‘열등의식’에서 벗어날 만한데도 우리에게는 과거를 있었던 그대로 보려고 하지 않는 경향이 지속되고 있다. 세계정세의 격변에 힘입어 우리나라가 독립에 성공한 ‘역사적 사실’을 냉정하게 기술해야 할 필요성이 여전히 절실하지만 실제로는 그렇지 못한 현실이 개탄스럽다.

이 책을 읽고 나서 ‘우리나라의 독립에 우리 민족이 스스로 기여한 바가 과연 무엇인가’라는 의문을 품으며 자괴감에 빠질 수도 있겠지만, 그러한 의문 자체를 던지는 것이 무엇을 의미하는지 관심을 가져볼 필요가 있다. 각국의 ‘잘난 우리 민족’ 자랑과 정파 간 정치선전 경쟁이 역사의 탈을 쓰고 세상을 어지럽히는 현실에서 한걸음 물러나 지난날을 다시 살펴보는 자세를 촉구해보자는 것이 필자가 이 책을 쓰게 된 동기였다.

2010년 11월 이윤섭

차례

머리말 · 4

프롤로그 · 8

1부 | 20세기 초 동아시아의 격변

1장 청 왕조의 몰락과 중국의 분열 · 23

2장 러시아 제정의 몰락과 연합국의 승리 · 45

3장 3·1 운동과 5·4 운동 · 58

4장 워싱턴 회의 · 69

5장 중국 군벌들 간의 내전과 국민당의 대응 · 75

6장 남경 국민정부의 북벌 · 85

2부 | 1930년대 세계정세

7장 중국의 내전과 일본의 만주 침략 · 103

8장 히틀러의 집권 · 119

9장 중일전쟁 · 129

10장 뮌헨 협정 · 143

11장 할힌 골 전투 · 153

3부 | 2차대전과 독일, 일본의 세력확장

12장 독일과 소련의 폴란드 침략과 러시아–핀란드 전쟁 · 161

13장 독일의 서유럽 석권 · 170

14장 독일의 소련 침공 · 185

15장 진주만 공습과 소련의 모스크바 방어 · 199

16장 일본의 동남아 석권 · 221

17장 미드웨이 해전 · 232

4부 | 독일, 일본의 패전과 한국의 독립

18장 스탈린그라드 전투 · 247

19장 무솔리니의 실각 · 258

20장 노르망디 상륙작전 · 262

21장 미국의 필리핀 수복 · 270

22장 독일의 항복 · 277

23장 일본의 항복 · 287

24장 해방과 대한민국 수립 · 296

에필로그 · 315

참고문헌 · 318

찾아보기 · 320

프롤로그

일본 명치유신의 주역들은 일본이 생존하기 위해서는 빨리 부강해져서 지리적 생활공간을 확장해야 한다는 생각으로 가득 차 있었다. 당시 일본의 인구는 4천만 명이 넘어 생산력 수준에 비해 과다한 수준이었다. 명치유신의 주역들은 새로운 생활공간으로 땅이 넓고 인구가 적은 만주와 몽고를 주목했다. 그곳을 획득하기 위해서는 우선 한반도를 점령하는 것이 필수적이었다. 조선 침략은 일본이 이러한 국가전략을 실행으로 옮긴 첫 단계였다.

일본이 조선을 식민지로 만들기 위해 조선과 전쟁을 치러야 할 필요는 없었다. 조선의 군사력은 일본의 군대는 물론이고 다른 어느 제국주의 열강의 군대를 놓고 봐도 1개 연대도 당해내지 못할 수준이었기 때문이다. 조선 정부는 국력을 키워 나라를 지킨다는 발상 자체를 할 능력이 없었고, 조선의 안녕을 위해 대신 피를 흘리고도 어떠한 영토적 요구도 하지 않을 '천사 같이 자비로운 나라'를 찾아 이리저리 헤맬 뿐이었다(물론 그런 나라는 있을 리가 없었다). 쉽게 말해 조선 정부는 '선량한 기둥서방'의 보호 아래 주권을 유지하려고 했다(지배층의 수준이 이와 같은 나라의 주권이라는 것은 민중을 착취하는 수단에 불과하므로 아무런 가치가 없다).

일본의 상대는 조선을 속국화한 청과 만주를 노리는 러시아였다. 일본은 청일전쟁에서 승리했으나 러시아가 적극적으로 개입함에 따라 조선을 합병하지 못했다. 이런 가운데 1900년에 일어난 의화단의 난을 계기로 러시아가 만주 전체를 점령하면서 러시아와 일본의 대립이 첨예해졌다. 러시아와 일본은 만주를 놓고 지루한 협상을 벌였다. 그러다가 결국 일본이 영일동맹을 기반으로 1904년 2월 러시아에 대한 선제공격에 나섰다.

1905년 9월 5일 러일전쟁을 마무리하는 포츠머스 강화조약이 체결됐다. 이 조약에는 일본군에 의해 점령된 대한제국에 대한 일본의 권리를 러시아가 인정하는 다음과 같은 조항이 들어갔다.

러시아는 일본이 조선에서 정치·군사·경제적인 우월권이 있음을 승인하고, 또 조선에 대하여 지도·감독에 필요한 조치를 취할 수 있음을 승인한다.

국제사회는 이 조항을 러시아가 일본의 한국 식민지화를 공인한 것으로 해석했다. 그러나 러시아는 한국에서 일본이 갖는 권익을 인정한 것일 뿐 일본의 한국 병합을 용인한 것은 아니라는 태도를 보였다.

포츠머스 강화조약으로 대한제국의 식민지화가 결정됐다고 할 수는 없으나 식민지화의 길은 열렸다.

포츠머스 강화조약의 체결로 미국과 일본의 서로에 대한 국민감정이 극도로 나빠졌다.

러시아는 일본의 전쟁배상금 요구를 철회시켰고 만주에서의 이권도 보존했으므로 만족했다. 그러나 일본은 들끓었다. 일반 일본인들은 러일전쟁의 전황이 일본에 그다지 유리하지 않았다는 사실을 알지 못했고, 일본이 강대국 러시아를 격파했다는 자만심으로 가득 차 있었다. 막대한 전쟁배상금을 얻어내고 러시아의 영토도 일부 할양받게 되기를 기대했던 일본인들은 강화조약의 내용이 알려지자 크게 실망했고, 그 연유를 미국 탓으로 돌렸다.

곧바로 일본에서 강화조약에 반대하는 운동이 일어났다.

9월 5일 일본의 극우집단인 흑룡회(黑龍會)와 강화문제동지회(講和問題同志會)가 히비야 공원에서 대회를 열었고, 대회가 끝나자 모여 있던 군중이 경찰서, 교회, 친정부적 신문사 등을 습격했다. 미국 공사관과 미국인 선교사들도 습격을 받았다. 일본 정부는 9월 6일 치안 유지를 위해 계엄령을 선포했다. 일본에 대한 감정이 악화된 미국인들은 미국으로 이민 간 일본인들을 차별하고 박해했다.

포츠머스 강화조약이 체결되자 일본은 한국을 보호국으로 만들기 위한 조약의 체결을 신속하게 추진했다. 주한 일본공사인 하야시 곤스케는 11월 2일 서울에 도착해 주한 일본군 사령관인 하세가와 요시미치와 협력해 이토 히로부미가 도착하는 즉시 보호조약의 체결을 실행하기 위한 만반의 준비를 갖추었다. 그들은 대한제국의 대신들을 상대로 보호조약 체결에 찬성하도록 매수공작을 벌였고, 일본 본국에서 증원병력을 받아 서울과 궁궐 내에 배치해 물샐틈없는 경계망을 폈다.

이토는 11월 9일 서울에 도착했고, 도착한 다음날부터 행동을 개시했다. 그는 하야시 공사와 함께 대한제국 황제 이재황을 만난 자리에서 일본 정부가 만든 보호조약안을 전달하고 5일간 검토한 후 답변을 달라고 요구했다. 11월 16일 이토는 한국의 대신들을 자신의 숙소인 손탁 호텔로 불러 보호조약 체결에 찬성하라고 강요했다. 이토는 조약안에 대해 설명하고 나서 한 사람씩 의견을 말하라고 했다.

참정대신 한규설은 러일전쟁이 시작된 뒤로 일본이 조선의 독립을 보증한다고 누차 공언했던 사실을 지적하며 명확히 반대의사를 표명했다. 법부대신 이하영은 "이 조약의 내용은 특히 중대하다. 공식회의에 붙여 토의하고 결의하지 않으면 안 되므로 지금 의견을 말할 수 없다"며 의견개진을 거부했고. 학부대신 이완용도 "이 자리에서 결론을 내릴 수 없다"고 말했다. 농상공부대신 권중현은 한규설 참정대신이 한 말을 되풀이하며 반대의사를 밝혔다.

손탁 호텔에서 나온 뒤에 외부대신 박제순이 궁궐로 가자는 의견을 내놓았다. 궁궐에서 열린 어전회의에서도 대신들이 모두 다 강경하게 반대의견을 말했다. 11월 17일 오후 3시경 궁궐에서 다시 군신회의가 열렸다. 이때 궁궐은 일본군이 몇 겹으로 둘러싸고 있었고, 궁궐 안에도 착검한 일본 헌병과 경찰이 다수 포진하고 있었다. 이러한 공포분위기 속에서도 회의에서 누구 하나 보호조약 체결에 찬성하는 이가 없었다. 대신들은 일본의 강요를 거부하기로 합의했다.

이에 하야시는 이토와 하세가와를 다시 오게 하고 궁궐회의를 마치고 돌아가는 대신들을 강제로 다시 모이게 해 회의를 열고 이재황과의 면담을 요구했다. 이토와 하야시는 자정을 넘어 다음날 새벽 0시 30분경까지 대신들을 강박했다. 결국 이토와 하야시는 한국의 외부인(外部印)을 탈취하여 조약문에 날인했다. 이것이 흔히 을사보호조약으로 불리는 제2차 한일협약이며, 그 전문은 다음과 같다(이것은 한글−한문 혼용, 일본어, 영어 등 3가지 언어로 작성된 원문 가운데 한글−한문 혼용으로 작성된 것을 한글로 옮긴 일종의 번역문이다).

일본국 정부와 한국 정부는 양 제국을 결합하는 이해공통의 주의를 공고하게 하기를 원하여 한국의 부강지실(富強之實)을 인정할 수 있게 될 때까지 이 목적을 위하여 아래 조관(條款)을 약정함.

제1조 일본국 정부는 도쿄에 있는 외무성을 경유하여 금후에 한국이 외국을 상대로 하는 관계와 사무를 감리·지휘함이 가(可)하고, 일본국의 외교

대표자와 영사는 외국에 있는 한국의 신민과 이익을 보호함이 가함.

제2조 일본국 정부는 한국과 타국 간에 현존하는 조약의 실행을 완전히 하는 책임을 맡기로 하고, 한국 정부는 금후에 일본국 정부의 중개를 거치지 아니하고 국제적 성질을 갖는 하등의 조약이나 약속을 하지 않기로 약속함.

제3조 일본국 정부는 그 대표자로 하여금 한국 황제 폐하의 궐하(闕下)에 1인의 통감(統監, Resident General)을 두되 통감은 전적으로 외교에 관한 사항을 관리하기 위하여 경성에 주재하고 친히 한국 황제 폐하를 내알(內謁)할 권리를 가짐. 일본국 정부는 또한 한국의 각 개항장과 기타 일본국 정부가 필요하다고 인정하는 곳에 이사관(理事官, Resident)을 둘 권리를 갖되 이사관은 통감의 지휘 아래 종래 재한국 일본 영사에 속하던 일체의 직권을 집행하고 아울러 본 협약의 조관을 완전히 실행하기 위해 필요한 일체의 사무를 장리(掌理)함이 가함.

제4조 일본국과 한국 간에 현존하는 조약과 약속은 본 협약 조관에 저촉하는 것을 제외하고는 모두 그 효력을 계속하는 것으로 함.

제5조 일본국 정부는 한국 황실의 안녕과 존엄을 유지함을 보증함.

이상을 증거하며 하명(下名)은 각 본국 정부에서 상당한 위임을 받아 본 협약에 기명 조인함.

광무(光武) 9년 11월 17일 외부대신 박제순(朴齊純).
명치(明治) 38년 11월 17일 특명전권공사 하야시 곤스케(林權助).

을사보호조약으로 외교권을 잃은 대한제국에는 망국의 그림자가 어른거리게 됐지만, 많은 사람들이 러일전쟁의 재발을 기대하며 희망을 버리지 않았다.

일본은 러시아와의 전쟁이 재발되는 것을 막기 위해 러시아와 협상을 벌일 필요가 있었다. 일본에서는 러시아가 전쟁을 재개할 가능성이 있으니 이에 대비해 군비를 증강해야 한다는 의견도 있었으나, 포츠머스 강화조약으로 얻은 권익을 유용하게 이용하기 위해서는 러시아와 협력해야 한다는 것이 다수의 의견이었다.

포츠머스 강화조약 이후 러시아의 군부와 민간 정치인들은 복수전을 벌일 것을 주장했다. 그러나 제정 러시아는 러일전쟁으로 재정상태가 더욱 어려워지는 동시에 국내의 혁명운동이 격화되고 있었고, 이 때문에 가까운 장래에 일본을 상대로 전쟁을 재개하기는 어려웠다. 그래서 일본과는 화해하고 그 대신 전통적인 남방 출구인 발칸반도로 진출해야 한다는 의견이 러시아에서 우세하게 되었다.

1906년 5월에 알렉산드르 페트로비치 이즈볼스키가 러시아의 외무장관이 됐다. 그는 러시아의 외교정책은 프랑스와의 동맹에 기반을 두어야 하며, 그 동맹은 다시 영국 및 일본과의 협정에 의해 강화돼야 한다고 보았다. 그는 이런 자신의 생각에 대해 황제인 니콜라이 2세의 전폭적인 동의를 얻고 외무장관이 됐다. 러시아와 일본 사이의 교섭은 1907년 3월부터 시작됐다.

이재황이 1907년 6월 네덜란드의 헤이그에서 열리는 제2회 만국평화회의에 니콜라이 2세의 초청에 의거해 특사를 보내자 일본은 이를 구실로 한국의 식민지화를 추진했다. 통감 이토 히로부미가 이재황(고종)에게 퇴위를 강요했고, 이에 따라 7월 19일에 황태자 이척이 황제(순종)로 즉위했다. 이에 한국 민중이 반일봉기를 일으키자 이토는 주둔군 1개 사단 외에 1개 여단 규모의 병력을 증파해줄 것을 일본 본국에 요구했다. 7월 24일에는 제3차 한일협약을 강압으로 체결하고 한국군을 해산시켰다.

7월 30일에 제1차 러일협약이 체결됐다. 공개조약과 비밀조약으로 구성된 이 협약의 핵심 내용은 하얼빈―길림(吉林)을 경계로 만주를 러시아와 일본의 세력범위로 나누는 한편 러시아는 외몽고, 일본은 조선을 각각의 특수이익 지역으로 정한 것이었다.

1909년 1월에 출범한 미국의 태프트(William H. Taft) 행정부는 동북아시아 진출에 적극적이었다. 이제 미국은 일본의 국익을 크게 위협하는 나라로 떠올랐다. 일본은 9월에 '제국 국방방침'에서 가상적국을 미국, 러시아, 중국 순으로 정했다. 또한 이 방침에는 미국과 전쟁이 벌어지면 육군과 해군이 협력해 괌과 필리핀에 있는 미군 기지를 점령하고, 해군이 일본 본토의 근해에서 대기하고 있다가 바닷길로 오는 미국 함대를 요격한다는 내용이 들어갔다. 태평양 전쟁의 씨앗이 이때 뿌려진 것이었다.

12월에 미국의 녹스(Philander C. Knox) 국무장관이 만주철도 중립화 방안을 발표했다. 그 내용은 ① 만주 지역에 있는 철도를 청에 귀속시키고 필요한 자금은 각국이 조달한다 ② 영국, 미국, 프랑스, 러시아, 독일, 일본 등 6개국의 공동 출자로 금애(錦愛)철도(錦州~아이훈 간 부설)를 비롯해 장차 모든 철도를 부설한다는 것이었다.

이 방안은 러시아와 일본의 강력한 반대로 실현되지 못했다. 미국이 이런 내용의 만주철도 중립화 방안을 제시한 것에 대해 러시아와 일본은 미국이 만주에 지대한 관심을 갖고 있음을 드러낸 것으로 보고 크게 우려했다.

일본 정부는 1910년 2월에 해외 일본 공관들에 한국 병합 방침을 통보했고, 3월에는 만주 문제에 대해 러시아와 제2차 협약을 체결하기로 결정했다.

4월부터 러시아와 일본 사이의 교섭이 시작됐다. 이 교섭에서 일본은 한국 병합 문제를 자연스럽게 거론했다. 러시아 정부는 이에 이의를 제기하지 않았고, 다만 병합의 시기를 선택하는 데 주의를 기울여줄 것을 요망했다. 5월에는 영국이 일본의 한국 병합을 승인했다.

국제 열강의 태도가 확인되지 않은 것이 그동안 일본의 한국 병합을 지연시켜온 원인 가운데 하나였는데 이제는 국제 열강의 태도가 병합을 인정하는 쪽으로 정해진 것으로 확인됐다. 이에 따라 일본의 한국 병합은 행정절차만 남게 됐다.

일본은 5월 30일에 한국 병합을 실행할 인물로 육군대신 데라우치 마사타케(寺內正毅)를 선정해 한국 통감으로 겸임 발령하고, 6월 3일에는 한국에 대한 시정방침과 식민지 총독의 권한 등을 확정했다. 이때 정해진 시정방침에 따르면, 일본은 한국을 병합한 뒤에도 당분간은 한국에서 일본 헌법을 시행하지 않고 총독에게 일체의 정무를 통할하는 역할을 맡기기로 했다.

일본은 병합조약 체결에 대한 한국인들의 저항을 제압하는 데 방해가 되는 한국의 경찰을 6월 30일자로 폐지했다. 한국의 치안경찰권은 1907년의 신협약 체결을 계기로 이미 일본이 완전히 장악한 상태였다. 일본은 여기서 더 나아가 보다 강력한 경찰력 확보를 위해 한국에 주둔하고 있는 일본군 헌병대 산하에 한국의 경찰 병력을 통합시키기로 했다.

1910년 7월 4일에 러시아와 일본이 만주 문제에 대한 제2차 러일협약을 체결했다. 그 내용은 러일 양국이 미국에 대항해 만주에서 각각 자국의 영향력을 보존하기 위해 긴밀한 협조를 다짐한다는 것이었다. 제2차 러일협약은 제1차 협약보다 적극적인 성격을 띠었고, 미국의 만주 진출에 대항해 러일 양국이 공동전선을 결성한다는 의미를 갖고 있었다. 이로써 러시아와 일본 사이에 전쟁이 재발할 가능성이 완전히 사라졌다.

총독 데라우치는 이처럼 모든 준비가 끝난 뒤인 7월 23일에야 한국에 왔다. 데라우치는 헌병과 경찰을 동원해 일체의 정치적 집회나 연설회를 엄금하는 등 공포분위기를 조성했다. 8월 16일 데라우치는 총리대신 이완용을 자신의 관저로 불러 병합조약안을 논의했다. 병합조약안은 8월 18일자로 한국 정부의 내각회의를 통과했다. 8월 22일에는 전권위원으로 임명된 이완용이 이 병합조약안에 조인했다. 대원군의 적장자인 이재면이 황족의 대표로 조약에 찬성했다. 이 조약의 내용은 다음과 같다.

한국 황제 폐하와 일본국 황제 폐하는 양국간의 특수하고 친밀한 관계를 회고하여 상호 행복을 증진하며 동양의 평화를 영구히 확보하고자 하는 바 이 목적을 달성하기 위하여서는 한국을 일본제국에 병합함과 같은 것이 없음을 확신하여 이에 양국간에 병합조약을 체결하기로 결정하고 일본국 황제 폐하는 통감 자작 데라우치 마사타케를, 한국 황제 폐하는 내각 총리대신 이완용을 각기 전권위원으로 임명함. 이 전권위원은 회동협의한 후 아래의 제 조항을 협정함.

제1조 한국 황제 폐하는 한국 전부에 관한 일체의 통치권을 완전하고도 영구히 일본국 황제 폐하에게 양여함.

제2조 일본국 황제 폐하는 전조에 게재한 양여를 수락하고 또 한국 전부를 일본국에 병합함을 승낙함.

제3조 일본국 황제 폐하는 한국 황제 폐하, 태황제 폐하, 황태자 폐하와 그 후비(后妃) 및 후예(後裔)로 하여금 각기 지위에 응하여 상당한 존칭, 위엄, 그리고 명예를 향유케 하며 또 이를 보지(保持)하기에 충분한 세비(歲費)를 공급할 것을 약속함.

제4조 일본국 황제 폐하는 전조 이외의 한국 황족과 그 후예에 대하여 각기 상당한 명예와 대우를 향유케 하며 또 이를 유지하기에 필요한 자금을 공여할 것을 약속함.

제5조 일본국 황제 폐하는 훈공(勳功) 있는 한인으로서 특히 표창을 행함이 적당하다고 인정되는 자에 대하여 영작(榮爵)을 수여하고 또 은금(恩金)을 공여함.

제6조 일본국 정부는 병합의 결과로서 전연(全然) 한국의 시정(施政)을

담임하고 동지(同地)에 시행하는 법규를 준수하는 한인의 신체 및 재산에 대하여 충분한 보호를 하며 또 그 복리의 증진을 도모함.

제7조 일본국 정부는 성의와 충실로 신제도를 존중하는 한인으로서 상당한 자격이 있는 자를 사정이 허락하는 한에서 한국에 있는 제국관리로 등용함.

제8조 본 조약은 일본국 황제 폐하와 한국 황제 폐하의 재가를 거친 것으로 공포일로부터 시행함.

위 증거로 양 전권위원은 본 조약에 기명, 조인함.

융희 4년 8월 22일 내각총리대신 이완용.

명치 43년 8월 22일 통감 자작 데라우치 마사타케.

한일합병조약이 공포된 날은 일주일이 지난 8월 29일이었다. 이날 조선의 마지막 군주 이척(李坧, 묘호는 純宗)은 신민들에게 다음과 같은 조서를 발표했다.

짐은 덕이 없는 사람으로서 황제가 된 이후 오늘까지 정사 혁신에 힘쓰지 않은 것은 아니다. 그러나 허약한 것이 고질이 되고 영락(零落)함이 극도에 이르러 짧은 시일 안에 회복시킬 대책을 세울 가망이 없게 되었으니 한밤중에도 걱정함에 선후책(善後策)이 망연(茫然)하다. 이를 맡아서 지리(支離)함이 더욱 심해지면 끝내는 저절로 수습할 수 없는 데 이를 것이니 차라리 대임(大任)을 남에게 맡겨서 완전하게 할 방법과 혁신할 공효(功效)를 얻게 하는 것만 못하다. 그러므로 짐이 이에 결연히 반성하고 확연히 스스로 결단을 내려 이에 한국의 통치권을 이전부터 친근하게 믿고 의

지해오던 대일본 황제 폐하에게 넘겨 밖으로는 동양평화를 공고히 하고 안으로는 8도의 백성을 보전하게 하는 바이다.

너희들 대소신민(大小臣民)들은 나라의 형세와 현재 조건을 깊이 살펴 번거롭게 소란을 일으키지 말고 자기 직업에 안착하여 일본 제국의 문명한 새 정치에 복종하여 행복을 함께 받도록 하라. 짐의 오늘 조치는 너희들 민중을 잊어서가 아니라 참으로 너희들 민중을 구원하려는 지극한 뜻에서 나온 것이니, 너희들 신민들은 짐의 뜻을 헤아리라.

대한제국은 전제군주국이다. 전제군주국에서는 군주의 명령이 바로 법이고 이를 어기는 것은 반역이다. 그러므로 이 조서를 따르지 않고 일제로부터 주권을 찾으려고 독립운동을 하는 것은 반역이 된다. 따라서 한국이 이 씨 왕가를 군주로 하는 왕국으로 다시 독립하면 심각한 법적, 도덕적 문제가 발생하게 된다. 왕실이야 일제의 강압에 의한 것이었다고 변명하겠지만 그것으로 해결될 문제가 아니다. 한국이 공화국으로 독립해야 하는 이유 가운데 하나가 여기에 있었다.

'한일합방' 으로 한국이 일본의 식민지가 된 뒤에도 한국 민중은 미일전쟁의 발발을 기대하며 곧 독립할 수 있으리라는 희망을 품었다.

또 다른 강대국에 의해 일본 제국주의가 패배해야 한국이 독립할 수 있다는 계산은 '민족자주' 와는 거리가 멀지만 가장 현실적인 것이었다. 일제는 끊임없이 전쟁을 통해 자국의 국가이익을 관철하려고 했고, 구미 열강에 대한 '열등의식' 이 컸다는 점도 일제가 터무니없는 전쟁을 도발할 가능성을 높이는 요인이었다.

일본의 무분별한 침략정책으로 인해 미국과 일본의 국익이 첨예하게 대립하게 되면서 결국 1941년에 태평양 전쟁이 일어났다. 그 전에는 한국과 만주에 대한 일본의 지배를 용인하던 미국은 방침을 변경해 일본 제국의 완전한 해체를 구상했고, 이에 소련과 영국 등 다른 연합국들도 동의했다. 이에 따라 미국이 일본과 전쟁을 벌여 승전하면 한국의 독립이 가능하리라는 기대가 한국의 민중 사이에 형성됐다.

20세기 초 동아시아의 격변

1장

청 왕조의 몰락과 중국의 분열

1901년 1월 청나라의 실권자 서태후(西太后, 1835~1908)는 '외국의 장점을 취하고 중국의 단점을 버려 부강을 꾀한다' 는 방침 아래 고위 관료들에게 국정에 관한 의견을 상신하라고 명했다. 이를 출발점으로 하여 청 정부는 살아남기 위한 신정(新政)을 개시했다. 신정은 직예총독 원세개(袁世凱), 양강총독 유곤일(劉坤一), 호광총독 장지동(張之洞)에 의해 추진됐다. 신정의 주된 내용은 다음과 같다.

(1) 36개 사단의 신군(新軍) 건설을 중심으로 한 군대의 근대화.

(2) 상부(商部; 상공부) 신설, 회사 설립 장려, 상법 제정 등을 통한 실업 진흥.

(3) 과거제 폐지, 교육 개혁, 외국(특히 일본)으로의 유학생 대거 파견.

신정의 결과로 북양대신 겸 직예총독인 원세개를 영수로 하는 북양 군벌이 급성장해 정치에 강한 영향력을 갖게 됐다. 1905년에 북양 군벌은 약 7만의 병력으로 이루어진 6개 사단의 북양 신군을 보유하고 있었다. 이중 4개 사단은 직예성(하북성)에, 나머지 2개 사단은 만주와 산동성에 배치됐다. 또한 원세개

서태후

는 교통은행을 설립하고 영국의 지지 아래 철도운수 부문의 실권을 장악했다.

신정이 실시되는 가운데 청조를 유지하면서 입헌군주제로 국가부흥을 꾀하자는 입헌운동도 전개됐다. 특히 러일전쟁에서 일본이 승리한 것을 계기로 아시아인도 입헌하면 유럽을 이길 수 있다는 양계초(梁啓超)의 주장이 널리 호응을 얻었다. 실업 진흥의 기치 아래 민족자본이 발전하기는 했으나 외국자본에 대항하기에는 역부족이었고, 따라서 신흥자본가 계층은 입헌개혁을 지지했다. 입헌을 주장하는 목소리가 퍼져가는 가운데 대세를 관망하던 원세개는 1905년에 황족과 귀족을 해외에 파견해 정치를 시찰시키면서 입헌을 위한 준비를 해야 한다고 황실에 상주했다. 서태후의 측근 대신들도 "입헌을 해야 군권(君權)이 영구히 굳건해진다"고 서태후를 설득했다.

청 정부는 1905년 7월 헌정시찰단을 유럽, 미국, 일본에 파견했고, 1906년에는 9년 뒤에 입헌군주제를 실시할 것을 약속하는 '상유(上諭)'를 선포했다. 또한 1908년 8월에는 흠정헌법대강(欽定憲法大綱)을 공포하여 9년 뒤에 헌정을 실시할 것을 약속했다.

이 흠정헌법대강은 일본의 명치헌법을 모델로 하여 청 황제의 만세일계

(萬世一係)와 신성불가침, 황제의 광범위하고 강대한 권한을 규정했다. 그러나 몇 달 지나지 않아 11월 14일에 황제 광서제가 사망했다. 서태후에 의한 독살이었다(1898년의 무술정변 이후 연금됐던 광서제는 비소 중독으로 죽었다). 서태후는 당일로 광서제의 조카로 나이가 3살 밖에 안 된 부의(溥儀)를 황제로 선포하고 그의 생부인 순친왕(醇親王) 재풍(載灃)을 섭정으로 임명했다. 그 다음 날인 11월 15일 서태후도 갑작스레 죽었다.

부의가 즉위하니 그가 청의 마지막 황제인 선통제(宣統帝)다. 섭정인 순친왕은 1909년 1월 원세개를 해임했다. 선통제가 즉위한 뒤 입헌파는 국회를 조기에 개설할 것을 청원했으나 거절당했고, 이를 계기로 청조를 타도하려는 혁명파의 입지가 강화됐다.

신식 학교가 설립되고 유학생이 대거 파견된 결과로 전통적인 독서인과는 유형이 다른 지식계층이 탄생했다. 1908년에는 전국에 4만 7천여 개의 학교가 있었고, 학생은 약 130만 명, 교원은 약 6만 3500여 명에 달했다. 이들 새로운 지식계층은 차츰 혁명사상과 입헌사상으로 기울어졌다. 특히 일본으로 유학을 간 중국 학생들은 급속하게 입헌사상과 혁명사상을 받아들였다.

청은 의화단의 난으로 인해 서양 열강에 막대한 배상금을 지불해야 했을 뿐만 아니라 신정을 실행하기 위해서도 많은 재원이 필요했다. 이에 따라 여러 가지 세금이 새로 생겨나 민중의 고통이 심해졌다. 농민폭동이 1906년에 199회, 1907년에 188회, 1909년에 112회, 1910년에 266회나 일어날 정도로 만연했고, 1911년 이후에는 더욱 급속히 증가했다.

1905년에 손문의 주도로 창설된 중국혁명동맹회는 여러 차례 무장봉기를 기도했으나 번번이 실패했다. 중국혁명동맹회의 지도자 가운데 한 사람인 송교인(宋教仁)은 1911년 상해에 동맹회 중부총회를 결성했다. 호북(湖北) 지방의 혁명파 청년지식인들도 무창(武昌)의 신군 병사들에게 혁명사상을 선전하면서 신군 내부에 공진회(共進會), 문학사(文學社) 등의 혁명단체를 설립했다.

의화단의 난은 청 말기의 민간결사 조직인 의화단(義和團)이 일으킨 외세배척 운동이다. 산동 지역에서는 일찍이 의화권(義和拳)이라는 민간결사가 생겨나 반외세 운동을 벌이고 있었는데, 1897년에 독일이 산동성 일대를 점령하자 의화권의 반외세, 반기독교 운동이 격화됐다. 의화권은 다른 민간 자위조직에 침투해 통합을 이루고는 스스로 의화단이라고 칭했다.

'부청멸양(扶淸滅羊)'을 구호로 내건 본격적인 의화단 운동은 독일 가톨릭교회의 선교활동이 왕성했던 산동성의 북부 지역에서 1898년 4월부터 일어나기 시작했다. 이해 여름부터 비가 오지 않는 날이 계속되어 가뭄 피해가 극심해지자 많은 유민이 발생했는데 이들이 대거 의화단에 가입했다.

1899년 12월에 새로 부임한 산동 순무(巡撫) 원세개는 열강의 요구에 따라 의화단을 강력히 탄압했는데, 이것이 의화단 세력이 직예성으로 번지는 계기가 되면서 의화단 운동이 더욱 격렬해졌다. 의화단은 철도, 교회, 전선 등 모든 외래적인 것을 파괴하기 시작했고, 기독교도를 학살하기도 했다.

1900년 1월에 서태후가 황제인 광서제를 폐위시키려고 했으나, 열강이 서태후의 의도를 간파하고 공동으로 압력을 가해 그 의도를 좌절시켰다. 이 때문에 청 정부의 수구파는 의화단의 배외운동을 고무해서 열강에 압력을 가하고자 했다.

1900년 6월에 의화단이 북경에 있는 외국 공관을 포위 공격하자 서태후는 그들을 의민(義民)으로 규정하고 열강에 선전포고했다. 이에 러시아, 일본, 독일, 영국, 프랑스, 미국, 이탈리아, 벨기에 등 8개국이 파병해서 북경을 비롯해 양자강 이북 지역을 대부분 점령했다.

열강은 중국을 분할하지 않고 보존하기로 결정하고 청 왕조와의 협상을 거쳐 1901년 9월 7일에 강화조약인 신축조약(辛丑條約, 북경의정서)을 체결했다. 그 내용은 청이 제국주의 열강에 거액의 배상금을 지급하는 동시에 열강의 중국 내 군대 주둔권을 인정하는 것이었다. 이로 인해 중국의 반식민지 상태가 더욱 심화됐다.

열강은 4억 5천만 량에 이르는 배상금을 연 4%의 이자를 더해 39년간에 걸쳐 분할상환하게 했다. 이 배상금 채무는 관세와 염세(鹽稅)를 담보로 하는 것이었으므로 중국 경제에 큰 타격을 주었다. 열강의 국가별 배상금 배분은 러시아 29%, 독일 20%, 프랑스 16%, 영국 11%, 미국과 일본 각 7%였다.

1900년에 서양인 화가가 그린 의화단원의 모습

손문

1911년 가을에 이르면 무창의 신군 1만 5천 명 가운데 5천여 명이 혁명파에 가담한 상태가 된다.

　동맹회 중부총회는 호북분회를 설립해 그들과 연계했고, 1911년 10월 9일 봉기를 일으킬 계획을 세웠다. 하루 전날인 8일 폭발사고가 일어나 차질이 빚어졌지만 다시 이틀 뒤인 10일 밤에 신군의 공병 8대대가 먼저 봉기한 데 이어 보병과 포병 대대와 군사학교 생도들이 뒤따라 봉기했다. 봉기군은 12일 새벽까지 무한(武漢)의 3진(鎭)인 무창과 한구(漢口), 한양(漢陽)을 제압하고 호북 군정부(湖北 軍政府)를 수립했다. 봉기군은 혁명파와는 관계가 없는 신군의 여단장 여원홍(黎元洪)을 군정부의 도독(都督)으로 선출했다. 무창 봉기에 이어 호남, 섬서, 강서, 산서, 상해, 절강, 광동의 중국동맹회 회원들이 봉기하여 11월 하순에는 24성 가운데 14성이 청조의 지배로부터 이탈했다.

　청 정부는 혁명파를 진압하기 위해 2년 전에 축출한 원세개를 다시 부르지 않을 수 없었다. 청 정부로서는 최정예 군대인 북양 신군을 동원해야 했는데 원세개는 북양 신군을 만들어낸 장본인이었을 뿐 아니라 단기서(段祺瑞), 풍국장(馮國璋) 등 북양 신군의 고급 지휘관들이 그에게 개인적으로 충성하고 있었기 때문이다. 청의 황족 가운데 일부는 원세개를 "사마중달과 같은 자"라고 비난하면서 "범을 불러 집을 지키게 하는 어리석음을 범하지 말아야 한다"고 주장했으나, 청 정부로서는 다른 선택의 여지가 없었다.

10월 27일 청 정부는 원세개를 흠차대신(欽差大臣)으로 임명하여 호북반란 진압군과 양자강 해군을 총지휘하게 했다. 11월 1일에는 원세개가 총리대신이 됐다. 순친왕은 원세개의 요구로 섭정에서 물러났다.

북양 신군은 11월 2일 한구(漢口)를, 11월 27일에는 한양(漢陽)을 탈환했다. 이로서 혁명군이 북벌(北伐)을 통해 청조를 타도하게 될 가능성은 불투명해졌다.

혁명군은 한양을 빼앗긴 직후에 한구에 주재하고 있던 영국 영사의 중개로 '남북화의'를 제안했고, 호북군정부 도독인 여원홍도 정전(停戰)을 요청하는 뜻을 전국에 알렸다. 12월 2일 한구에 모인 각 성의 대표들은 원세개가 반정(反正)한다면 그를 임시대총통으로 선출하기로 결의했다. 3일에는 남북 양측이 3일간 정전하기로 합의했다.

이런 정전과 타협의 움직임은 중국 신해혁명의 전개에서 중대한 전환점이었다. 12월 3일부터 시작된 남북간의 정전이 지속됨에 따라 신해혁명은 무장투쟁에서 정치적 타협으로 전환됐다. 12월 5일 각 성 대표들이 모인 회의에서 청 왕조 타도와 공화정부 수립을 내용으로 하는 의화강요(議和綱要)가 통과되고 청 왕조와의 협상이 결의됐다.

남북화의가 진행되는 가운데 손문은 12월 29일 17성 대표의 선거에 의해 남경 임시정부의 임시대총통으로 선출됐다. 이를 계기로 원세개는 적극적으로 청 왕조 타도에 나섰다. 1912년 1월 16일 원세개는 황태후에게 황실우대 조건을 받아들이라고 요구하면서 그렇게 하지 않으면 프랑스혁명 때의 루이 16세처럼 될 것이라고 협박했다. 17일에 열린 황족회의에서는 공화정을 수용하라는 요구를 놓고 찬반양론이 격렬하게 대립하여 결론이 내려지지 못했다.

　　19일에 열린 황족회의에서 청 황실의 지도력 부재와 무능이 단적으로 드러났다. 원세개를 물리치고 혁명군에 끝까지 무력으로 대항하자는 입장이었던 공친왕(恭親王)이 반대파인 선통제의 숙부에게 "그대는 육군을 맡았으니 우리의 병력상황이 어떠한지 알겠지?"라고 질문했다. 얼마 전까지 육군을 관리했던 24세의 황숙(皇叔)은 "나는 전쟁을 해보지 않아 알 수가 없다"고 대답했다.

　　어전회의에서 결정이 나지 않자 원세개의 사주로 1월 26일 진압군 총사령관인 단기서 등 47인의 고위 지휘관들이 연명으로 공화정을 요구했다. 또한 이날 군주입헌유지회를 만들어 활발히 공화정 반대 운동을 벌이던 만주족 청년 장교 양필(良弼)이 피격됐다(1월 28일 사망). 양필이 암살된 것도 청조에는 커다란 타격이었다.

　　1월 30일 어전회의에서 결론이 났고, 이에 따라 내각에 공화정 선포를 준비하라는 지시가 내려졌다. 2월 3일 청 황실은 원세개에게 전권을 부여하고 그로 하여금 남경 측과 퇴위 조건에 관한 구체적인 협상을 하게 했다.

　　일본은 처음에는 중국의 혁명에 대응해 입헌군주제로 내란을 수습하고, 요동반도의 조차기간을 연장하는 것을 포함한 '만주 문제의 근본적 해결'을 자국에 유리하게 한다는 목표를 정했다. 이를 위해 일본은 영국과 협력할 방침이었다. 그러나 화중과 화남에 큰 권익을 갖고 있는 영국이 청조를 포기하고 원세개의 집권을 통해 내란을 조기에 수습하려고 했다. 미국도 영국에 동조하자 일본은 입헌군주제를 통해 청조를 존속시키려는 의도를 버렸다.

　　2월 9일 대청황제에 대한 퇴위 후 우대조건 8개 항이 확정됐다. 그 내용은 다음과 같다.

(1) 대청황제가 사위(辭位)한 뒤에도 그 존칭은 그대로 보존하며, 민국(民國; 정부)은 그를 외국 군주의 예로 대우한다.

(2) 대청황제가 사위한 뒤에 황실 세비는 400만 량으로 하고 민국이 지급한다.

(3) 대청황제는 사위한 뒤에 잠시 궁성(宮城)에 거처하다가 훗날 이화원(頤和
    園)으로 옮겨 간다. 시위인(侍衛人)들은 이전대로 부릴 수 있다.

(4) 대청황제가 사위한 뒤에 그 종묘와 능묘(陵墓)는 영원히 봉사(奉祀)될 것
    이며, 민국이 위병(衛兵)을 배치해 적절히 보호한다.

(5) 덕종(德宗; 광서제) 숭릉(崇陵)의 아직 완성되지 못한 공정은 규정에 맞게
    마무리할 것이며, 봉안예식은 옛 법도대로 한다. 그에 드는 실제 비용은
    민국에서 지출한다.

(6) 이전에 궁전 안에서 부리던 여러 집사들은 이전대로 부릴 수 있다. 다만
    앞으로 환관은 쓸 수 없다.

(7) 대청황제가 원래 갖고 있던 사유재산은 사위한 뒤에 민국이 특별히 보호
    한다.

(8) 원래 있던 궁중경비군은 민국 육군부(陸軍部)의 편제에 편입되며, 그 정
    원과 보수는 이전대로 한다.

그 밖에 청 황족에 대한 대우규정 4개 조와 만주족, 몽고족, 회족에 대한
대우규정 7개 조도 아울러 확정됐다.

2월 11일 황태후가 위와 같은 황실우대 조건을 받아들였고, 12일에 궁전
안에 있는 양심전(養心殿)에서 마지막 조회(朝會)가 열렸다. 황태후는 공화국
체를 도입을 위하여 황실의 통치권을 포기하며 만한몽회장(滿漢蒙回藏; 만주
족, 한족, 몽고족, 회족, 티베트족) 5족으로 중화민국(中華民國)을 구성한다는
뜻을 담은 사위조서(辭位詔書)를 외부무대신 호유덕(胡惟德)에게 건네주고 공
표하게 했다. 이로써 진나라의 시황제 이래 2천 년 넘게 지속돼온 중국의 황제
체제가 종식됐다.

13일 손문이 약속대로 대총통 직을 사임했고, 15일에는 남경의 참의원들
이 17표의 만장일치로 원세개를 임시대총통으로 선출했다. 이리하여 무력에

한계가 있었던 혁명군은 원세개의 내응(內應)을 얻어 가장 우려하던 열강의 무력간섭을 겪지 않고 공화정체를 성립시키는 데 성공했다.

이처럼 1911년(신해년) 10월 10일에 신군 병사들이 봉기한 지 4개월여 만에 청 왕조가 무너지고 중국에 공화국이 성립한 과정을 신해혁명(辛亥革命)이라고 한다. 중국에서는 지금도 신해혁명의 봉기일인 10월 10일을 쌍십절(雙十節)이라고 부르며 국경일로 삼고 있다.

신해혁명이 발발하자 1911년 12월 말에 그동안 청에 복속하고 있던 외몽고가 독립을 선언했다. 외몽고가 독립을 선언하자 러시아와 일본은 외몽고를 제외한 북중국에서 양국 사이의 동서분계가 필요하게 됐다. 이에 따라 1912년 7월 8일 3차 러일협약이 체결됐다. 이 협약에서 양국은 북경을 지나는 경도선을 경계로 하여 동과 서를 각각의 특수이익지역으로 규정했다.

청조의 발상지인 만주도 청조의 몰락과 함께 열강의 쟁탈대상이 됐다. 신해혁명 이후 중국의 중앙정부가 주권을 제대로 행사하지 못하고 지방군벌이 만주를 차지하게 되자 열강은 이 지역에 대해 명목상으로는 중국의 영토로 인정했지만 실제로는 일종의 무주공산이라는 인식을 가지고 있었다. 일본은 만주에서 정치경제적 기반을 꾸준히 확충해 나갔다.

임시대총통이 된 원세개는 여러 가지 수단으로 혁명파를 무력화시켰다. 군사적 기반을 잃은 혁명파에게 남은 길은 국회와 정당을 통해 원세개를 견제하는 것뿐이었다. 이에 따라 송교인의 주도로 중국혁명동맹회가 개조되어 1912년 8월 25일 국민당이 창설됐다.

국민당은 1913년 1월과 2월에 걸쳐 시행된 국회선거에서 과반수의 의석을 차지하였다. 그러나 국민당 내각의 형성을 꺼린 원세개는 3월 22일 국무총리로 예정된 송교인을 암살했다. 원세개는 이어 국회의 반대를 무릅쓰고 4월 27일 5개국(영국, 독일, 프랑스, 일본, 러시아) 은행단으로부터 2500만 파운드에 달하는 거액의 차관을 도입하는 협정을 체결하여 독재를 위한 재정기반을 확보했다.

6월에 원세개가 국민당 계열의 도독 3인을 파면하자 국민당 급진파가 봉기를 일으켰으나 9월까지 원세개의 압도적인 무력에 의해 진압됐고, 손문은 일본으로 망명했다.

10월에 국회는 '공민단'이라 자칭하는 폭도들로부터 협박을 받는 가운데 원세개를 정식 대총통으로 선출했다. 곧 이어 원세개는 국민당의 해산을 명하고 대총통의 권한을 대폭 강화시킨 '신약법(新約法)'을 제정했다.

유럽대륙 국가들은 1907년에 영국과 러시아가 협정을 체결한 것을 계기로 3국 동맹국(독일, 오스트리아, 이탈리아)과 3국 협상국(영국, 프랑스, 러시아)으로 나뉘어 첨예하게 대립했다. 발칸반도를 중심으로 각국 간 충돌이 끊이지 않아 많은 사람들이 큰 전쟁의 발발이 멀지 않았다는 예감을 갖게 됐다.

1914년 봄에 우드로 윌슨(Woodrow Wilson) 미국 대통령은 유럽의 사정을 알기 위해 측근인 하우스(Edward M. House)를 유럽 현지에 파견했다. 다음은 하우스의 보고서 가운데 한 구절이다.

이곳의 상황은 비정상적입니다. 광적인 군사주의 바로 그것입니다. 각하를 대신하여 누군가가 현재와는 다른 양해를 창출하지 않는 한 며칠 후에는 가공할만한 대변동이 있게 될 것입니다. 그러나 유럽의 그 어느 나라도 이러한 양해를 만들어 낼 수 없습니다. 이곳에는 너무 많은 증오, 질투가 존재하고 있습니다. …… 영국은 독일이 완전히 붕괴되는 것을 바라지 않습니다. 그럴 경우 영국은 숙적인 러시아에 홀로 대처해야만 하기 때문입니다. 그러나 독일이 계속 해군 증강을 고집한다면 영국으로서는 다른 대안이 없을 것입니다. 평화를 위하여 가장 좋은 길은 영국과 독일이 해군 군비에 관하여 합의하는 것입니다. 그러나 양국이 너무 가까워지면 우리에게도 어떤 불리한 점이 있으리라고 봅니다.

1914년 6월 28일 오스트리아 제국의 페르디난트(Franz Ferdinand) 황태자 부부가 보스니아의 사라예보를 방문했다가 세르비아 청년에게 암살됐다. 이날은 페르디난트 황태자 부부의 결혼기념일이었다.

이 사건과 관련해 7월 5일 독일 정부는 오스트리아가 세르비아에 대해 어떠한 행동을 하더라도 지원하기로 결정했다. 오스트리아 정부는 7일 세르비아와 전쟁을 벌이기로 결정했고, 23일 세르비아에 가혹한 요구조건을 내걸고 최후통첩을 보냈다.

7월 25일 세르비아 정부는 오스트리아의 요구조건을 거의 다 받아들이겠다고 밝혔으나 재판에 오스트리아 관리를 참여시키는 것은 거절했다. 다만 이 문제도 열강의 결정에 맡길 수 있다는 유보적인 입장을 보였다.

오스트리아는 국제회의를 개최하자는 영국의 제안을 거부하고, 28일 세르비아에 선전포고했다. 이에 맞서 러시아는 세르비아를 지원하기 위해 29일 총동원령을 내렸다. 30일에는 오스트리아가 총동원령을 내렸다. 31일에는 독일 정부가 러시아에 총동원령의 취소를 요구하는 최후통첩을 보내면서 12시간 안에 회답하라고 요구했다.

8월 1일에는 프랑스도 군대를 동원하기 시작했다. 이날 독일 황제 빌헬름 2세는 러시아가 총동원령의 취소를 거절한 데 대응해 동맹국인 오스트리아 편을 들고 독일군에 총동원령을 내리면서 러시아에 선전포고했다.

2일 영국 정부는 독일이 대서양 연안을 공격하는 경우에 프랑스를 지원하기로 결정했다. 이날 독일은 룩셈부르크를 침공하면서 벨기에 정부에 독일군이 벨기에 영토를 통과하는 것을 허락하라고 요구했다. 또한 이날 독일과 오스만투르크 제국은 비밀 동맹조약을 체결했다.

3일 독일은 프랑스에 선전포고하고 그 일환으로 벨기에를 침공했다. 이날 3국 동맹국의 일원인 이탈리아는 세르비아에 대한 오스트리아의 행위가 3국동맹의 내용과 맞지 않는다면서 중립을 선언했다.

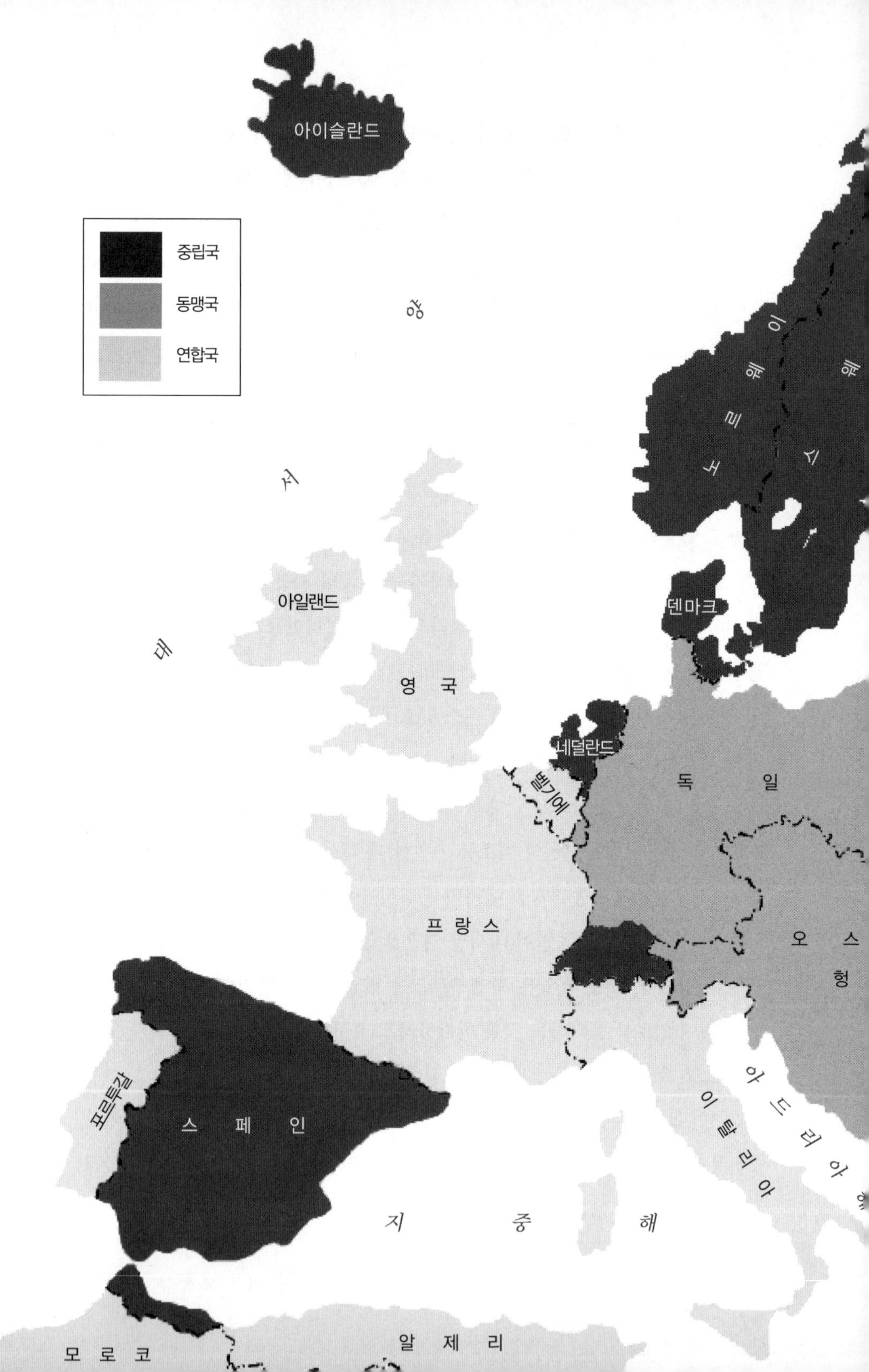
중립국
동맹국
연합국
아이슬란드
아일랜드
영 국
덴마크
네덜란드
뻴기에
독 일
오 스
헝
프 랑 스
스 페 인
포르투갈
모 로 코
알 제 리
지 중 해

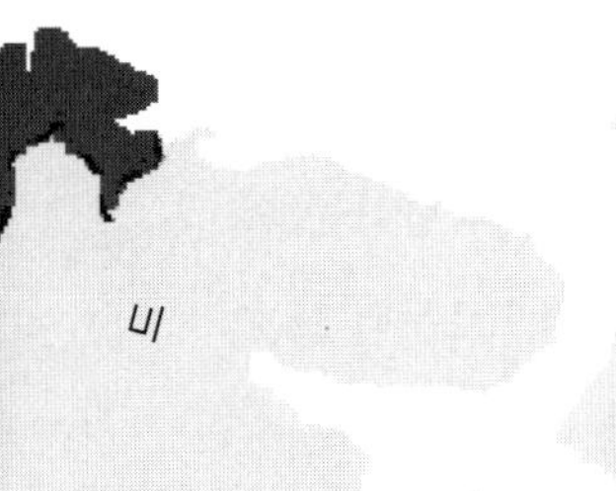

핀

란

드

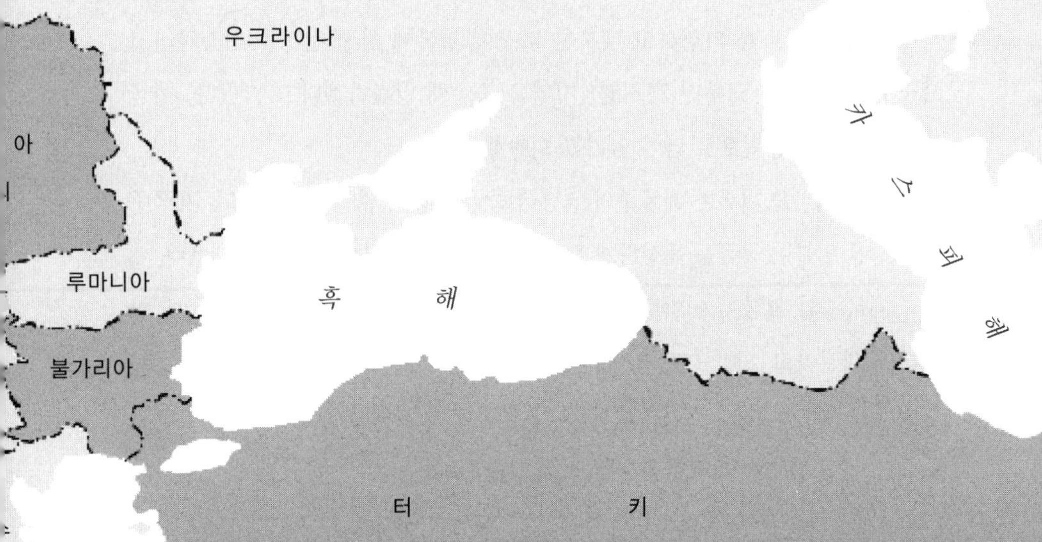

러   시   아

우크라이나

아
이

루마니아

불가리아

흑   해

터   키

카

스

피

해

1차세계대전 세력배치도(1914년)
이탈리아와 루마니아는 1914년
에는 중립을 표방했으나, 각각
1915년과 1916년에 연합군 측에
가담했다.

4일 영국은 독일에 선전포고하면서 일본에 참전해주기를 희망한다는 의사를 전달했다. 위해위(威海衛)와 홍콩을 독일 극동함대의 공격으로부터 보호하기 위해서는 일본의 군사력이 필요하다고 보았기 때문이다.

6일에는 오스트리아가 러시아에 선전포고했다. 이로써 1차 세계대전이 시작됐다. 이날 중국의 대총통 원세개는 중국의 국외중립을 선언했다.

일본 정계의 원로 가운데 한 사람인 이노우에 가오루(井上馨)는 1차 세계대전의 발발을 '일본의 국운 융성을 위한 하늘의 도움'으로 판단했다. 당시 요동반도에 대한 일본의 조차권은 1923년에, 남만주철도에 대한 일본의 권익은 1939년에 만료하게 돼있었다. 일본은 이런 조차권과 권익의 시한을 연장할 수 있는 기회를 찾고 있었다.

그러나 일본 정계의 원로 가운데 야마가타 아리토모(山縣有朋)와 마쓰카타 마사요시(松方正義)는 참전에 신중해야 한다고 생각했다. 외무대신인 가토 다카키(加藤高明)는 참전을 적극 주장했다.

1914년 8월 9일에 일본 정부는 참전하기로 결정했음을 영국에 통보했다.

일본은 영일동맹을 참전의 명분으로 삼았다. 참전의 목적은 산동성에 대한 독일의 권익을 전부 인수하는 것이었다. 그동안 일본에 참전을 권유하던 영국이 일본의 의도를 의심하고 태도를 바꾸어 일본에 참전 결정을 취소하라고 요구했다. 독일은 교주만(膠州灣) 지역을 중국에 반환하겠다고 밝혔다. 미국 정부는 중국이 중립으로 남아 있기를 희망했다.

12일 영국을 비롯한 제국주의 열강이 중국의 중립 선언을 승인했다. 제국주의 열강은 일본이 중국을 독점하게 될 것을 우려하여 일본의 참전에 반대했다.

제국주의 열강이 이처럼 일본의 참전을 만류하자 일본 정부는 영국에 참전하게 해달라고 요청했다. 영국은 일본의 해상무역 보호에 필요한 범위로 전투지역을 제한한다는 조건으로 일본의 참전에 동의했다(일본은 일단 참전한 뒤에는 이런 전투지역 제한을 지키지 않았다).

15일 일본 정부는 독일 정부에 교주만을 중국에 반환하고 독일의 극동함대를 즉각 철수하라는 내용의 최후통첩을 보냈다. 일본은 23일에는 독일에, 25일에는 오스트리아에 잇달아 선전포고했다.

일본은 중국 정부의 중립 선언을 무시하고 9월 2일 산동반도의 북쪽 해안에 군대를 상륙시켰다. 독일의 조차지인 청도(靑島)는 산동반도의 남쪽 해안에 있으니 그 반대쪽으로 일본군이 상륙한 것이었다. 또한 일본 해군은 태평양에서 적도 이북의 독일령 식민지를 점령했다. 산동반도에 상륙한 일본군은 산동성의 거의 전 지역으로 군사행동 범위를 넓혀갔다. 일본군은 10월 6일에 산동성의 수도인 제남(濟南)을 점령한 데 이어 11월 7일에는 청도를 함락시켰다.

10월 28일 오스만투르크 제국의 영해에 대피하고 있던 독일 군함 2척이 러시아의 항구 오데사를 포격했다. 이에 3국 협상국은 오스만투르크에 선전포고했고, 이를 계기로 오스만투르크는 본격적으로 1차 세계대전에 참여하게 됐다. 오스만투르크의 참전으로 전황이 독일에 크게 유리해졌다. 영국과 프랑스는 러시아와의 연결이 차단됐고, 루마니아와 그리스가 3국 협상국에 가담하는 것도 지연됐다.

1차 세계대전은 중국을 둘러싼 국제관계를 일변시켰다. 영국, 독일, 프랑스, 러시아는 유럽전선에 전력을 쏟아야 했으므로 아시아를 돌아볼 여유가 없었고, 일본은 이런 기회를 틈타 중국에 대한 독점적인 지배권을 확보하고자 했다.

1915년 1월 18일 일본은 중국에 이전부터 해오던 요구들을 일괄해 중국 정부에 전달했다. 이것이 이른바 21개조 요구다. 이 요구는 크게 다섯 부분(호)으로 나뉘어져 있으며, 그 주요 내용은 다음과 같다.

제1호 산동성의 처분: 산동성의 권익에 관하여 일본이 독일과 협정을 맺는 경우에 중국 정부는 그것을 모두 승인할 것. 지부(芝罘) 또는 용구(龍□)를 교제노선(膠濟路線; 교주만~제남) 철도와 연결하는 철도 부설권을 일본에 허용할 것.

제2호 남만주와 내몽고 동부에서의 일본의 지위: 여순, 대련 및 남만주 철도 등의 조차기간을 99년간으로 연장할 것. 남만주와 내몽고 동부에서 일본인에게 거주 및 상공업 영위의 자유, 부동산 취득권, 광산 채굴권을 인정할 것.

제3호 한야평공사(漢冶萍公司)의 합작경영: 이 공사(公司)를 장래에 일중 양국이 합작경영할 것. 그리고 그 자산 및 채굴권을 보전할 것.

제4호 중국의 영토 보전: 중국 정부는 중국 연안의 항만과 도서를 타국에 양여하거나 대여하지 말 것.

제5호 일본인 고문 및 기타: ① 중국 정부에 일본인 정치·재정·군사고문을 둘 것 ② 필요한 지방의 경찰을 일중 합동으로 두고 일본인을 다수 배치할 것 ③ 무기를 일본으로부터 공급받거나 일중 합작의 무기공장을 설치할 것 ④ 화중과 화남에서도 일본의 철도 부설권을 인정할 것 ⑤ 복건성에 있는 광산, 철도, 항만의 설비와 관련해 외국자본이 필요할 경우에 우선적으로 일본과 협의할 것. ⑥ 일본인의 포교권(布敎權)을 인정할 것.

이는 너무나 엄청난 요구였다. 이 요구는 일본의 기득권을 강화하고 확장하는 정도가 아니라 중국의 중앙정부까지 일본의 감독 아래 두어 중국을 일본의 보호국으로 만들려는 것이었다. 일본은 제5호를 제외하고 나머지 내용을 주요 열강에 통보했다.

원세개로서는 열강의 간섭에 의존하는 수밖에 없었으므로 제5호를 포함해 일본의 요구 전부를 열강에 알렸다. 열강은 크게 놀라 항의도 하였으나 전쟁 중이었으므로 적극적으로 일본을 저지할 수는 없었다. 다만 일본은 제5호를 제외하겠다고 발표했다.

위와 같은 일본의 요구 내용이 신문에 보도되자 중국 내 각 계층에 망국의 위기감이 퍼졌고, 요구를 거절해야 한다는 여론이 비등했다. 일본제품 불매운동과 애국저금운동(일본과의 전쟁에 대비해 무기구입 자금을 마련하자는 운동)이 일어났다.

이러한 상황에서 중국 주재 일본 공사 히오키 에키(日置益)와 중국 외교부 차장 조여림(曹汝霖)은 20여 차례에 걸쳐 교섭을 가졌으나 이 교섭은 4월에 결렬됐다. 일본의 여론은 중국이 일본의 요구를 수락하지 않는다고 도리어 분개하는 분위기였다.

유럽에서는 4월 26일 이탈리아가 영국, 프랑스, 러시아와 런던조약을 체결하고 3국 협상국 편에 서서 참전하기로 했다. 1차 세계대전이 일어나자 중립을 선언했던 이탈리아는 그 뒤 비밀리에 참전의 대가를 요구하면서 3국 동맹국과 3국 협상국 양측과 동시에 협상을 벌였다. 그 과정에서 더 유리한 대가를 약속한 3국 협상국 편에 서게 된 것이다.

5월 7일 일본 정부는 제5호를 삭제한 21개조 요구의 수정안을 중국 측에 제시하고 9일까지 수락하라는 최후통첩을 보냈고, 원세개는 9일 이에 굴복하여 21개조 요구를 받아들였다. 이후 중국인들은 5월 7일과 9일을 국치기념일로 정하여 매년 집회와 시위를 벌이게 된다.

1915년 8월부터는 원세개를 황제로 추대하자는 제제(帝制) 부활운동이 활발해졌다. 먼저 대총통 고문인 프랭크 굿나우(Frank Johnson Goodnow)와 아리가 나가오(有賀長雄) 등이 "공화제는 민도가 낮은 중국의 실정에는 맞지 않는다"고 발언했고, 이어 어용학자들이 공공연히 '입헌군주제'를 주창했다. 원세개는 제제 추진운동을 대대적으로 벌였고 반대자는 가차 없이 탄압했다.

유럽에서는 9월 6일 발칸 반도의 불가리아가 독일, 오스트리아와 동맹을 체결했다. 2차 발칸 전쟁으로 영토를 많이 잃은 불가리아는 1차 세계대전을 손실 만회의 기회로 여겼다. 불가리아는 독일과 오스트리아로부터 마케도니아 획득을 약속받았는데, 루마니아가 3국 협상국 측에 가담하여 참전하면 흑해 서부의 도부르자(Dobrudja) 지역을, 그리스가 3국 협상국 측에 가담하면 카발라(Kavalla) 지역을 획득하는 것으로 약속받았다. 10월 14일 불가리아와 세르비아는 서로 선전포고했고, 곧이어 영국과 프랑스도 불가리아에 선전포고했다.

1915년 11월 영국, 프랑스, 러시아 3국은 중국의 참전에 동의하여 줄 것을 일본 정부에 요청했다. 이들 3국이 중국의 참전을 중국 정부가 아닌 일본 정부에 요청한 것 자체가 당시의 국제정치에서 중국이 어떤 위상을 갖고 있었는지를 잘 말해준다. 중국에 강력한 영향력을 행사하고 있었던 일본은 중국이 참전의 대가로 훗날 강화회의에서 발언권을 갖게 되는 것을 바라지 않았다. 일본

발칸 전쟁

오스만투르크 제국은 15세기 이래로 발칸 반도의 대부분을 지배했다. 19세기에 들어 민족주의가 거세지면서 발칸 반도에 거주하는 슬라브 족이 독립운동을 일으켰고, 1833년에 세르비아가 자치권을 얻었다. 오스만투르크는 1877~1878년의 러시아-투르크 전쟁에서 패배하고 러시아와 아야스테파노스(산스테파노) 조약을 체결해 루마니아, 세르비아, 몬테네그로의 독립을 인정하고 불가리아의 자치지역을 확대시켰다. 이 조약으로 인해 발칸 반도에서 오스만투르크 제국의 영토가 마케도니아, 알바니아, 트라키아 지역으로 줄어들었다.

발칸 반도의 슬라브 계통 국가들은 쇠약해진 오스만투르크의 영토를 서로 차지하려고 했는데, 제정 러시아가 이들 국가의 동맹을 후원했다. 1912년 3월에는 세르비아와 불가리아가 동맹을 체결했다. 이 동맹으로 장래에 오스만투르크와의 전쟁에서 승리할 경우에 세르비아는 북부 마케도니아를 점유하고 불가리아는 동남부 지역을 점유하는 것으로 합의됐다. 그리고 마케도니아 중부의 귀속은 러시아의 중재에 따르기로 했다. 5월에는 불가리아와 그리스가 동맹을 체결했고, 몬테네그로는 이 동맹을 적극 지지한다는 성명을 발표했다. 이리하여 오스만투르크에 대항해 세르비아, 불가리아, 그리스, 몬테네그로 간의 발칸 동맹이 형성됐다.

1912년 8월 14일에 불가리아가 오스만투르크에 마케도니아의 자치를 요구했다. 이어 10월 8일에 몬테네그로가 오스만투르크에 선전포고했고, 10월 18일에는 세르비아, 불가리아, 그리스가 오스만투르크에 선전포고했다. 이로써 1차 발칸 전쟁이 시작됐다. 불가리아 군은 10월 하순에 콘스탄티노플의 최후 방어선인 차탈자(Chatalja) 선까지 진격했다. 그리스의 해군은 오스만투르크의 해군을 격파하고 에게 해를 장악했다. 11월 초순에는 세르비아 군이 알바니아 북부를 거쳐 아드

정부는 중국의 참전에 반대한다고 회답했다.

11월 20일에는 중국에서 1993명의 '국민대표' 가 국체 결정을 위한 투표를 실시했고, 단 1표의 반대도 없이 공화제의 폐지와 입헌군주제로의 이행이 결정됐다. 12월 원세개는 자신이 '중화제국' 의 황제임을 선포하고 연호를 홍헌(洪憲)으로 정했다.

그러나 시대를 역행하는 이 무리한 국체 변경은 국내외에서 큰 반발을 불러왔다. 원세개의 진영에서도 단기서, 서세창(徐卋昌)을 비롯한 장군과 고관들이 잇달아 사직했다. 12월 25일에는 전 운남 도독인 채악(蔡鍔)의 지도 아래 운

리아 해에 이르렀다.

오스트리아 제국은 세르비아의 아드리아 해 진출을 용인할 수 없었으므로 알바니아의 독립을 지지한다고 천명했다. 이어 독일과 이탈리아가 오스트리아를 지지하고 나서자 발칸 동맹을 후원하던 러시아가 세르비아를 지원한다는 입장을 철회했다.

12월 3일에 그리스를 제외한 발칸 동맹국과 오스만투르크 사이에 휴전협정이 체결됐고, 17일부터는 런던에서 강화협상이 열렸다. 그러나 발칸 동맹에 양보하기를 반대하는 오스만투르크의 청년투르크당 장교들이 1913년 1월에 정변을 일으키고 집권함으로써 전투가 재개됐다. 그러나 전세가 오스만투르크에 불리하게 전개됐다. 그리하여 결국 5월 30일에 열린 런던 회의의 결정에 따라 오스만투르크는 발칸 지역의 거의 대부분을 포기하게 됐다. 오스만투르크는 이때 크레타 섬도 포기했고, 알바니아의 독립도 인정했다.

그러나 발칸 동맹국들이 획득한 영토를 놓고 서로 이해관계가 대립됨에 따라 얼마 지나지 않아 2차 발칸 전쟁이 일어났다. 6월 1일에 세르비아와 그리스가 불가리아에 대항해 동맹을 체결했다. 그러자 6월 13일 불가리아의 사보프(Savov) 장군이 국왕 페르디난트 1세의 명령에 따라 세르비아와 그리스를 공격했다. 그러나 오스만투르크와 루마니아도 불가리아에 선전포고함에 따라 불가리아는 사면초가의 신세가 됐다. 결국 8월 12일 부쿠레슈티 조약이 체결되고, 이에 따라 불가리아는 마케도니아로부터 축출됐다.

또한 발칸 전쟁이 끝난 뒤에 알바니아의 독립과 관련해 오스트리아와 세르비아가 화해하기 어려운 적대관계를 형성하게 됐다.

남 호국군(雲南護國軍)이 봉기했고, 1916년 5월까지 10개 성이 이에 호응했다. 원세개는 1916년 3월 22일 제제의 취소를 선언하며 타협을 시도했으나, 반대파는 그에게 대총통 직에서도 물러날 것을 요구했다. 울분으로 가득 찬 원세개는 6월 6일 병사했다.

중국에 21개조 요구를 관철시킨 일본은 러시아의 확고한 약속이 필요했다. 러시아 정부와 일본 정부는 비밀협상을 벌여 1916년 7월 3일에 4차 러일협약을 체결했다. 이 협약에도 공개부분과 비밀부분이 있었다. 비밀부분의 내용은 다음과 같다.

(1) 중국이 러시아와 일본에 적의를 갖고 있는 제3국의 지배 아래 들어가는 것을 방지한다.
(2) 양국 중 한 나라가 제3국과 전쟁을 하는 경우에 다른 한 나라는 원조를 하며 단독으로 강화를 하지 않는다.
(3) 중국 전역을 협약의 적용범위로 한다.

이 협약이 의미하는 바는 러시아와 일본이 중국을 양분하겠다는 것이었다. 여기서 제3국은 미국을 뜻한다. 1차 세계대전을 치르느라 서양 강대국 가운데 유럽열강의 국력은 모두 약화됐고 유일하게 미국의 국력만 강화됐기 때문에 이런 내용의 협약이 체결된 것이었다.

유럽에서는 그동안 중립을 지키던 루마니아가 8월 27일 오스트리아에 선전포고했다. 3국 협상국이 루마니아가 참전의 대가로 요구하던 부코비나, 바나트, 트란실바니아 지역의 할양을 약속했기 때문이었다. 그러나 독일군과 오스트리아군이 루마니아군을 격파하고 12월 초에는 루마니아의 수도인 부쿠레슈티를 점령했다. 루마니아의 유전지대도 모두 동맹국의 수중에 들어갔다.

원세개가 죽은 뒤에 북양 군벌은 크게 둘로 나뉘었다. 단기서(段祺瑞)를 영수로 하는 안휘파(安徽派)와 풍국장(馮國璋)이 장악한 직예파(直隷派)로 갈라진 것이다. 풍국장이 1919년에 사망한 뒤에는 오패부(吳佩孚)와 조곤(曹錕)이 직예파의 수령이 됐다.

북양 군벌의 분열을 가져온 파벌은 대체로 원세개가 집권 중이던 시기에 이루어진 북양 군대의 지리적 배치에서 비롯됐다. 직예파와 안휘파는 서로 암투를 벌이면서 북경정부를 유지해 나갔으나 전국을 지배할 역량은 갖고 있지 못했다. 북경정부는 명목상의 중앙정부였다. 그 밖에 중국 각지에 중소 군벌들이 할거했다. 이런 군벌들은 각각 외세와 연계하며 서로 대립하고 항쟁하기를 계속했다.

지역별로 보면 만주에는 일본과 연계된 장작림(張作霖), 산서에는 염석산(閻錫山), 운남에는 당계요(唐繼堯), 광서에는 육영정(陸榮廷), 사천에는 웅극무(熊克武), 호남에는 담연개(譚延闓), 광동에는 진형명(陳炯明) 등이 진을 치고 북경정부와 대립했다. 이들 가운데 당계요, 웅극무, 진형명은 동맹회 출신으로 신해혁명과 제제반대 투쟁에 참가했다.

청 왕조는 멸망했으나 중국은 군벌이라는 '작은 황제' 들의 세상이 됐다. 민중에 대한 착취는 이전보다 훨씬 더 가혹해졌다.

원세개가 죽은 뒤에 국회가 회복되고 부총통 여원홍(黎元洪)이 대총통으로 취임했지만 실권은 안휘파의 영수이자 국무총리인 단기서가 쥐고 있었다. 북경정부는 대독일 선전포고 문제로 내부갈등을 빚고 있었다. 단기서는 일본과 긴밀한 관계를 갖고 있었다. 독일과 전쟁하는 데 찬성하는 단기서는 참전군 편성을 명목으로 차관을 도입해 그것으로 자신의 무력기반을 확장하려고 했다. 일본은 단기서를 적극 지원하면서 그를 통해 중국을 지배하기로 했다.

1917년 5월에 대총통 여원홍은 국회를 끌어들여 참전에 반대하고 단기서를 파면했다. 이에 단기서는 각 성의 독군(督軍)들을 동원해 여원홍을 협박했다. 그런데 독군의 한 사람으로 신해혁명을 부정하던 장훈(張勳)이 7월에 군을 이끌고 북경에 들어와 쿠데타를 일으켜 국회를 해산하고, 선통제를 옹립하고, 청조의 부활을 선언했다. 이 복벽(復辟: 왕정복고) 운동은 단기서와 풍국장의 반대에 부닥쳐 13일 만에 실패로 돌아갔다.

이에 따라 단기서가 다시 국무총리가 됐고, 8월 14일에 중국 정부는 독일에 선전포고했다. 중국은 참전의 대가로 관세의 인상, 의화단 배상금의 지불 연기, 의화단 사건에 관한 조약 규정의 일부 변경 등에 대해 연합국의 양보를 얻어냈다.

2장

러시아 제정의 몰락과 연합국의 승리

유럽이 주된 전장이었던 1차 세계대전은 예상외로 장기전이 됐다. 이에 따라 유럽 참전국들의 전쟁수행 능력이 크게 약화됐다. 제정 러시아가 가장 큰 피해를 입어 1916년 말에는 전쟁수행 능력이 한계에 이르고 있었다. 병사들의 사기는 땅에 떨어졌고, 후방의 식량사정도 극도로 악화됐다.

1917년 3월 8일 페트로그라드에서 빵 배급이 중단되자 가정주부들이 항의시위를 시작했다(이 날을 기념해 국제 여성의 날이 제정됐다). 9일에는 20만 명의 노동자가 거리로 쏟아져 나왔고, 카자크 기병대는 진압 명령을 받았지만 진압에 소극적인 태도를 보였다.

11일 총사령관으로서 전선에 머물고 있던 니콜라이 2세가 두마(Duma)를 해산하라는 명령을 내렸다. 12일에는 황실 근위대 1개 대대가 반란을 일으키면서 다른 부대들에도 반란에 가담할 것을 촉구했다. 이날 저녁 무렵에는 반란에 가담한 병사가 7만 명에 이르렀다.

13일부터 페트로그라드의 전역에서 노동자 소비에트가 수립되기 시작했다. 14일에는 두마가 임시정부의 수립을 결정했다.

15일 최고 사령부의 권유에 따라 니콜라이 2세가 퇴위하는 동시에 아우인

전선으로 떠나는 독일군 병사들. '파리로의 여행' 등의 글귀가 씌어있다.
1914년 여름의 사진으로 추정됨.

미하일 대공을 후계자로 지명했다. 이날 페트로그라드 소비에트의 동의로 임시정부가 수립됐다. 16일 미하일 대공이 황제가 되기를 거부하여 러시아 제정은 무너졌다.

4월 2일 미국에서 우드로 윌슨 대통령이 의회에 나가 미국의 참전이 불가피하다고 호소했다. 그는 "독일이 자행하는 잠수함작전은 인류에 대한 전쟁행위다. 우리의 투쟁대상은 독일의 국민이 아니라 독일의 독재정치다. 세계의 민주주의를 보호하자"고 말했다. 상원은 4일 82 대 6으로, 하원은 6일 373 대 50으로 참전을 결의했다.

그 전해인 1916년에 실시된 미국 대통령 선거의 최대 쟁점은 1차 세계대전 참전 여부였다. 공화당은 전 국민의 군사훈련을 의무화하고 이를 토대로 미국의 명예를 수호하자고 주장한 반면에 윌슨 대통령과 민주당은 끝까지 전쟁

참호 속에서 독일군의 공격에
대비하고 있는 러시아군 병사들.
1917년 사진으로 추정됨.

불참론으로 일관했다. '그는 미국을 전쟁으로부터 구해 주었다(He kept us out of war)' 가 민주당의 슬로건이었다.

이 선거에서 재선된 윌슨 대통령은 1917년 1월 22일 의회 연설에서 '승리 없는 평화(peace without victory)' 를 주창했다. 그는 승리는 패자에게 승자의 평화조건을 강요하는 것을 뜻하며 대등자 사이의 평화만이 영속적일 수 있다고 말했다. 이 연설은 필사적으로 버티고 있었던 연합국(3국 협상국) 사이에 일종의 배신감을 불러 일으켰고, 우연의 일치인지도 모르지만 바로 이때부터 독일이 더욱 도발적인 태도를 취했다.

1월 31일 독일은 영국 해역에서 무제한 잠수함작전을 선포했는데 이는 윌슨의 이상주의에 대한 중대한 도전이었다. 미국 정부는 즉각 독일과의 외교관계를 단절하고 모든 미국 상선에 무장할 것을 명령했다.

그러나 미국 정부가 참전을 결심하게 되는 데는 독일의 잠수함작전보다는 치머만 전보사건과 러시아 혁명이 더 큰 영향을 미쳤다. 치머만 전보사건은 독일 외무장관 치머만이 멕시코 주재 독일 대사에게 보내는 비밀전보를 영국 첩보기관이 도중에 가로채어 미국을 격분시키도록 그 내용을 변조한 사건이었다. 변조된 내용은 독일이 미국과 전쟁을 벌이게 될 경우에 멕시코가 독일 편에 서 준다면 그 대가로 멕시코가 19세기 중반에 미국에 빼앗겨 미국의 서남부 영토가 된 지역을 되찾는 데 협조하겠다는 것이었다. 이처럼 희대의 모략극을 벌일 정도로 전황은 3국 협상국에 불리했다.

3월 1일 미국 정부가 이 전보의 내용을 발표하자 미국 안에서 독일을 응징해야 한다는 여론이 하늘을 찔렀다. 그로부터 2주 만에 제정 러시아가 무너져 독일이 승전할 가능성이 높아지자 미국 정부는 하루 속히 독일을 타도해야 할 필요성을 느꼈다. 그러나 참전할 병사들을 훈련시켜야 했으므로 미국의 본격적인 참전은 1918년에야 시작됐다.

1차 세계대전이 발발했을 때 레닌은 스위스에 거주하고 있었다. 그 뒤 러시아 제정이 무너지자 레닌은 귀국하고자 했으나 돌아갈 방법이 없어 고민을 하고 있었다. 독일 정부는 레닌이 러시아에서 사회주의 혁명을 지도하여 성공하면 러시아가 연합국에서 이탈하게 될 가능성이 있다고 판단하고, 그가 특별 열차로 귀국할 수 있도록 조처했다. 또한 비밀리에 '혁명자금' 도 듬뿍 주었다.

1917년 4월 16일 페트로그라드의 핀란드 역에 도착한 레닌은 환영인파에게 일장 연설을 하고 '전 세계의 사회주의 혁명' 을 제창했다. 그 다음날 레닌은 당시 러시아의 임시정부를 '철저한 제국주의 정부' 라고 규정하고 그것을 타도해야 한다는 입장을 밝혔다.

정부에 도전하는 것과 정부를 타도하는 것은 별개의 문제였다. 볼셰비키는 페트로그라드의 소비에트에서도 소수파에 지나지 않았다. 그러나 레닌이

레닌

제창한 계획은 전쟁에 지친 군인, 굶주린 노동자, 가난한 농민 사이에서 즉시 반응을 불러일으켰다.

1917년 들어 러시아군 내의 하극상이 심해지고 전선에서 탈영하는 병사가 늘어남에 따라 전황이 러시아에 불리한 방향으로 치달았다. 후방의 도시는 물론 농촌의 사정도 날로 악화되고 있었다. 페트로그라드와 모스크바의 주민은 극심한 물가상승에 시달렸고, 도시의 식량공급 상황도 나날이 나빠졌다.

러시아 농민에게 혁명은 곧 토지개혁을 의미하는 것이었다. 임시정부는 토지의 합법적인 재분배를 공약하고 있었으나 이를 위한 결정적인 조치는 취하려고 하지 않았다. 혁명을 외치는 선동자들에 의해 고무된 농민들이 직접 문제해결에 나섰다. 농민들은 지주를 살해하고 토지를 스스로 나눠 가졌다. 이러한 혼란된 분위기 속에서 레닌이 이끄는 볼셰비키가 민중의 지지를 점점 더 많이 얻게 됐다.

5월 17일 트로츠키가 미국에서 러시아로 귀국했다. 그는 그동안 레닌과

트로츠키

의견이 맞서기도 했지만 이제는 완전히 정치적으로 합의하여 레닌의 가장 가까운 동지가 됐다. 페트로그라드 소비에트의 대표로 선출된 트로츠키는 레닌과 함께 '모든 권력을 소비에트로' 라는 구호를 내걸었다.

6월 16일부터 7월 7일까지 페트로그라드에서 열린 제1차 전 러시아 소비에트 대회에서 볼셰비키는 1090석 가운데 불과 137석만을 얻었다. 그러나 변동이 극심한 당시의 분위기에서는 오늘의 소수파가 내일의 다수파가 될 수도 있는 일이었다.

7월 15일 수만 명의 병사가 가담한 가운데 폭력 가두시위가 벌어졌다. 이때 임시정부는 트로츠키를 비롯한 볼셰비키 지도자들을 체포했다. 핀란드로 탈출한 레닌에 대해서는 임시정부가 '독일의 간첩' 이라고 비난하는 발표를 했다(당시 독일의 실권자인 루덴도르프 장군이 레닌에게 거액의 혁명자금을 지원하고 있었다).

7월 21일 케렌스키가 르보프 대공을 대신해 수상으로 정식 취임했다. 그는 사회주의 정당 안의 급진파와 온건파 사이에 연합이 이루어지게 하기 위한 조치를 취했다.

9월 10일 러시아군 총사령관 코르닐로프가 임시정부를 무너뜨리려고 우선 후방인 페트로그라드로 진격했다. 케렌스키는 노동자들에게 무기를 지급하여 맞서게 했다. 볼셰비키의 페트로그라드 지역 공작원들의 선동으로 코르닐로프 휘하의 병사들이 속속 탈주해 코르닐로프의 쿠데타는 실패했다.

코르닐로프의 쿠데타를 막은 공로로 볼셰비키는 9월 중순에 페트로그라드 소비에트의 다수파로 부상했고, 석방된 트로츠키가 페트로그라드 소비에트의 의장이 됐다. 반면에 임시정부에 대한 지지는 급격히 줄어들었다. 필사적으로 사태수습에 나선 케렌스키는 9월 27일 러시아는 공화국이라고 선포했다.

핀란드에 은신하고 있던 레닌은 무력으로 정권을 탈취할 때가 왔다고 판단했다. 10월 20일 레닌은 핀란드에서 돌아와 트로츠키와 더불어 무장봉기를 계획했다.

이즈음인 11월 2일 미국과 일본은 랜싱―이시이 협정을 체결했다. 이것은 미국의 로버트 랜싱 국무장관과 일본의 이시이 기쿠지로(石井菊次郎) 특파대사 사이에 체결된 협정으로, 그 주요 내용은 일본이 주장하는 중국 내 특수이익을 미국이 인정하고, 중국의 영토를 보존하며, 중국에 대해 상공업상의 기회를 서로 균등하게 갖는다는 것이었다. 이에 앞서 일본은 1916년 7월에 러시아와 4차 러일협약을 맺어 중국을 양분하기로 했으나 제정 러시아가 2월 혁명으로 붕괴함에 따라 중국 문제에 대한 러시아의 지원을 기대하기 어렵게 됐다. 이에 따라 일본은 미국과 타협하지 않을 수 없다고 보고 전 외무대신인 이시이를 특파대사로 미국에 보내 랜싱과 회담하게 한 것이었다. 두 나라는 '일본의 특수이익'이라는 것이 구체적으로 무엇을 의미하는지에 대해 견해를 달리했다. 이것을 두고 일본은 정치적인 특수이익이라고 해석했지만, 미국은 지리적 근접관계라고 해석했다.

볼셰비키에 동조하는 군과 노동자 적색근위대가 1917년 11월 6일 밤에 페트로그라드의 전역을 장악했다. 7일 아침에 볼셰비키가 임시정부 타도를 선언했다. 이날 밤 겨울궁전에 있던 임시정부 각료들이 체포됐다.

8일 볼셰비키 정권은 무병합, 무배상을 원칙으로 하는 '평화선언'을 발표했다. 러시아는 더 이상 전쟁을 수행할 능력이 없었던 데다가 볼셰비키가 그동안 전쟁을 끝내겠다고 선언해왔기 때문이었다. 이 선언에 입각해 외무인민위원 트로츠키가 26일 독일에 평화교섭을 제의했다. 볼셰비키 정권은 우선 12월 15일 휴전조약에 서명하고 트로츠키와 요페(Joffe)를 대표로 보내어 22일부터 독일과 단독 강화회담을 시작했다. 이 강화회담에는 독일과 러시아 외에 오스만투르크, 불가리아, 우크라이나 등도 참여했다. (수세기 동안 러시아와 오스트리아의 지배를 받아온 우크라이나는 이때 러시아혁명을 기회로 삼아 독립을 시도했고, 결국 1917년 6월 23일 우크라이나에 자치정부가 수립됐다. 독일은 이 자치정부를 후원했다.)

강화회담에서 독일은 엄청난 요구를 했다. 독일은 브레스트리토프스크 이북에 국경을 설정하자고 주장했는데 이는 러시아가 폴란드, 리투아니아, 서부 라트비아 등지를 잃는 것을 의미했다. 독일은 브레스트리토프스크 이남 지역에 대해서는 우크라이나 정부와 협상하겠다는 태도를 취했다.

회담은 아무런 결말을 보지 못하고 약 2개월을 끌다가 1918년 2월 10일 트로츠키가 '비전쟁, 비강화(非戰爭, 非講和)'를 선언하고 러시아 대표단을 이끌고 귀국하면서 결렬됐다. 그러자 독일은 2월 18일에 휴전을 무효화하고 다시 공격을 시작했다. 독일군은 파죽지세로 진격해 불과 2주 만에 우크라이나, 백러시아(벨로루시), 발트해 연안을 석권하고 페트로그라드에 육박했다. 또한 독일 해군의 함대가 발트해의 핀란드 만에 진입했다. 독일의 요구를 수용한 강화조약에 서명하는 데 대해 반대하는 여론이 높았으나 러시아 정부는 볼셰비키 정권을 유지하기 위해 그러한 강화조약을 수락하지 않을 수 없었다.

3월 3일에 레닌 스스로 굴욕적이라고 평가한 브레스트리토프스크 조약이 체결됐다. 이 조약으로 러시아는 핀란드, 우크라이나, 폴란드, 에스토니아, 라트비아, 리투아니아에 걸치는 약 327만 평방킬로미터의 영토를 상실했다. 이는 곧 인구의 34%, 석탄광산의 90%, 공업생산력의 54%, 농경지의 32%를 상실한 것과 같았다. 이 조약에는 아르메니아의 민족자결권을 인정하는 조항도 들어갔다.

브레스트리토프스크 조약이 체결되어 독일이 서부전선에 전력을 집중하게 되면서 유럽의 전쟁은 더욱 치열해졌다.

1918년 3월 21일 독일이 360만 명의 병력을 투입해 서부전선에서 총공세를 시작했다. 독일군은 연합군의 방어망을 뚫고 진격해 5월 30일 파리에서 60킬로미터 떨어진 샤토티에리 근처의 마른(Marne) 강에 도달했다. 독일군은 6월 9일 전쟁을 끝내기 위한 최후의 공세를 폈으나 연합군이 이를 잘 막아냈다.

7월이 되자 미국군 병력이 유럽에 도착하는 속도가 빨라져 월 30만 명 수준에 이르렀다. 7월 18일에 연합군의 반격이 시작됐고, 9월 초에 이르면 독일군은 춘계공세 이전의 위치로 후퇴하게 된다. 이후 연합군은 서서히, 그리고 착실하게 전진을 계속했다.

독일의 사실상 통치자인 루덴도르프 장군은 독일의 완전한 패배가 멀지 않았음을 깨닫고 9월 29일 월슨 대통령이 제시한 14개 조항에 근거한 휴전을 받아들여야 한다고 제국전쟁회의에 통고했다. 10월 3일 독일은 미국에 휴전과 강화를 요청했다.

이렇게 되자 독일의 동맹국들도 무너지기 시작했다.

9월 15일부터 시작된 마케도니아 전선의 전투는 순식간에 연합국의 승리로 끝나고 불가리아 군은 붕괴했다. 불가리아 정부는 9월 27일 연합국에 휴전을 요청했고, 9월 30일 휴전협정이 맺어졌다. 그 주요 내용은 불가리아군은 해산하고, 그 군사장비는 연합군이 인계하며, 연합군은 작전수행에 필요한 경우에 불가리아 영토를 사용할 수 있다는 것이었다. 사실상 불가리아가 항복한 것이었다.

영국군의 9월 공세로 다마스쿠스와 베이루트를 빼앗긴 오스만투르크도 10월 30일 휴전협정을 맺었다.

러시아 — 폴란드 전쟁

폴란드는 18세기 말에 러시아, 프로이센, 오스트리아 3국에 의해 분할 합병되어 지도상에서 사라졌으나 1차 세계대전으로 러시아, 독일, 오스트리아 3국의 제정이 몰락함에 따라 1918년에 다시 독립하게 됐다. 신생 폴란드는 러시아의 볼셰비키 정권과 영토전쟁을 벌였다.

1차 세계대전 중이던 1916년에 독일과 오스트리아가 러시아령 폴란드를 점령하고 그곳에 세운 '폴란드 왕국'의 통치위원회는 1918년 11월 14일 독립운동 지도자인 피우수츠키에게 '국가원수'라는 칭호와 더불어 난국의 수습에 필요한 독재권을 주고 스스로 해체했다.

피우수츠키는 11월 22일 폴란드 국가의 성립을 선언했다. 이듬해인 1919년 1월에는 총선거로 제헌의회가 구성됐다. 피우수츠키는 2월 20일에 독재권을 제헌의회에 반환했고, 제헌의회는 만장일치로 그를 국가원수에 다시 선임했다.

피우수츠키는 독립 폴란드의 영토 문제를 연합국의 '선심'에 의존하여 해결하려고 하지 않았다. 그는 4세기(1386~1772) 동안 중부 유럽과 동부 유럽의 지배자였던 폴란드-리투아니아 연합왕국의 영토를 회복해 독일, 러시아와 맞설 수 있는 폴란드 연방국가를 수립한다는 꿈을 꾸었다. 그 연방국가는 폴란드와 리투아니아 외에 우크라이나도 포함하는 것이었다. 폴란드는 군비확장에 국력을 집중했다.

동부전선에서 독일군이 철수한데다가 러시아가 내전 중이었으므로 피우수츠키는 폴란드 역사상 지리적으로 최대 규모였던 야기엘로인스기 왕조(1386~1572)의 영토를 수복할 기회가 왔다고 판단했다. 그는 리투아니아, 백러시아, 우크라이나가 소비에트 러시아보다는 폴란드를 보호자로 선택하리라고 확신했다. 그의 지도 아래 폴란드는 파리 평화회담에서 폴란드의 동부 국경이 확정되기 전에 리투아니아, 백러시아, 우크라이나에서 가능한 한 많은 영토를 더 확보하여 기정사실화한다는 계획 아래 빌노를 점령했고, 그런 다음에 민스크에까지 이르는 백러시아 지역과 갈리시아의 동부도 점령했다.

1919년 3월에 폴란드는 과거 리투아니아 대공국의 영토를 거의 다 포함하는 폴란드의 동부 국

　　오스트리아헝가리 제국도 패망의 위기에 몰렸다. 이 제국 안에 거주하는 체코인, 슬로바키아인, 폴란드인, 크로아티아인 등 소수민족이 1918년 중반에 저마다 독립을 요구하기 시작했다. 10월 1일 빈에 모인 소수민족 대표들은 민족별 독립에 찬성하는 투표를 했다. 이어 11월 3일에 연합국과 휴전협정이 체결됐다.

경안을 연합국에 제시했다. 게다가 폴란드는 연방국가로서가 아니라 민족국가의 이름으로 그 안의 수용을 요구했다. 연합국은 폴란드가 분수를 모른다고 여겼다. 이 무렵 폴란드군의 병력은 20만 명으로 늘어나 있었다.

　그런데 전세가 역전되어 1920년 1월 이후에 약 70만 명의 붉은 군대가 폴란드를 공격해왔다. 내전에서 승리한 레닌 정권은 폴란드에 빼앗겼던 옛 러시아 제국의 영토를 탈환한 데 이어 세계혁명 이론에 따라 폴란드를 침공했다. 당시 러시아의 세계혁명 이론에 따르면 러시아 한 나라에서만 혁명이 성공한 상태에서는 그 성과가 지켜질 수 없으므로 서유럽의 발달된 자본주의 국가에서 혁명이 일어나야 하는데 그렇게 될 가능성이 가장 높은 곳은 독일이었다. 따라서 러시아와 독일의 중간에 있는 폴란드가 먼저 적화돼야 했다.

　1920년 7월 4일 불과 27세의 러시아군 총사령관 투하체프스키 장군은 "서쪽으로 진격! 세계혁명으로 가는 길은 백폴란드의 시체 너머에 있다"고 외치며 붉은 군대에 총공격령을 내렸다. 러시아는 폴란드 노동계급이 붉은 군대를 해방군으로 환영하기를 기대했다. 그러나 폴란드 노동계급은 계급이 아닌 민족을 선택했다. 폴란드 노동자들은 대거 폴란드군에 자원입대했다.

　폴란드는 57만 명의 징집병과 16만 명의 지원병으로 러시아의 공격에 맞섰다. 전세가 폴란드에 불리하게 돌아가 8월 초에는 러시아의 붉은 군대가 바르샤바 근교에까지 진격해 폴란드의 운명이 풍전등화가 됐다. 그러나 폴란드군은 8월 14일 반격을 시작했고, 그로부터 나흘 뒤에 붉은 군대 3개 부대를 괴멸시켰다. 9월이 되자 폴란드군은 러시아의 영토로 진격했다. 당황한 레닌은 폴란드에 휴전을 제의했고, 이에 따라 휴전조약이 10월 12일 체결되고 18일부터 발효됐다.

　그 뒤 1921년 3월에 러시아, 폴란드, 우크라이나 사이에 리가조약(Treaty of Riga)이 체결됐다. 이 조약으로 폴란드는 점령하고 있었던 민스크를 포함한 백러시아 지역의 대부분을 포기했지만, 동부 국경을 애초에 연합국이 제시했던 커즌라인(Curzon Line)보다 150킬로미터 동쪽으로 전진시킨 상태로 확정할 수 있게 됐다.

10월 28일에는 독일의 킬(Kiel) 군항에서 해군의 반란이 일어났다. 휴전교섭이 벌어지고 있는 동안에 해군 수뇌부가 출전을 명령하자 해군 병사들이 명령에 따르기를 거부하고 반란을 일으켜 11월 4일 킬 군항을 장악했다.

이어 반란이 독일 전국으로 확산됐다. 각 도시에서는 물론이고 전선에서도 노동자 소비에트와 병사 소비에트가 잇달아 수립됐고, 바이에른 지역에서는 11월 7일 사회주의 공화국 수립이 선포됐다. 11월 9일에는 독일 황제인 빌헬름 2세가 퇴위하고 네덜란드로 망명을 갔다. 이와 함께 막스 폰 바덴 수상이 사임하면서 독일사회민주당의 지도자인 프리드리히 에베르트에게 임시정부 수립을 위촉했다.

11월 11일 독일과 연합국이 휴전협정을 체결했다. 독일은 그동안 점령한 영토를 모두 포기하고, 군대를 라인 강 서안으로 철수하며, 라인 지방의 요새를 철거하는 데 동의했다.

이에 따라 러시아 정부는 11월 13일 독일과 맺은 브레스트리토프스크 조약의 무효화를 선언했다.

연합국은 러시아 내전에 개입했다. 발단은 체코군단이 제공했다.

오스트리아—헝가리 제국에 속한 체코인과 슬로바키아인은 1차 세계대전 때 독일과 오스트리아 편의 병력으로 동원됐다. 이들에게는 같은 슬라브 계통에 속하는 러시아와 세르비아를 상대로 싸워야 한다는 것이 매우 괴로운 일이었다. 이들 가운데 상당수가 자발적으로 러시아군에 투항해 러시아군의 일원이 되었는데, 명목상으로는 프랑스의 지휘를 받았다.

1917년의 혁명 직후에 러시아에서 체코군단이 창설됐으며 1918년에 이르러는 그 수가 5만 명을 넘었다. 브레스트리토프스크 평화조약에서 이들은 시베리아를 경유해 블라디보스토크에서 배를 타고 프랑스로 이동하기로 합의됐다. 이에 따라 체코군단은 시베리아를 횡단하다가 5월에 붉은 군대와 무력충돌을 빚고 그 결과로 시베리아 횡단철도의 상당부분을 장악했다. 이즈음에 백군이 볼세비키 정권 타도를 목표로 내걸고 궐기해 러시아의 내전이 시작됐다.

제정 러시아가 붕괴한 뒤로 시베리아와 북만주 지역에 힘의 공백 상태가 발생하자 일본 군부는 정부에 출병을 주장하고 계획을 세웠다. 일본 정부가 이에 대해 쉽게 결정을 내리지 못하는 가운데 7월에 미국이 체코군단을 구출하기 위한 공동출병을 일본에 제안했다. 이를 계기로 일본은 출병을 결정하고 8월에 미국, 영국과 함께 공동으로 출병했다. 미국은 7천 명, 영국은 5800명의 병력을 보낸 데 비해 일본은 여러 차례 병력을 증파해 결국은 7만 명이 넘는 많은 병력을 보냈다. 일본의 목표는 동부 시베리아를 점령하고 거기에 완충국가를 세우는 것이었다. 미국군과 영국군은 러시아 인민의 게릴라전에 부닥쳐 고전하다가 1920년까지 모두 철수했지만 일본군은 1922년 10월까지 버텼다. 시베리아 출병으로 일본은 9억 엔의 군비를 지출하고 3500명의 전사자를 내는 큰 손실을 보았다.

3·1 운동과 5·4 운동

1919년 1월 12일부터 6월 28일까지 파리 교외의 베르사유에서 1차 세계대전의 뒤처리를 위한 강화회의가 열렸다. 이 회의에는 30여 개국 대표들이 참여했고, 주요 결정은 최고이사회에서 내려졌다.

처음에는 영국, 프랑스, 미국, 이탈리아, 일본 등 5대 강대국의 정부수반과 외무장관들로 구성된 10인 이사회가 최고이사회를 대표했다. 10인 이사회의 구성원은 미국의 우드로 윌슨 대통령과 로버트 랜싱 국무장관, 영국의 로이드 조지 수상과 아서 밸포어 외무장관, 프랑스의 조르주 클레망소 수상과 S. J. M. 피숑 외무장관, 이탈리아의 비토리오 오를란도 수상과 시드니 손니노 외무장관, 일본의 사이온지 긴모치 수상과 마키노 노부아키 외무대신이었다.

이 밖에 외무장관을 제외하고 정부수반들만의 5인 이사회가 따로 구성되어 여기서 주요 결정이 내려지기도 했다. 3월 하순부터는 일본을 세외한 4개국의 정부수반들로 구성된 4인 이사회가 주요 정치문제를 처리했다.

이즈음 식민지 한국에서는 3 · 1 만세운동이 일어났다. 1918년에 윌슨 대통령이 발표한 민족자결주의의 영향을 받아 한국에서 독립운동의 분위기가 고조됐다. 1919년 1월 21일 새벽에 이재황이 급사했는데 독살설이 널리 유포되어 한국인의 반일감정과 독립열망이 더욱 거세졌다. 윤치호는 그의 일기에서 당시의 분위기를 다음과 같이 전한다.

1919년 1월 23일 목요일

조선인들은 일반적으로 10퍼센트의 이성과 90퍼센트의 감성을 갖고 있다. 서울의 조선인들은 고종 황제의 승하에 대하여 야단법석을 떨고 있다. 스스로를 유교적인 예문가(禮文家)라고 자부하는 노인들은 볼썽사나운 상복을 입고 있다. 하지만 조선인들은 이를 계기로 가슴 속에 쌓인 울분을 토로하려는 것 같다. 그들은 고종 황제의 승하에 대해 호들갑을 떨고 있다. 고종 황제의 통치가 어리석음과 큰 실수들로 점철된 지긋지긋한 통치였다는 것을 몰라서가 아니라, 고종 황제의 승하야말로 조선의 자결권이 끝내 소멸되었음을 보여주는 상징적인 사건이기 때문이다. 고종 황제를 생각하면 한 방울의 눈물이, 조선인들을 생각하면 두 방울의 눈물이 눈가에 맺힌다.

기독교, 불교, 천도교 등의 교단 세력들이 '민족대표단'을 구성하고 고종의 장례가 거행되기 이틀 전인 3월 1일을 거사일로 정했다. 3월 1일이 되자 서울, 평양, 의주, 원산 등 각지에서 독립을 요구하는 평화적인 시위가 벌어졌다.

3월 12일 일본 주재 미국 대사 모리스(Morris)는 3·1 운동에 관한 보고서를 작성해 미국 국무성에 보냈다. 그 내용은 한국인들의 시위는 민족적인 성격을 띤 가운데 모든 종교와 계급이 참여하고 있고, 어떤 종류의 무기도 사용하지 않는 평화적인 운동이라는 것이었다. 그러나 일본의 경찰과 군인은 여자들까지 무차별로 공격하고 있고, 평양에서는 미국인 여성이 공격을 당하는 등 미국 시민도 위험한 상황에 처해 있다고 모리스는 보고했다.

3월 14일에 서울 주재 영국 대리총영사 로이즈(William M. Royds)는 한국인의 독립 요구를 옹호하는 내용의 보고서를 작성해 일본 주재 영국 대사 그린 (Greene)에게 보냈다. 이때 로이즈는 캐나다 출신의 학자이자 선교사인 게일 (James S. Gale) 박사가 한국 사태에 관해 쓴 보고서도 동봉해 보냈고, 한국인이 이제는 자치를 할 수 있는 능력을 보유하고 있다고 주장했다.

3·1 운동은 곧 전국으로 퍼져 21일에는 제주도에서도 만세운동이 일어났다. 일제는 일본군과 경찰을 동원해 무력진압에 나섰다. 일제는 4월 중순에 일본 본토에서 온 증원군으로 한국인의 만세운동에 대한 탄압을 한층 강화했다. 그 대표적인 예는 4월 16일에 경기도 수원군에서 일본 군경이 주민 29명을 교회 건물에 가두고 사살한 제암리 학살 사건이다. 이 사건은 미국 선교사인 스코필드가 현장을 촬영한 사진과 함께 미국에 알렸다. 3·1 운동 때 일본 군경에 의해 학살당한 한국인 사망자 수는 7천 명이 넘었다.

일본 주재 영국 대리대사로 새로 부임한 앨스턴(Beilby F. Alston)은 제암리 학살사건에 관한 정보를 현장을 방문한 로이즈로부터 4월 말에 듣고 경악하여 몇 가지 조치를 취했다. 그는 우선 제암리 학살사건의 진상을 영국 정부에 전보로 자세히 보고했다. 그 다음 그는 일본의 외무차관 시데하라 기주로에게 일본 군경의 잔학행위를 중지시키라고 요구했다. 3·1 운동은 중국에서 5·4 운동이 일어나는 데 영향을 미쳤다.

1919년 4월에 중국 상해에서 대한민국 임시정부가 수립됐다. 이때 국호가 대한민국으로 정해졌는데, 몽양 여운형은 '대한(大韓)'이라는 표현을 사용하는 데 반대했다. '대한'은 한국의 역사상 오래 쓰인 일이 없고 다만 조선조 말에 잠시 쓰였지만 그러다가 나라가 망했으니 이 표현을 부활시킬 필요가 없다는 것이 그의 의견이었다. 반면에 '대한'이라는 표현의 사용을 주장한 측은 나라가 '대한'으로 망하였으니 '대한'으로 흥해보자는 것이었다. 다수결로 '대한'이 채택됐다.

임시정부가 만든 임시헌장 8조에 "대한민국은 구황실을 우대한다"고 규정됐다. 여운형은 이렇게 황실을 우대하는 것에 반대했다. 황실을 우대하자고 주장한 측은 고종이 죽은 뒤에 대한문 앞에 백성의 곡성이 드높았던 데서 알 수 있듯이 아직 민심이 황실을 중심으로 뭉쳐 있으니 민심수습을 위해 황실우대 조항이 필요하다는 의견을 내놓았다. 이에 대해 여운형은 다음과 같이 반박했다.

동지들은 대한문 앞의 곡성을 잘못 들었다. 그것은 망국의 울음을 아무 때나 울면 잡혀갈 처지였기 때문에 핑계 김에 기회를 얻어 운 것이오, 황실 그 자체를 생각한 울음이 아니었다.

일본은 1차 세계대전으로 많은 이권을 얻었다. 1915년에는 중국에 21개조 요구를 들이대어 방대한 이권을 얻어냈고, 1917년 초에는 지중해에 해군을 파견하면서 적도 이북의 독일 식민지와 산동반도에서 독일이 갖고 있었던 이권을 넘겨받을 수 있게 됐다.

일본은 베르사유 강화회의에서 전승국에 이와 같은 전쟁 중 합의사항의 실천을 요구하고 나섰다. 이러한 일본의 요구는 물론 윌슨 미국 대통령이 1918년 연두교서에서 밝힌 14개 항의 평화교섭 조건에 어긋나는 것이었다. 영국은 전쟁 중에는 영국의 이권이 침해되는 것까지 묵인하며 일본의 요구를 수용했지만, 베르사유 강화회의에서는 이른바 '번복평결(adverse verdict)'을 추구하면서 일본에 산동반도에서 얻은 권익을 중국에 반환하라고 요구했다. 윌슨도 일본의 요구에 난색을 표시했다. 이에 따라 일본에서는 반서양, 특히 반미 분위기가 크게 일어났다. 이즈음에 윌슨 미국 대통령이 조선인을 접견했다는 유언비어가 일본에 나돌았는데, 이는 당시 일본에 팽배한 반미 분위기를 반영하는 것이었다. 독립운동가 김규식이 베르사유에 갔던 것은 사실이다.

미국 해군의 정보국이 작성한 비밀보고서는 중국에서 일본의 팽창을 저지하는 세력으로 일본이 미국과 영국을 지목하고 있으며, 이런 상황을 일본은 독립운동가·정치가. 호는 몽양(夢陽). 경기도 양평 출생. 배재학당, 흥화학교, 평양장로신학교 등에서 공부했다. 1908년 부친의 3년 상을 마친 뒤에 노비문서를 불태우고 집안의 노비들을 모두 해방했다. 1914년에 선교사 언더우드의 도움으로 중국 남경의 금릉대학(金陵大學)에 유학해 영문학을 공부했다. 남경대학에서 신학문과 기독교사상을 접한 그는 이후 교육사업을 하다가 민족주의자로서 독립운동에 나섰다. 1918년에 중국 상해에서 신한청년당을 조직했다. 1919년 대한민국 임시정부의 수립에 참여했고, 일본에 가서 조선독립의 필요성을 역설했다. 1920년 이동휘(李東輝)의 공산주의자 그룹에 참가하고 1921년 고려공산당에 가입했지만, 이는 조선독립을 위한 것이었고 그가 공산주의를 받아들인 것은 아니었다. 같은 해 모스크바에서 열린 극동피압박민족대회에 참석해 레닌과 면담했다. 그 뒤로 중국혁명을 통해 한민족이 해방될 수 있다는 판단 아래 중국 혁명운동에 참가했다. 그러나 1927년 장개석이 집권하면서 그의 중국 내 활동이 중단됐다. 이어 동남아를 순방하면서 영국의 식민정책을 비판하다가 1929년 7월 상해에서 영국 경찰에 체포된 뒤 일본 경찰에 넘겨져 3년간 옥고를 치렀다. 출감한 뒤에는 〈조선중앙일보〉 사장, 조선체육회장 등을 역임했다. 1942년에 일본의 패배를 공개적으로 발언했다가 투옥됐고, 1943년 7월 석방됐다. 1944년 민족주의자와 공산주의자를 망라한 조선건국동맹을 조직했다. 이러한 조직운동의 경험을 바탕으로 8·15 직후에 조선건국준비위원회를 결성했다. 조선건국준비위원회는 광복 직후의 권력공백기에 조선 민중의 자치능력을 발휘할 수 있는 단체였으나 박헌영 세력의 주도에 의해 1945년 9월 조선인민공화국으로 개편됐고, 이후 우익 진영이 참가를 거부하고 미군정이 탄압함에 따라 유명무실해졌다. 이에 그는 1945년 12월 건국동맹을 조선인민당으로 전환시켜 진보적 민주주의를 표방한 대중정당을 조직했다. 1946년 1월 좌익의 집결체인 민주주의민족전선의 결성에 참여해 의장단의 일원으로 선출됐다. 같은 해 5월부터 중도우파를 대표하는 김규식과 더불어 좌우합작을 주도했으며, 박헌영이 주도하는 3당 통합에 반대해 남로당에 참가하지 않고 근로인민당을 결성했다. 중도좌파로서 민주적 사회주의 건설과 통일정부 수립을 모색하던 그는 1947년 7월 19일 한지근(韓智根)에 의해 암살됐다.

일본에서 기자회견을 할 즈음의 여운형

청일전쟁 이후에 러시아의 주도 아래 요동반도를 청에 반환하게 한 3국간섭과 비교하고 있다고 지적했다. 이 보고서는 일본이 10년간의 와신상담 끝에 러시아에 복수를 했는데 이번에는 복수의 대상이 어느 나라인지를 명심하고 그 준비를 하는 것이 일본 국민의 의무라고 일본 정부가 국민에게 상기시키고 있다고도 지적했다.

베르사유에서 동아시아 문제가 논의되는 동안에 중국에서도 반서양, 반미 감정이 크게 일어났다. 일본 신문들은 매일같이 미국의 동아시아 정책을 왜곡해 전하고 비난하는 기사를 실었다.

미국과 영국은 일본이 회의에 불참하겠다고 위협하자 결국 양보했다. 4월 21일 이탈리아를 제외한 미국, 영국, 프랑스, 일본의 4대국 회의는 중국의 요구를 물리치고 일본의 요구를 거의 전면적으로 승인하기로 결정했다.

1919년 5월 1일 중국의 외교적 패배에 관한 뉴스가 북경에 전해지자 중국 내 반일 여론이 끓어올랐고 4일 북경의 대학생을 중심으로 외교교섭을 담당한 북경정부에 대한 저항운동이 일어났다. 이는 곧 전국으로 퍼졌다. 이를 5·4 운동이라고 한다. 6월 10일 북경정부는 마침내 굴복하고 그동안 매국노로 지목돼온 3명의 고위관리를 파면한 데 이어 28일에는 베르사유 조약의 승인을 거부했다.

한국에서 3·1 운동을 유혈 진압해 세계 여론의 비난을 받게 된 일본 정부는 한국의 독립운동을 자치운동으로 유도하는 척하는 태도를 취하며 그와 같은 비난여론을 묵살하려고 했다. 이와 관련해 일본 정부는 상해에서 국제적으로 한국독립 운동을 벌이고 있는 여운형을 회유하려고 했다. 1919년 10월 조선총독부의 사절이 상해에 가서 여운형을 만나 "일본에 건너가 일본 당국과 조선 문제를 상의해 보라"고 요청했다. 여운형은 안창호, 이광수 등의 의견을 들어본 뒤에 일본에 가기로 결정했다. 여운형은 일본 당국에 하의도(荷依島)에 수감돼 있는 장덕수를 통역으로 요구했다. 장덕수는 곧 석방됐다.

　　11월 중순 일본에 도착한 여운형은 일본 정부의 요인들과 만나 의견을 교환했다. 일본 육군대신 다나카 기이치(田中義一)는 이런 말을 했다.

　　우리 일본은 천하무적으로 막강한 300만 병력을 갖고 있다. 해군 함대는 사해를 휩쓸고 있다. 조선은 일전(一戰)의 용기를 갖고 있는가? 만일 조선인이 끝까지 반항한다면 2천만 정도의 조선인쯤이야 일시에 없애버릴 수도 있다.

　　여운형의 응대는 이러했다.

　　그대도 글을 읽은 사람이라면 삼군지수(三軍之帥)는 가탈(可奪)이지만 필부지지(匹夫之志)는 불가탈(不可奪)이라는 말의 진의를 알 것이다. 2천만 명을 다 죽일 수도 있고 여운형의 목을 일순에 벨 수도 있다. 그러나 2천만 명의 혼까지 죽일 수는 없을 것이고, 여운형의 마음까지 벨 수는 없을 것이다. 하물며 여운형이 지닌 철석같은 조국애와 영원불변의 독립정신까지 벨 수야 있겠는가?

　　며칠 뒤에 여운형이 만난 체신대신 노다(野田)는 솔직히 자신의 견해를 말했다.

　　솔직히 말하면 그대가 하는 일은 쓸데없는 일이다. 일본이 조선을 병탄한 것은 살려고 먹은 것이다. 조선을 내놓으면 우리 일본은 죽는다. 일본의 생사가 달린 조선을 일본은 그대로 내놓을 수 없다. 그대의 연설이 얼마나 웅변이요 그대의 이론이 아무리 철저하더라도 일본은 조선의 독립을 승인할 수 없다. 조선이 독립을 하려거든 실력으로 싸우라. 생명을 희생해서 찾으라. 거저는 안 된다.

여운형은 즉석에서 이렇게 응대했다.

내가 동경에 와서 오늘까지 낙망했다. 아무것도 볼만한 것이 없어서 허행
(虛行)을 하게 됐다고 하였더니 오늘 이 자리에서 비로소 인물을 하나 발
견한 것이 내가 동경에 온 소득이다. 그대는 과연 인물이다. 일본인 중에
오직 그대가 인간적이요 양심적으로 거짓 없는 참말을 했다. 내 마음이 상
쾌하다.

11월 27일 여운형은 동경 제국호텔에서 기자회견을 가졌다. 회견장에는
신문기자, 교회 관계자, 교수, 학생 등 500여 명이 모였다. 조선인 유학생과 서
양인도 있었지만 대부분은 일본인이었다. 여운형은 카이저수염과 당당한 위엄
으로 장내를 압도하면서 열변을 토했다.

내가 이번에 일본에 온 목적은 일본 당국자와 그 식자(識者)들을 만나 조
선독립 운동의 진의를 말하고 일본 당국의 의견을 구하려는 것이었다.
다행히 각원(閣員) 및 식자 제군들과 간격 없이 의견을 교환하게 된 것은
유쾌하고 감사하다. 나는 독립운동이 내 평생의 사업이다. 구주(歐洲) 전
란이 일어났을 때 나와 우리 한국이 한 독립국가로 대전(大戰)에 참가하
지 못하고 동양의 한 모퉁이에 쭈그리고 앉아 우두커니 방관만 하고 있는
것이 심히 유감스러웠다. 그러나 우리 한민족의 장래가 새로운 세계역사
의 한 페이지를 차지할 시기가 반드시 오리라고 자신한다. 그러므로 나는
표연히 고국을 떠나 상해에서 나그네로 있었다.
작년 11월에 대전이 끝나고 상해의 각 사원에서 평화의 종소리가 울렸다.

우리는 신이 주는 사명이 머리 위에 내린 듯했다. 그리하여 활동을 시작했다. 먼저 동지 김규식을 파리에 보냈고, 3월 1일에는 내지(內地)에서 독립운동이 돌발하여 독립만세를 절규했다. 곧 대한민족이 전부 각성했다. 주린 자는 먹을 것을 찾고 목마른 자는 마실 것을 찾는 것은 자기의 생존을 위한 인간, 자연의 원리다. 이것을 막을 자가 있겠는가!

일본인이 생존권이 있다면 우리 한족(韓族)만이 홀로 생존권이 없을 것인가! 일본인이 생존권이 있다는 것은 우리 한국인이 긍정하는 바이며, 한인이 민족적 자각으로 자유와 평등을 요구하는 것은 신이 허락하는 바이다. 일본 정부는 이것을 방해할 무슨 권리가 있는가. 이 세계는 약소민족 해방, 부인 해방, 노동자 해방 등 세계의 개조를 부르짖고 있다. 이것은 일본을 포함한 세계적인 운동이다. 한국의 독립운동은 세계의 대세요, 신의 뜻이요, 한민족의 각성이다.

어느 집에서 새벽에 수탉이 울면 이웃집 닭들이 따라 우는 것은 닭 하나하나가 다른 닭이 운다고 우는 것이 아니고 때가 와서 우는 것이다. 때가 와서 생존권이 양심적으로 발작된 것이 한국의 독립운동이요, 결코 민족자결주의에 도취한 것이 아니다. 신은 오직 평화와 행복을 우리에게 주려 한다. 과거의 약탈, 살육을 중지하고 세계를 개조하는 것이 신의 뜻이다. 세계를 개척하고 개조로 달려 나가 평화적 천지를 만드는 것이 우리의 사명이다. 우리의 선조는 칼과 총으로 서로 죽였으나 이후로 우리는 서로 붙들고 돕지 않으면 안 된다.

신은 세계의 장벽을 허락하지 않는다. 이때에 일본이 자유를 부르짖는 한인에게 순전히 자기이익만을 가지고 한국합병의 필요를 말한다.

첫째, '일본은 자기방위를 위하여 한국을 합병하지 않을 수 없었다'고 한다. 그러나 러시아가 차제에 무너진 이상 그 이유가 성립되지 않는다. 한국이 독립한 후라야 동양이 참으로 단결할 수 있다. 그것이 실상은 일본의 이익이 될 것이다.

둘째, '한국은 독립을 유지할 실력이 없다' 고 한다. 우리는 과연 병력이 없다. 그러나 이제 한족은 깨었다. 열화 같은 애국심이 이제 폭발했다. 붉은 피와 생명으로써 조국의 독립에 이바지하려는 것을 무시할 수 있는가. 일본이 한국의 독립을 승인하면 한국은 다시 적이 없다. 서쪽 이웃인 중화민국은 확실히 한국과 친선할 것이다. 일본이 솔선하여 한국의 독립을 승인하는 날이면 한국은 마땅히 일본과 친선할 것이다. 우리가 건설하는 국가는 인민이 주인이 되어 인민을 다스리는 국가일 것이다. 이 민주공화국은 대한민족의 절대적 요구요 세계 대세의 요구다.

평화라는 것은 형식적 단결로는 성취하지 못한다. 이제 아무리 일본이 첩첩이구(喋喋利口)로 일지친선(日支親善, 일중친선)을 말하지만 무슨 유익이 있는가. 오직 정신적 단결이 필요한 것이다. 우리 동양인이 이런 경우에 서로 반목하는 것은 복된 일인가. 한국독립 문제가 해결되면 중국 문제도 용이하게 해결될 것이다.

일찍이 한국의 독립을 위하여 일청전쟁과 일로전쟁을 했다는 일본이 그때의 성명을 무시하고 스스로 약속을 까먹었으니 이것이 한(韓), 화(華) 두 민족이 일본에 대해 원한을 품는 원인이 되지 않을 수 있는가. 한국이 독립하면 일본과 분리하는 듯하나, 원한을 버리고 동일한 보조를 취하여 함께 나가는 것이 진정한 합일이요 동양평화를 확보하는 것이며, 세계평화를 유지하는 제1의 기초다.

우리는 꼭 전쟁을 해야 평화를 얻을 수 있는가? 싸우지 않고는 인류가 누려야 할 자유와 평화를 못 얻을 것인가? 일본 인사들은 깊이 생각하라.

1920년 1월 동경제국대학의 요시노(吉野) 교수는 월간지 〈중앙공론(中央公論)〉에 '소위 여운형 사건에 관하여' 라는 시론을 발표했다. 일본 국회가 여운형을 초청한 정부를 공격하고 나서자 초청자 측을 옹호하는 입장을 개진하기 위한 시론이었다. 이 글 중에 다음과 같은 구절이 있다.

> 여운형 씨의 주장 가운데 확실히 하나의 침범하기 어려운 정의의 섬광이 보인다. (중략) 그는 한낱 젊은 신사로서 그 견식에 있어서, 그 품격에 있어서 나는 드물게 보는 존경할 만한 인격을 그에게서 발견했다. 나는 지나, 조선, 대만 등지의 많은 사람들과 회담해 봤지만 하나의 교양 있는, 존경할 만한 인격자로서 여운형 씨 같은 분은 그중 가장 뛰어난 한 분이라는 것을 단언한다.

중국에서는 일본의 지원을 받아 북경정부를 장악하고 있던 안휘파가 대일추종 외교와 남방에 대한 무력통일 정책을 펴다가 여론의 비판을 받아 고립 상태에 빠져 있었다. 이런 상황에서 영국과 미국을 배경으로 삼고 있던 직예파는 장작림의 봉천파(奉天派)와도 제휴해 '반 안휘파 8성 동맹'을 맺고 남북 화평과 대일타협 반대를 명분으로 내걸고 안휘파에 대항했다.

결국 1920년 7월 안직전쟁(安直戰爭)이 발발했다. 이 전쟁에서 안휘파가 직예파에 패배해 북경에서 밀려났다. 이후 직예파와 봉천파가 북경정부를 구성했다.

광동성을 장악하고 있던 군벌 진형명(陳炯明)은 이 해 10월 광주를 점령하고 있던 육영정(陸榮廷)을 축출했고, 11월에는 손문(孫文)을 광동 군정부 수반으로 추대한다고 발표했다. 손문은 1921년 4월 비상대총통으로 선출됐다.

4장

워싱턴 회의

1차 세계대전으로 세계와 동아시아의 정세가 크게 달라졌다. 제정 러시아가 무너졌고, 독일은 패전국이 됐다. 영국과 프랑스도 국력이 크게 약화된 반면에 미국이 세계의 지도적인 국가로 부상했다. 일본은 전쟁기간 중에 중국에서 거의 독점적인 지위를 차지했으나 중국 내 반일여론의 광범위한 확산, 친일적인 안휘파 군벌의 쇠퇴, 1차 세계대전으로 입은 상처로부터 회복되기 시작한 유럽 열강의 재진출 등으로 인해 그 지위를 유지할 수 없었다.

또한 1차 세계대전 중에 시작된 미국과 일본 사이의 군함건조 경쟁으로 인해 두 나라는 재정압박을 받게 됐다. 미국은 1916년의 해군법령에 따라 1919년 7월까지 156척의 군함을 건조하기로 했고, 이에 대항해 일본도 '88함대(배수량 3만 톤 전후의 전함 8척과 순양함 8척을 최소 전력으로 하는 거대 함대)'의 건설에 주력했다. 두 나라는 과다한 군사비 지출을 감당하기 어려워 군비제한을 위한 국제회의를 열어야 할 필요성을 느꼈다.

이러한 정세 속에서 1921년 8월 미국의 워런 하딩 대통령은 일본, 중국 및 동아시아에 이해관계를 갖고 있는 영국, 프랑스, 이탈리아, 벨기에, 네덜란드, 포르투갈에 군비제한을 위한 회의를 열자고 제안했다. 이에 따라 1921년 11월

부터 1922년 2월까지 이들 9개국이 참여한 가운데 국제회의가 열렸으니, 이것
이 곧 워싱턴 회의(Washington Conference)다.

워싱턴 회의는 그러나 단순히 군비축소만을 위한 것이 아니었다. 동아시
아에서 열강들 사이의 '질서'를 재편성하는 것도 그 주된 목적이었다. 일본은
협력관계에 있던 제정 러시아가 사라진데다가 대외무역에서 미국에 대한 의존
도가 커졌으므로 미국과 타협할 수밖에 없었다.

미국은 영일동맹의 표적이었던 러시아의 위협이 사라졌다는 점, 일본이
영일동맹을 배경으로 중국에서 자의적인 침략행위를 자행한다는 점 등을 들어
영일동맹을 해소시키는 동시에 일본에 지나치게 유리해진 동아시아의 세력판
도에 균형을 회복시키려고 했다.

워싱턴 회의는 '해군군비 제한 위원회'와 '태평양과 극동 문제 위원회'
로 나뉘어 토의를 진행했고, 여기서 여러 가지 조약과 결의들이 나왔다. 그 가
운데 중요한 내용은 다음과 같다.

(1) **해군군비 제한에 관한 5개국 조약: 1만 톤급 이상의 주력함 척수의 비율을 영
국 5, 미국 5, 일본 3, 프랑스 1.75, 이탈리아 1.75로 정하고, 이 비율을 초과하
는 주력함은 기존의 것이냐 건조중인 것이냐를 불문하고 모두 폐기한다.**
이것은 미국의 제안에 의한 것으로 미국, 영국, 일본, 프랑스, 이탈리아 5
개국 사이에 체결됐다. 일본은 처음에는 미국의 70%에 해당하는 비율을
자국에 배정할 것을 주장했으나 동북아시아와 서태평양 지역에서는 미국
의 60% 정도에 해당하는 주력함만으로도 자국의 국익을 보호할 수 있다
고 판단해 위와 같은 비율을 받아들였다. 이 합의는 주력함에 관한 것이었
고, 보조함에 대해서는 규정하지 않았다. 또한 미국, 영국, 일본 3국은 태
평양의 섬에 요새나 해군기지를 신설하지 않고 현상유지를 한다는 데 합
의했다.

워싱턴 회의의 합의에 따라 1923년 12월 미국 필라델피아의 해군 조선소에서 군함이 해체되고 있다.

(2) **잠수함과 독가스 사용 금지**: 군함이 상선을 나포하거나 공격하는 행위에 관한 국제법을 잠수함에도 적용하고, 독가스의 사용을 금지한다.

(3) **중국에 관한 9개국 조약**

미국 대표 엘리후 루트가 제안한 4개 원칙에 입각해 체결된 조약이다. 4개 원칙이란 미국의 전통적인 대중국 정책을 반영한 다음 4가지다. ① 중국의 주권, 독립, 영토적·행정적 통합성을 존중하는 것 ② 중국에 안정된 정권이 수립되게 하는 것 ③ 중국에서의 각국별 상공업 기회를 균등화하는 것 ④ 미래에 특권이나 특별이익을 배제하는 것.

그러나 열강이 이미 중국으로부터 얻은 기득권에 대해서는 아무런 언급도 없었고, 또 원칙에 위배되는 일이 발생할 경우의 제재수단에 대한 규정도 없었다. 따라서 이 조약에서 실질적인 의미를 찾기는 어려웠다. 다만 이 조약의 성립으로 그동안 미국과 일본 사이에 해석상 의견차이가 있었던 랜싱—이시이 각서는 1923년 4월에 폐지됐다.

(4) **태평양 방면의 섬인 속지(屬地, insular possessions)와 섬인 영지(領地, insular dominions)에 관한 4개국 조약**

이것은 미국, 영국, 프랑스, 일본이 체결한 조약이다. 섬인 속지나 섬인 영지와 관련해 조약국 사이에 분쟁이 일어나거나 조약국이 아닌 다른 나라로부터 침략의 위협이 있는 경우에 조약국이 서로 협력한다는 것이 그 내용이다. 이 조약의 발효와 함께 영일동맹은 종료되는 것으로 합의됐다.

당시 영국으로서는 영일동맹을 지속시킬 이유가 전혀 없었다. 일본이 중국에 적극 진출하면서 도리어 영국과 일본 사이에 충돌이 일어날 가능성이 있었고, 미국은 영국과 일본이 긴밀하게 결속되는 것을 막으려고 했다. 다만 영국으로서는 일본이 오스트레일리아와 뉴질랜드 방면으로 진출하지 않는다는 보장은 필요했다. 그래서 영일동맹을 폐기하고 이를 대신할 조약을 체결할 필요가 있었다. 이런 상황을 배경으로 미국, 영국, 프랑스, 일본 4개국이 조약을 체결한 것이었다.

(5) **독일은 산동반도에서 갖고 있었던 권익을 중국에 반환하고, 일본은 시베리아로부터 철군한다.**

이로써 중국은 보상금을 지불하는 조건으로 독일이 산동반도에서 차지했던 권익의 대부분을 돌려받을 수 있게 됐다. 일본은 북부 사할린을 제외한 시베리아 전 지역으로부터 철군하겠다고 약속했다(북부 사할린에는 일본군이 1925년 5월까지 주둔했다).

위와 같은 조약들로 이른바 워싱턴 체제(the Washington System)가 성립되어 1931년에 만주사변이 일어날 때까지 근 10년간 동아시아의 국제정치 질서를 규정했다. 워싱턴 체제의 성립은 열강들이 동아시아에서 과거의 제국주의 외교를 파기하는 한편 팽창주의를 포기하고 다국간 협조체제를 구축했다는 데 의미가 있는 것이었다. 나라별로 보면 미국으로서는 큰 성과였지만 영국으로서는 동아시아의 현상유지를 다짐받은 것에 불과했다.

외몽고의 독립

제정 러시아는 청 왕조 초기부터 몽고에 눈독을 들였고 청 말기에는 일방적으로 몽고를 러시아의 세력범위에 속하는 것으로 상정했다. 러시아는 특히 1907년에 1차 러일협약을 체결한 이후에 노골적으로 외몽고에 대한 야심을 드러냈다. 그러나 청 왕조는 러시아를 견제할 겨를이 없었다.

1911년에 신해혁명이 일어나 중국 남방의 각 성이 독립을 선포하자 이를 기회로 삼아 외몽고가 러시아의 지원 아래 11월 30일 자치독립을 선포함과 동시에 '대몽고 독립제국'의 수립을 선언했다. 이에 중국에서는 '정몽(征蒙; 몽고를 침)'하자는 여론이 들끓었다. 갓 세워진 원세개 정권은 외몽고의 독립을 저지하려고 했으나 군사력의 부족으로 실패했다.

1912년 11월에 제정 러시아는 외몽고 정부와 협정을 체결했다. 북경의 원세개 정부가 1913년에 러시아와 타협을 이룸에 따라 외몽고는 두 나라의 공동보호 아래 놓이게 됐다.

러시아 혁명의 발발로 제정 러시아가 무너진 데 이어 새로 들어선 레닌 정권이 내전에 휘말리게 되자 외몽고의 권력층 내 '친중파'가 중국군을 불러들이고 1919년 11월 중순에 자치독립을 취소했다. 그런데 마침 이때부터 외몽고는 러시아의 적군(赤軍)과 백군(白軍)이 싸우는 격전장이 됐다.

1921년 2월 붉은 군대에 쫓기던 로만 표도로비치 폰 운게른-슈테른베르크 휘하의 백군 5천 명은 외몽고의 요청으로 수도 우르가로 진입했다. 이들은 일본군의 지원 아래 우르가를 공격해 외몽고에 주둔하고 있던 중국군을 몰아냈다. 같은 시기인 3월에 우르가의 외각지역인 마이마첸에서는 수흐바타르를 수반으로 한 몽고인민당이 두 차례의 당 대회를 거쳐 '몽고임시인민혁명정부'의 수립을 선포하고 레닌 정권에 군사지원을 요청했다. 1921년 5월에 레닌 정권은 외몽고로 패주한 백군 잔당을 섬멸한다는 명분으로 붉은 군대를 파병하여 7월 초에 이들을 축출했다. 같은 달 11일에 정식으로 몽고인민혁명정부가 수립되어 독립을 선포했다.

그러나 백군 잔당을 섬멸하면 즉시 철군하겠다고 중국의 북경정부에 약속했던 레닌 정권은 붉은 군대를 철수시키지 않았고, 1921년 11월 5일 모스크바에서 비밀리에 몽고인민혁명정부와 수호조약을 체결하고 서로 러시아와 몽고의 유일한 합법정부로 교차 승인했다. 이 비밀 수호조약이 1922년 4월에 공개되자 북경정부는 크게 반발했으나 어쩔 수 없었다.

워싱턴 체제는 동아시아의 주요 세력인 러시아를 배제하고 성립됐다는 점에 큰 결함이 있었다. 러시아는 워싱턴 회의가 소집되기 전부터 이 회의 자체를 비난하면서 이 회의에서 채택될 어떠한 결정에도 구속되지 않겠다고 공언했다. 이후 러시아는 중국의 여러 정치세력과 외교관계를 맺으면서 중국에 진출했다.

5장

중국 군벌들 간의 내전과 국민당의 대응

중국에서 직예파는 영국과 미국의 지지를 받고 있었고 봉천파는 일본의 후원을 얻고 있었다. 두 군벌이 서로 양자강 유역으로 세력을 확장하려고 하는 과정에서 갈등이 깊어졌다. 전국적인 판도는 직예파와 이에 대항하는 안휘파, 봉천파, 손문의 연합세력이 대치하는 형국이었다. 1922년 4월에 1차 직봉전쟁(直奉戰爭)이 일어났고, 이 전쟁에서 직예파가 승리했다. 패배한 봉천파의 영수 장작림은 산해관 밖으로 후퇴해 동삼성(東三省; 만주)에서 자치를 선포했다.

1차 직봉전쟁에서 승리한 직예파는 북경정부를 완전히 장악했다. 직예파는 6월에 여원홍을 총통에 복귀시키고 해산된 국회를 회복시켜 법통 문제를 둘러싼 시비를 무마했다. 그리하여 한때 북경정부에 의한 개혁의 가능성에 대한 기대도 일어났으나 얼마 가지 못했다. 직예파는 오패부(吳佩孚)파와 조곤(曹錕)파의 2개 세력으로 분열됐다.

러시아에서는 1917년의 혁명 후에 제정 러시아 영역 내에서 우크라이나와 백러시아, 그리고 카프카스 지역의 그루지아, 아제르바이잔, 아르메니아 등이 독립하려는 움직임을 보였다. 러시아 내전이 벌어지자 볼셰비키에 동조하는 정치세력들이 힘을 얻게 되면서 각 지역에서 소비에트 사회주의 공화국 수

왼쪽부터 장작림, 오패부, 조곤

립을 선언했다.

이어 1922년 12월 28일에 러시아 소비에트 사회주의 연방공화국, 카프카스 소비에트 사회주의 연방공화국, 우크라이나 소비에트 사회주의 공화국, 백러시아 소비에트 사회주의 공화국의 전권대표들이 모여 소비에트 사회주의 공화국 국가연합(약칭 소련, Union of Soviet Socialist Republics)의 결성에 합의했다. 중앙아시아의 국가들도 1923년에 소련에 합류했다. 소련은 형식상으로는 15개 소비에트 공화국의 국가연합이지만 실제로는 강력한 단일국가나 다름없었다.

소련은 내전이 끝나고 외국군의 철수가 거의 완료된 1922년부터 중국과 교섭을 시도했고, 중국의 북경정부는 물론이고 광동 국민정부와도 접촉을 계속했다. 소련은 북경정부로부터는 레닌 정부에 대한 승인을 얻어내어 제정 러시아가 중국에서 갖고 있었던 기존의 권익을 보존하려고 했고, 이와 동시에 국민정부를 지원해서 중국 내 혁명세력을 강화하려고 했다.

브레스트리토프스크 조약 체결을 담당한 바 있는 요페가 1922년 8월 북경에 도착해 직예파의 북경정부와 교섭을 시도했다. 주요 현안은 ① 의화단의 난과 관련된 배상금 중 러시아 배당액의 사용 문제 ② 몽고에 대한 중국의 주권 문제 ③ 남만주철도(하얼빈~대련)에 대한 러시아의 요구 등이었다.

요페는 소련이 남만주철도에 관여할 권리가 있다고 주장했다. 몽고에 대해서도 중국이 예전과 같은 주장을 되풀이하면 안 되고, 소련군의 주둔은 몽고정부의 희망에 따른 것이라고 말했다.

이 회담은 결렬됐고, 요페는 일본과 교섭하기 위해 동경으로 가던 도중에 상해에 들러 손문과 회담했다. 손문은 진형명과의 불화로 1922년 6월 광동을 탈출해 상해에 망명하고 있었다. 요페와 손문은 1923년 1월 26일 공동선언을 발표하였다. 그 주요 내용은 다음과 같다.

현재 중국에는 공산주의나 소련의 체제를 도입할 수 있는 조건이 아직 존재하지 않는다. 중국의 가장 시급한 문제는 국가의 통일과 독립이며, 이를 위해 소련 국민은 동정과 원조를 제공한다. 소련은 동청철도(東淸鐵道, '중동철도(中東鐵道, Chinese Eastern Railway)' 또는는 '만주횡단 철도'라고도 불렀다)가 운영되는 상황을 긍정적으로 평가하고 외몽고의 분리를 도모하지 않으며, 중국은 소련군의 주둔을 인정한다.

이 선언으로 소련은 손문이 이끄는 국민정부의 대표성을 인정하고 미미한 존재인 중국 공산당이 국민정부 밑에서 활동할 수 있는 길을 열어놓았다. 이어 손문은 광동으로 가서 대원수부(大元帥府)를 설치하고 국민혁명을 위한 거점으로 삼았다. 소련은 정치고문으로 보로딘, 군사고문으로 갈렌을 보내 손문을 원조했다.

직예파 군벌 내부에서 오패부와 조곤의 갈등이 심화됐고, 1923년 6월에 조곤이 정변을 일으켜 총통 여원홍을 몰아냈다(1차 북경정변). 조곤은 이어 국회의원을 매수하여 10월에 총통선거를 실시해 총통이 됐다. 이 부정선거로 인해 북경정부의 법통상 기반은 완전히 명분을 잃었고, 여타 군벌은 무력으로 직

5.4운동을 거치는 동안 중국 각지에서는 혁신을 바라는 청년, 학생들의 결사가 400개 넘게 생겨났다. 이들은 '사회의 개조'를 공통의 목표로 삼았다. 이들은 처음에는 각양각색의 '사회주의'를 내걸었으나 논쟁이 진행되면서 공산주의자 그룹이 분화됐다.

1919년 7월 25일 이른바 1차 카라한 선언이 발표됐다. 러시아 소비에트 정부의 외교인민위원인 카라한이 발표한 이 선언의 주요 내용은 '중국 인민 및 남북의 두 중국 정부'에 대해 제정 러시아가 중국으로부터 빼앗은 이권을 무상으로 반환하고 비밀조약을 모두 파기함을 밝히는 것이었다. 이 선언이 중국에 전해지자 중국인들 사이에 이를 열광적으로 환영하는 분위기가 형성됐고, 소련과의 국교 수립을 요구하는 목소리가 높아졌다.

이런 가운데 1920년 4월 코민테른이 파견한 보이틴스키가 중국에 와서 이대쇠(李大釗), 진독수(陳獨秀) 등과 만나 공산당 결성을 종용했다. 이해 여름부터 각지에 공산주의 그룹과 사회주의 청년단이 결성되어 당 설립과 노동자 조직화를 위한 활동을 시작했다. 이들의 대부분은 5.4운동에 적극적으로 참여한 청년, 학생들이었다.

다음해인 1921년 6월 코민테른 극동제국 담당 집행위원회 대표로 네덜란드 사회주의자 마링(Hendrik Maring)이 상해에 도착해 정식으로 공산당의 신속한 창립을 요구했다. 7월 하순에 북경, 상해, 광주, 제남, 무한, 장사 등의 지역대표와 재일본 유학생 57명의 대표 등 모두 13명이 상해에 모여 마링도 참석한 가운데 당 창립대회를 열었다. 이때 모인 13명은 장국도(張國燾), 유인정(劉仁靜), 이달(李達), 이한준(李漢俊), 진공박(陳公博), 포혜승(包惠僧), 왕진미(王盡美), 등은명(鄧恩銘), 동필무(董必武), 진담추(陳潭秋), 모택동(毛澤東), 하숙형(何叔衡), 주불해(周佛海)였다.

세계 각국의 공산당이 대체로 코민테른을 통한 소련의 지도에 따라 결성되기는 했지만, 특히 중국 공산당의 창설은 철두철미하게 소련의 주도로 이루어졌다.

창당 멤버의 말로는 각양각색이었다. 장국도, 유인정, 포혜승은 변절해서 국민당에 투항했다. 진공박, 주불해는 국민당에 투항했다가 일본이 침략하자 다시 일본에 투항했다. 이달은 1924년에 탈당했다가 1949년에 다시 입당했다. 왕진미는 1925년에 병사했다. 이한준, 진담추, 등은명은 군벌 또는 국민당에 체포되어 처형됐다. 하숙형은 1935년에 국민당과의 복건성 전투에서 전사했다. 온전한 공산당원으로 끝까지 생존한 사람은 모택동과 동필무 두 사람뿐이었다.

예파를 몰아내려고 했다.

다시 군벌전쟁이 일어날 가능성이 커지는 가운데 일부 조선 독립운동 단체는 직예파를 지지해주고 그 대가로 조선 독립운동에 대한 중국 정부 차원의 지지를 얻어내려고 했다. 직예파 측도 이들과 손잡으려고 했다. 조곤은 총통에 당선되자마자 김규식(金圭植)과 만나서 만주에 있는 한인 독립군이 봉천파 토벌에 협조하면 중국의 적당한 지방을 조선 독립운동의 기반으로 제공하겠다고 제의했다. 김규식은 조곤과 면담한 내용을 동지들에게 편지로 전했는데, 일본 측이 곧바로 이것을 입수했다.

1923년 11월 1일에 조선총독부 경무국은 직예파와 만주에 있는 조선 독립군의 연계에 대해 우려하는 내용의 보고서를 작성했다. 여기에는 다음과 같은 몇 가지 정보도 첨부됐다.

(1) 오패부는 복심부하 송대명(宋大明) 소좌 이하 수 명을 비밀리에 러시아령 블라디보스토크에 파견했다. 그곳에 산재하고 있는 중국 마적과 한인 독립군 약 1천여 명과 제휴해 봉직전쟁이 재발할 경우에 급거 중국으로 진출하게 하려는 것이다. 중국으로 진출할 때에는 중동철로(中東鐵路) 연선에서 활동 중인 한러 혼합의 마적단과 함께 신속하게 하얼빈을 함락하여 철저하게 봉천군의 후방을 위협함과 동시에 흑룡군(黑龍軍)을 설파해 그 남진을 저지하고 봉천군과의 연락을 단절시킬 계획이다.

(2) 위와 같은 계획을 알아차린 적군(赤軍)은 회심의 미소를 띠고 송대명 소좌를 보호, 지원하면서 실제로 거병의 시기가 도래하면 식량을 제공하겠다고 약속하는 등 대단한 호의를 표시하고 있다.

(3) 오패부는 북경지방 반일 조선인 단체(의열단일지도 모름. 약 1천 명의 단원을 가지고 있다고 함)를 회유하여 장작림을 격파한 후에는 그들에게 몽고지방의 한 곳을 할양하여 독립의 목적을 달성하게 해주겠다고 약속했

다. 이 일단을 선봉으로 하여 그들로 하여금 적군 측과 호응해 하얼빈 지방을 포위하게 하려고 한다. 이 때문에 블라디보스토크에 주둔하고 있는 적군 약 3천 명은 상당히 동요하는 한편 각종 유언비어가 만연하고 있다. 그런데 적군으로서 여기에 가담하고자 하는 자는 일본의 대지진을 틈타 그 파장을 북만주까지 확장하려 한다는 설이 있다. 현재 러중 국경에 집중되고 있는 적군 병력은 약 5천 명에 달한다고 한다.

(4) 블라디보스토크에 있는 공산당 수령 이동휘(李東輝)와 상해 국민대표회 대표 이청천(李靑天) 등 2명은 이르쿠츠크 적파대표 네리미의 권고로 러시아의 지원 아래 조선인 무장단을 편성하기로 했다. 9월 하순 니코리스크 서남방 신곡개(新谷開)에서 중국령으로 잠입한 순독립파 강국모(姜國模), 홍범도(洪範圖), 김규석(金圭錫), 길녹산(吉錄山), 이범윤(李範潤), 이범윤(李範允) 등은 서로 협의하여 의견의 일치를 보았다. 이들은 순독립파에 속하는 조선독립단을 러시아령에 유치하여 적로정규군(赤露正規軍)

코민테른

정식 명칭은 공산주의 인터내셔널(Communist International)이다. 코민테른(Comintern)은 약칭이며, 제3 인터내셔널로도 불린다. 1917년에 집권한 레닌은 내전에서 승기를 잡자 1919년 1월 제3 인터내셔널을 소집한다고 밝혔고, 3월 26일 모스크바에서 열린 국제 공산주의자 회의에서 제3 인터내셔널의 창립을 선언했다. 이 회의는 21개국의 35개 조직을 대표하는 52명이 참석한 가운데 열렸고, 그 중심은 러시아 공산당과 독일 공산당이었다. 레닌이 살아있던 시기에 해당하는 초기의 코민테른은 러시아 혁명의 세계적인 확산을 목표로 설정했고, 특히 독일 혁명의 성공을 당면 목표로 삼았다. 그러나 독일 혁명의 전망이 흐려지자 아시아 피압박민족 문제에 코민테른의 논의와 활동이 집중됐다. 레닌이 죽은 뒤에는 코민테른이 사실상 소련 공산당의 대외정책 도구가 됐고, 세계 각국의 공산당은 코민테른 모스크바 집행위원회의 결정에 복종할 것을 강요당했다. 2차 세계대전이 발발한 뒤에는 소련, 미국, 영국이 동맹관계를 형성하게 되면서 소련에 코민테른이 의미 없는 존재가 됐다. 결국 제3 인터내셔널은 1943년에 해산됐다.

을 편성하기로 했고, 이동휘와 이청천 등은 현재 이르쿠츠크에 가서 네리
미와 접촉 중이다.

 (5) 연해현(沿海縣) 주둔 적군 사령관 비력만(非力滿) 소장은 조선인으로 특
별 혼성여단을 편성하려고 조선군인 모집광고를 냈다. 동시에 25~26명
의 조선인이 시베리아와 몽고 지방에 파견되어 조선 군인을 모집해서 응
모자들을 기차 편으로 니콜리스크 육군교련소(陸軍教鍊所)에 보내고 있
다. 현재 이 교련소는 약 800명의 조선 군인을 수용하고 있다고 한다.

장작림을 하수인으로 이용하려던 일본으로서는 직예파를 위협으로 느꼈
고, 직예파와의 연합이 가능한 한인 독립단, 마적, 적군(赤軍) 등의 동태에 대해
신경과민이 됐다. 더구나 직예파가 봉천파에 대해 우세한 상황에서 한국 독립
군이 직예파에 가세하는 것은 우려할 만한 일이었다.

1924년 1월 광주(廣州)에서 개최된 국민당의 제1차 전국대표대회는 소련
의 지원과 지도를 받아들여 공산당원이 개인 자격으로 국민당에 입당하는 것
을 허용하고 반제국주의와 농공부조(農工扶助)를 표방하면서 제1차 국공합작
을 성립시켰다. 이 국공합작의 목적은 중국의 자립과 부강을 목적으로 한 국민
혁명을 실현하는 데 있었다. 국민혁명은 주로 군벌과 군벌을 지지하는 제국주
의에 대한 투쟁으로 전개됐고, 그 구체적인 실행방법은 북벌(北伐)이었다.

국민당은 혁명군을 육성하기 위해 1924년 6월에 황포(黃埔) 군관학교를
창설했다. 장개석(蔣介石, 1887~1975)이 이 군관학교의 교장을 맡았고, 주은
래(周恩來)는 정치부 부주임이 됐다. 또한 다수의 소련인 군사교관이 있었다.
이 학교에는 한국인 청년도 34명이 입학했다.

1924년 5월 31일 소련과 북경정부는 9개월간의 국교수립 협상을 마치고 2
개의 조약을 체결했다.

9월 18일 봉천파가 직예파를 공격하여 2차 직봉전쟁이 일어났다. 안휘파

와 손문의 광동정부도 봉천파를 지지했다. 산해관 부근에서 양군이 격전을 벌였는데, 10월 21일에 일본과 거래하고 있던 직예파의 풍옥상(馮玉祥)이 직예파에 반기를 들어 북경을 점령하고 대총통 조곤을 감금했다. 이를 계기로 직예군

주은래(1898~1976)

중국 강소성 회안(淮安)의 지주 집안에서 태어났다. 1913년에 천진(天津)의 남개(南開)중학교에 입학했고, 이 학교를 졸업한 뒤인 1917년에 일본으로 건너가 유학하다가 1919년 귀국했다. 이후 5·4운동에 참가했다가 체포됐다. 1920년에 프랑스로 건너가 파리대학에서 정치학을 공부했다. 1921년에 중국공산당이 창립된 뒤 1922년에 중국공산당 파리지부를 설립해 인준을 받았다. 1924년에 런던, 베를린, 모스크바를 거쳐 중국으로 귀국해 황포 군관학교 정치부 부주임에 발탁됐다. 1927년 3월 북벌군에 호응하는 상해 노동자들의 봉기를 지도했다. 같은 해 4월에 장개석의 반공 쿠데타가 일어나자 무한(武漢)으로 가서 노동자 무장규찰대를 조직하고 8월에 남창(南昌)봉기를 지도한데 이어 12월에는 광주(廣州)코뮌을 조직했다. 1931년 말에 광서성의 소비에트 지구로 들어가 군사부장과 홍군 제1방면군 정치위원으로서 정보공작과 국민당 군의 포위공격에 대한 대응전략을 지도했다. 1934년 혁명군사위원회 부주석으로서 대장정에 참가했고, 서안사건 때에는 공산당 대표로 장개석과 협상했다. 1937년에 중일전쟁이 발발한 뒤에는 무한과 중경에서 공산당 대표로 국민정부의 국방위원회와 군사위원회의 위원 등 요직에 있으면서 뛰어난 정치외교 수완을 발휘했다.

1949년 10월에 공산정권이 수립된 뒤에는 27년간 수상(1958년까지는 외교부장 겸임)으로서 모택동을 보좌하면서 국내외의 여러 중요한 문제를 해결했다. 1969년 코시긴 소련 수상과 긴급회담을 갖고 중소전쟁 위기를 넘기는 데 기여했고, 1971년의 미중 접근 및 중국의 유엔 가입과 1972년의 중일 국교 정상화 등에 기여했다. 그에 대한 중국 민중의 신망이 커서 1976년 1월에 그가 사망하자 많은 사람들이 천안문 광장에 모여 그를 추모했다.

젊은 시절의 주은래

은 무너지고 오패부도 달아나 직예파 세력은 북경에서 일소됐다.

풍옥상의 북경정변으로 사태가 허망하게 끝나 조선 독립단체들은 본격적으로 싸워보지도 못했다. 또한 만주에 거주하는 200만 한인들이 봉천파의 보복을 받을 위험에 처했다. 이에 한인들은 급히 봉군위로회(奉軍慰勞會)를 조직하여 대응했다.

풍옥상은 정국운영에 대해 협의하기 위해 손문에게 북상(北上)을 요구하는 전문을 보냈다.

이 무렵에는 부정선거로 신뢰를 잃은 국회를 대신해 모든 정치조직과 단체가 참여하는 '국민회의'를 열라는 여론이 광범위하게 퍼져 있었다. 11월 10일에 풍옥상, 장작림, 단기서가 회합을 갖고 단기서를 새로운 내각의 총리로 결정했다. 같은 날 손문은 북상선언(北上宣言)을 발표했다. 12월 4일 손문이 북경에 도착하기까지 약 1개월 간 중국 전역에서 국민회의촉성회 등의 조직결성운동이 활발해졌다.

북경에 도착한 손문은 곧 간암 수술을 받았는데 상태가 절망적이었다. 손문은 국민회의촉성회 전국대표대회가 북경에서 한창 열리고 있었던 1925년 3월 12일 다음과 같은 유촉(遺囑)을 남기고 생애를 마쳤다.

내가 국민혁명에 힘을 바치기 어언 40년, 그 목적은 중국의 자유와 평등을 찾는 데 있었다. 40년의 경험을 쌓아 깊이 알게 된 바는 이 목적에 도달하기를 바란다면 반드시 민중을 일깨우고 세계에서 평등으로 우리를 대하는 민족과 연합하여 공동으로 분투해야 한다는 것이다. 혁명이 아직 성공되지 못했으니 모름지기 우리 동지들은 … 계속 노력하여 관철시켜야 할 것이다.

손문이 병석에 누워있던 1925년 2월에 장개석이 이끄는 광동 정부군은 황포 군관학교 생도를 중심으로 이른바 제1차 동정(東征)에 나섰다. 진형명이 광동성 동부 지역을 지배하고 있었기 때문이다. 동정군은 각지에서 진형명의 군대를 격파했다.

1925년 2월 소련과 일본이 국교를 수립했다. 이때 체결된 조약의 주요 내용은 다음과 같다.

(1) 1905년의 러일 강화조약은 계속 유효하다.
(2) 북사할린의 유전개발권은 그 유전 면적의 50%를 일본인에게 40~50년간 양여한다. 이 양여에 관한 계약은 북사할린 주둔 일본군이 사할린에서 완전히 철수한 후 5개월 이내에 체결한다.
(3) 북사할린의 일본군은 1925년 5월 15일까지 철수를 완료한다.
(4) 서로 상대국의 안녕, 질서를 해치는 행위는 하지 않는다.

코민테른의 활동이 이 조약에 저촉되느냐가 논란의 대상이 됐으나 소련의 주장대로 코민테른은 별개의 존재로 인정됐다. 일본 정부는 코민테른의 활동에 대비해 1925년 4월에 이른바 치안유지법을 제정, 공포해서 공산주의 운동을 탄압했다. 이 조약에 따라 소련 정부는 만주와 연해주에 기반을 둔 한국 독립운동을 지원하는 데 소극적이 됐다.

6장

남경 국민정부의 북벌

손문이 사망한 뒤 정세가 북경정부에 불리해졌고, 국민당이 중국 민중의 유일한 희망이 되어갔다. 1925년의 5.30운동은 반제국주의 및 반군벌 투쟁의 시작이었다.

1925년 5월 15일 상해에 있는 일본인 소유의 방적공장에서 노동쟁의가 진행되던 도중에 일본인 감독이 노동조합 지도자 한 명을 사살하고 10여 명에게 부상을 입힌 사건이 일어났다. 이 사건에 격분한 상해의 학생들이 노동자 지원과 희생자 구제를 외치며 가두선전을 시작했다. 청도(靑島)에서도 봉천파 군벌의 보안대가 일본인 소유의 방적공장에서 쟁의 중이던 노동자 8명을 사살하는 사건이 벌어졌다.

이에 따라 5월 30일 상해에서 약 2천 명의 학생들이 들고일어나 노동자 사살에 항의하고 "조계(租界) 회수", "체포된 학생 석방" 등을 외쳤다. 이때 영국 경찰이 100여 명을 체포했고, 이에 항의해 남경로에 모인 1만여 학생, 시민에게 발포해 13명이 사망했다.

이 사건을 계기로 반제국주의 운동이 상해 전역에서 일어났으며 영국, 일본, 미국, 이탈리아는 상해에 군인들을 상륙시켰다. 이후 6월 10일까지 9차례의 발포 사건이 발생해 32명의 사망자가 나왔다. 반제국주의 운동은 전국의 주요 도시들로 퍼졌다. 반제국주의 운동이 반군벌 운동으로 전환될 것을 두려워한 북경정부는 열강에 대해 불평등조약의 개정과 관세자주권의 보장을 요구했다. 그러나 이는 선전용에 불과한 것이었다.

손문의 사망으로 구심점이 사라진 국민당은 1925년 7월 1일 집단지도체제의 국민정부를 수립했다. 8월 20일 광동에서 국민당 좌파이자 재정부장인 요중개(廖仲愷)가 암살됐는데, 이 사건은 국민당의 집단지도체제가 붕괴하는 계기로 작용했다. 요중개 암살사건에 대한 수사가 진행되는 동안에 국민당에는 왕정위(王精衛)—장개석 연합지도체제가 형성됐다. 이어 국민혁명군을 편성한 국민정부는 9월 28일 광동성 전역을 장악하기 위해 제2차 동정을 개시해, 12월 초에는 광동 전역에 대한 지배권을 확립했다.

한편 국민당 우파의 이론적 지도자인 대계도(戴季陶)는 "계급투쟁은 삼민주의와 상용할 수 없다"면서 공산당을 국민당에서 배제하자고 주장했다. 국민당의 반공적 간부들은 1925년 11월 23일 북경 교외의 서산(西山)에서 회의를 열어 공공연히 광동의 당 중앙과 대립했다. 이들은 서산회의파라고 불렸다.

1926년 1월 1일부터 19일까지 광주에서 개최된 국민당 2전대회(全大會)는 서산회의 관계자들을 징계하고 소련과 연합한다는 방침을 표명했다. 2전대회 이후에는 국민혁명군의 각 군과 장개석 사이의 대립이 심화됐다. 장개석이 군사권을 통일시키고 장악해가는 것에 대해 각 군은 불만을 갖고 있었고, 장개석 직계의 제1군에서도 장개석의 친소, 친공적 입장에 대한 비판이 일어났다.

이러한 가운데 1926년 3월 20일 중산함(中山艦) 사건이 발생했다. 3월 18일 중국 공산당원이자 해군국(海軍局) 대리대표인 이지룡(李之龍)이 국민당의 군함인 중산함을 황포로 회항시키자 장개석은 이를 자신에 대한 쿠데타로 간주해 3월 20일 이지룡을 비롯한 공산당원과 소련인 고문을 체포하고 연금시키

장개석

는 조치를 단행한 것이다. 이 사건에 이어 왕정위가 정치 일선에서 물러나 잠적했다.

중산함 사건 이후에 장개석은 국공합작을 고수하는 범위 안에서 당내 지도력을 강화해갔다. 6월 5일 국민혁명군 총사령(總司令)으로 선출된 장개석은 7월 4일 광주에서 열린 국민당 제1계(第一屆, 제1차) 임시중앙집행위원회 전체 회의에서 중앙상무위원회 주석 겸 군인부장으로도 선출됐다. 이로써 당과 군을 실질적으로 지도할 수 있는 위치에 오른 그는 북벌에 나섰다.

북벌 계획은 1926년 1월부터 활발히 논의됐는데, 이에는 막대한 군비가 소요되므로 소련의 군사적 지원이 긴요했다. 소련 대표로 국민당 정치고문을 맡고 있었던 보로딘은 북벌을 승인했다. 국민혁명군은 15만 명의 병력이 8개 군으로 편성된 형태로 구성돼 있었지만, 북벌 초기에 실제로 가용한 병력은 6만 5천 명 정도였다.

1926년 7월 9일에 국민혁명군 총사령 장개석은 전군에 동원령을 내리고 "제국주의와 매국 군벌을 타도하여 인민의 통일정부를 건설"하기 위한 북벌

전쟁을 개시했다. 북벌의 1차 목표는 무한(武漢)을 점령하는 것과 풍옥상의 국민군과 합류하는 것이었다. 당시 양자강 일대에는 직예파인 오패부와 손전방(孫傳芳) 등이 할거하고 있었고, 북경은 봉천파인 장작림이 장악하고 있었다.

북벌군은 순조로이 북진했다. 부패한데다가 서로 분열, 대립하고 있었던 북양 군벌군은 각개격파됐다. 먼저 호남으로 진격한 북벌군의 주력은 7월 11일에 장사(長沙)를 점령한 데 이어 9월 6일과 7일에는 한양(漢陽)과 한구(漢口), 10월 10일에는 무한을 잇달아 점령해서 호남, 호북의 오패부 군대를 일소했다.

장개석이 지휘한 중로군(中路軍)은 손전방의 주력군을 분쇄하면서 11월 8일 남창(南昌)을 점령하고 강서성을 장악했다. 국민당의 북벌에는 많은 조선인 청년들이 혁명군으로 참여했는데, 남창을 점령하는 과정에서 그들 가운데서 희생자가 많이 생겨나 조선인 희생자 추도회가 대대적으로 열리기도 했다. 12월 9일에는 장개석의 심복 하응흠(何應欽)이 지휘한 동로군(東路軍)이 복주(福州)를 점령했다.

북벌군은 가는 곳마다 민중의 환영을 받았다. 민중은 적정파악, 길안내, 물자수송 등에 적극적으로 협력했고, 북벌군이 도착하기도 전에 봉기해 군벌군을 축출하는 경우도 있었다. 군벌이 무너진 지역에서는 노동자농민 운동이 거세게 일어났다. 농민협회 회원이 급증했고, 노동자들은 무장규찰대를 결성했다. 북벌이 진행되는 동안 장개석은 투항하고 귀순하는 군벌 군대를 흡수해 20만 명의 병력을 거느리게 됐고, 이에 따라 그의 개인적인 역량과 위상이 더욱 강화됐다.

국민정부의 점령지역이 확대됨에 따라 그 지배권을 둘러싸고 국민혁명군 안에서 갈등이 일어나기도 했다. 12월 13일 당정의 최고 정책결정기구로 성립된 '국민당 중앙집행위원회와 국민정부위원회 임시연석회의'는 중앙당부와 국민정부를 무창에 둘 것을 결의했다. 이 회의에 참석한 사람들은 반장개석 성향의 인사와 중국공산당 당원들이었다. 이 결정으로 성립된 무한 국민정부는 정권기반을 강화하는 노력을 기울였다.

장개석은 무한 국민정부에 대항해 1927년 1월 3일 남창에서 임시중앙정치회의를 구성했고, 이 기구는 중앙당부와 국민정부를 남창에 둘 것을 결의했다. 무한 국민정부는 장개석의 군권이 당권을 제한하는 것에 대해 반대하는 대중운동을 벌였고, 중국공산당도 2월에 들어서면서 공개적으로 장개석이 연소(聯蘇), 용공(容共), 노농부조(勞農扶助)라는 손문의 3대 정책을 위반했다고 공격했다.

이러는 중에도 북벌은 계속되어 동로군이 1927년 2월 18일 항주(杭州)를 점령했다.

장개석 군이 상해에 육박하자 주은래 등의 지도를 받은 상해 노동자들이 3월 21일 총파업과 함께 무장봉기를 일으켜 30시간의 시가전 끝에 상해를 장악

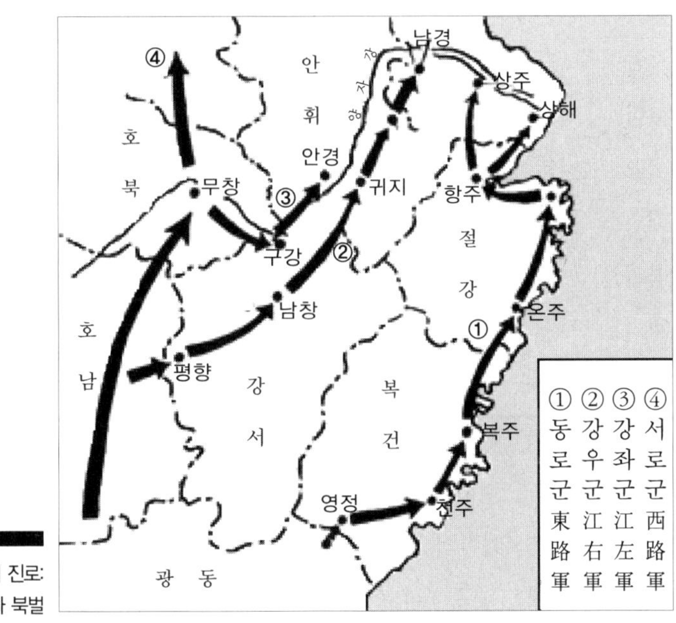

국민혁명군의 진로:
1차 북벌

하고 임시정부를 수립했다. 이때의 노동자 무장봉기는 절강(浙江) 재벌을 중심으로 한 상해 자본가들에게 두려움을 안겨주었다. 절강 재벌로부터 막대한 군자금을 지원받고 있었던 장개석은 모종의 결단을 내리지 않을 수 없었다.

3월 24일에는 중로군이 손전방의 본거지인 남경을 함락시켰는데 그 와중에 외국인이 거주하는 영사관, 주택, 교회에 대한 습격이 일어나 영국인, 프랑스인, 미국인 등 외국인 6명이 살해됐다. 이 사건이 국민혁명군의 소행인지, 패주하던 손전방 군의 소행인지는 불분명했지만, 영국과 미국의 군함들이 이에 대한 보복으로 양자강에서 시내로 포격해서 중국인 군인과 민간인 2천 명이 죽거나 다쳤다.

영국, 미국, 일본, 프랑스, 이탈리아 등 5개국 공사들은 국민혁명군에 대해 사죄, 배상, 책임자 처벌을 요구하는 한편 이 문제가 기한 내에 해결되지 않으면 무력으로 개입할 것을 결의했다. 그러나 일본의 외무상인 시데하라 기주로(幣原喜重郎)는 외교적 방법으로 문제를 해결해야 한다고 주장했다. 이런 시데하라의 태도는 일본 국내에서 "연약외교"라는 맹비난을 받았고, 결국 일본에서는 4월 17일 내각이 총사직하고 새로 다나카 기이치(田中義一) 내각이 들어섰다.

무한 정부와의 대립이 심화되자 장개석은 4월 12일 쿠데타를 결행하고 상해의 노동자들에 대한 대규모 학살을 시작했다. 이날 새벽 상해의 암흑가를 지배하는 폭력조직인 청방(靑幇)과 홍방(紅幇)이 노동자 규찰대를 습격한 것을 계기로 장개석의 명령을 받은 백숭희(白崇禧)의 병력이 상해 시내로 진입해 규찰대를 무장해제시키고 저항하는 자를 사살했다. 20만 명의 항의시위대에 기관총 사격이 가해졌고, 시내 곳곳에서 공산당원과 노동자가 체포되거나 총살됐다. 규찰대를 지휘하던 주은래는 간신히 탈출했다. 이 상해의 참극은 작가 앙드레 말로의 《인간의 조건(La Condition humaine)》에 생생히 묘사돼있다. 이어 4월 15일에는 광주에서도 비슷한 대학살이 일어났다.

무한 정부는 4월 17일 장개석의 당적을 박탈하고 그에 대한 체포령을 내렸다. 장개석은 4월 18일 국민당의 최고 원로인 호한민, 오치휘 등과 손을 잡고 남경에 독자적인 정부를 수립했다. 같은 날 무한에서는 국공 양당의 연석회의가 열렸고, 양당은 4월 21일 장개석을 "손문을 배반한 인민의 적"이라고 비난했다. 그러나 장개석 세력을 토벌하기에 앞서 북벌을 먼저 단행하기로 결정을 내렸다.

원래 무한의 경제력은 상해에 비교할 수 없을 만큼 열세였다. 그럼에도 불구하고 제국주의 열강과의 충돌을 피하기 위해 북벌의 진로가 무한으로 정해졌던 것이다. 장개석이 상해와 광동을 장악해서 경제교류가 단절되자 무한의 국민당 정부는 심각한 경제적 위기를 맞았다. 이를 타개하기 위해서도 무한의 국민당 정부는 어느 방향으로든 진출해야 했다. 북벌 결정은 이러한 배경에서 나왔다.

2차 북벌은 순조롭게 진행되어 무한 정부의 북벌군은 5월 하순까지 누하, 언성, 임영, 허창 등지를 점령했다. 이에 호응한 풍옥상의 국민군도 하남으로 진격해 5월 말에 낙양을 점령했다. 장개석도 5월에 북벌 진군령을 내려 북벌군이 남경으로부터 3로로 북진하였다. '적극 외교'를 표방한 일본의 다나카 내각은 중국의 통일에 위협을 느끼고 5월 28일 산동에 관동군을 파병했다(1차 산동 출병). 그러나 북벌군이 서주(徐州)에서 되돌아가 일본군과의 충돌은 없었다.

이 무렵 중국 공산당은 지극히 괴로운 입장에 놓였다. 노동대중의 투쟁에 의거해 국민혁명을 수행하느냐, 아니면 지주와 자본가에게 양보해서 민중운동을 억제함으로써 국공합작을 유지할 것인가 하는 선택의 기로에 서 있었다. 중국 공산당은 4월 27일 무한에서 열린 제5회 전국대회에서 논쟁 끝에 국공합작을 유지하라는 코민테른의 방침을 따르기로 했다.

그런데 무한 정부도 급속히 반공 노선으로 기울었다. 우선 군 지휘관들이 반공으로 돌아섰다. 왕정위 등 국민당 좌파도 민중운동을 억압하자는 입장으

로 기울어져갔다. 이에 따라 노동자 규찰대의 활동이 제한 당하게 되고 토지개
혁이 엄금됐다.

이러한 가운데 6월 1일 중국 주재 코민테른 대표인 로이(Roy)와 국민당
정치고문 보로딘 앞으로 스탈린의 새로운 훈령이 도착했다.

혁명군 장교의 토지를 제외하고 토지혁명을 수행하라. 신뢰할 수 없는 장
군들을 일소하고, 2만 명의 공산당원을 무장시키고, 5만 명의 노농분자를
선발해 새로운 군대를 조직하라. 국민당 중앙위원회를 개조하여 그 위원
을 노농분자로 교체하라. 저명한 국민당원을 우두머리로 하는 혁명법정
을 조직하고 반동적인 장교를 재판에 회부하라.

로이는 이 훈령을 왕정위에게 보여주었으나 왕정위는 이에 따르기를 단
호히 반대했다.

무한 정부의 북벌군이 풍옥상 군과 함께 정주를 점령한 뒤에 무한 정부의
중앙정치위원회 주석단 일행이 6월 9일 정주에 가서 풍옥상과 협상했다. 왕정
위는 풍옥상에게 주석직을 제의하며 그의 지지를 얻으려고 했다. 그러나 풍옥
상은 무한 정부와 남경 정부의 대립을 해소하고 북벌에 공동으로 연합할 것을
주장했다. 이는 조정자로서의 입지를 마련해 2차 북벌의 성과를 독점하려는
것이었다. 6월 19일에는 남경 정부의 장개석, 이종인(李宗仁), 호한민 등이 서
주로 가서 풍옥상과 회담했는데, 양측은 장작림 군대에 대한 북벌에서 공동작
전을 펴고 풍옥상이 무한 정부에 전보를 보내 반공을 독촉하기로 합의했다. 이
로써 무한 정부는 남경 정부에 대립할 독자적 군사기반을 구축하는 데 절대 필
요한 풍옥상의 지지를 얻는 데 실패했다.

풍옥상과의 회담이 성과 없이 끝난 뒤로 무한에서 국공간 갈등은 더욱 심
해져 6월 17일 무한의 국민당 정부는 보로딘을 비롯한 소련 고문들의 직위를

해제했고, 23일에는 국민혁명의 영도권은 국민당에 있다고 선언했다.

7월 13일 중국 공산당의 중앙 지도부는 코민테른의 지시에 따라 국민정부에 참가하고 있던 공산당의 철수를 선언했고, 7월 15일 왕정위는 중앙상무위 확대회의를 소집하고 한 달 이내에 4중전회(中全會)를 열어 분공(分共) 문제를 결정하기로 했다. 그러나 이것이 실질적인 분공 결정인 것이 분명했다. 이로써 1차 국공합작은 3년 7개월만에 붕괴됐다.

무한의 국민당 정부는 이제 반공으로 돌아섰으므로 장개석과 타협하는

마나벤드라 나트 로이(Manabendra Nath Roy, 1897~1954)

인도 출신의 혁명가. 벵골의 브라만 가문 출생으로 본명은 나렌드라나트 바타차리야(Narendranath Bhattacharya). 인도에서 반영 민족주의 운동에 가담해 테러리스트로 활동하다가 1차 세계대전 때 무기를 획득할 목적으로 출국했다. 영국 첩보원의 추적을 피하려 미국 샌프란시스코에서 이름을 로이(Roy)로 바꾸었다. 그는 미국 뉴욕의 도서관에서 마르크스주의를 접하고 1917년 7월 멕시코로 건너가 그해 12월 멕시코의 사회당을 건설하는 데 참여했다. 이 당은 곧 멕시코 공산당으로 당명을 바꾸었는데, 이는 러시아 이외의 나라에서는 처음으로 공산당 간판을 내건 것이었다. 그는 1920년에 코민테른 제2차 대회에 초대받았는데 부르주아 민족민주운동에 대한 평가를 둘러싸고 노동자, 농민의 조직화에 의한 '아래로부터의 혁명'을 강조하여 레닌과 대립했다. 1921년 타슈켄트에서 인도 공산당의 창설에 지도적 기여를 했고, 1927년에 코민테른의 대표로 중국에 파견됐다. 그뒤 소련 공산당 안에서 스탈린과 트로츠키 사이의 투쟁이 한창이던 1928년에 소련으로 돌아갔다. 하지만 그는 스탈린의 노여움을 사서 1929년에 코민테른에서 제명됐다. 이어 1931년에 인도로 돌아왔으나 영국 당국에 체포되어 6년간 복역했다. 2차 세계대전 이후에는 급진적 휴머니즘을 주창했다. 저서로 《중국의 혁명과 반혁명》, 《중국에서의 체험》 등이 있다.

로이

것이 가능하게 됐다. 양측의 통합 교섭이 성공하게 된 결정적 이유는 8월 13일 장개석이 돌연 사퇴한 것이었다. 9월 11일부터 13일까지 열린 양측의 협상 회의에는 반공우파 그룹인 서산회의파도 참여해 3파간 통합을 위한 방안이 논의됐다.

국공합작이 깨진 후 중국 공산당은 코민테른의 지령에 따라 무장봉기 노선으로 급선회했다. 이 무장봉기 노선은 국민당 군의 압도적인 무력에 부닥쳐 실패했으며, 광주 코뮌에서 가장 비참한 피해를 입었다. 12월 11일 섭검영(葉劍英)이 지휘하는 부대와 노동자 적위대 수천 명이 광주에서 봉기하여 광주 노농민주정부 수립을 선포했다. 그러나 그들은 곧바로 국민당 군의 포위공격을 받고 3일간 전투를 치른 끝에 극소수만 탈출하고 수천 명의 희생자를 내며 전멸했다. 희생자 중에는 약 150명의 한국인 청년도 포함돼 있었다.

일시 하야했던 장개석은 1928년 1월에 국민혁명군 총사령에 복직했다. 이어 2월 2일 남경에서 열린 사중전회에서는 국민정부를 개조하고, 공산당에 대해 제재조치를 취하며, 혁명세력의 역량을 집중시켜 북벌을 완수한다는 등의 결의안이 채택됐다. 또한 담연개가 국민정부 주석으로, 장개석이 군사위원회 주석으로 선출됐다. 사중전회 이후 장개석은 풍옥상과의 회담을 통해 공동 북벌의 방안을 구체화하는 한편 2월 말에 열린 군사위원회에서 군대를 전면 개편해 4개의 집단군으로 편성했다. 이에 따라 장개석 직속군이 제1군, 풍옥상군이 제2군, 염석산군이 제3군, 이종인의 신계군이 제4군이 됐고, 총사령에는 장개석, 참모장에는 하응흠이 각각 취임했다. 장개석은 3월 초에는 중앙정치회의 주석에 선임되어 그의 군사적, 정치적 수노권이 확립됐다.

4월 4일에 총 70여만 명의 북벌연합군이 북벌을 재개했다. 북방에는 봉천파의 장작림을 중심으로 오패부, 손전방, 장종창 등의 부대가 잔존하고 있었으나 이미 전의를 잃은 상태였다. 이들은 북벌군의 공격을 받자마자 모든 전선에서 패주했다.

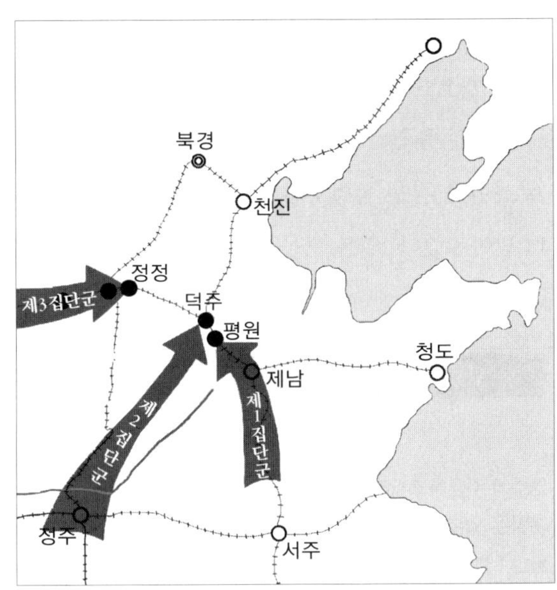

국민혁명군의 진로: 2차 북벌

　중국에서 북벌군이 빠른 속도로 북진하자 4월 19일 일본의 다나카 내각은 '거류민 보호'를 명목으로 2차 산동출병을 선언했다. 그러나 실제로는 중국의 통일을 방해하기 위한 것이었다. 제6사단을 주력으로 한 일본군이 4월 20일부터 파견되어 속속 산동성의 수도인 제남(濟南)으로 진입했다. 이에 대응해 5월 1일 국민혁명군이 제남에 입성했고, 5월 3일에는 대규모 시가전이 벌어졌다. 중국 민간인에 대한 일본군의 잔혹행위가 극심했다. 거류 일본인의 시체 11구가 발견되자 일본군은 이 사실을 악용했다. 5월 5일 일본군 통신대는 "일본 거류민이 280명이나 학살당함, 말로는 표현할 수 없는 폭거"라는 전문을 일본 정부에 발송했고, 5월 7일 일본 정부는 3차 산동 출병을 결정했다. 8일부터 일본군의 맹렬한 공격이 시작됐고, 9일에는 제3사단 1만 5천 명의 병력이 산동성의 청도(靑島)에 파병됐다. 국민혁명군은 많은 사상자를 내고 제남에서 퇴각했다.

　5월 9일 장작림은 장개석에게 정전을 제안하면서 국내정치 문제(통일)에 대해서는 국민의 여론에 따르겠다고 했다. 장개석은 일본을 국제연맹에 제소하는 한편 일본군과의 전투를 피하기 위해 제남을 우회해 북벌을 속행했다.

17일 봉천군이 만주로 철수하기 시작했는데, 일본 정부는 장작림이 만주로 돌아갈 경우 북벌군이 만주로 추격하지 않겠다는 약속을 국민당 정부로부터 받아놓았다. 일본 관동군은 장작림이 만주로 귀환할 경우 그의 부대를 무장

관동군(關東軍)

만주에 주둔하고 있던 일본군을 총칭하는 말. 포츠머스 조약에 따라 러시아로부터 요동반도를 넘겨받은 일본은 요동반도에 관동주(關東州)를 설치하고 관동도독부를 두었다. 일본이 이 관동주와 남만주철도를 경비하기 위해 1906년에 처음으로 이곳에 군대를 주둔시킨 것이 관동군의 시초다. 일본은 1919년에 관동도독부를 폐지했고, 이때 그 밑에 있던 육군부가 독립해 일본 국왕 직속의 관동군 사령부가 됐다. 이후 관동군은 일본의 대륙침략에서 큰 비중을 차지하며 중요한 역할을 했다. 1931년에 1만 명 규모였던 관동군은 중국 및 소련과의 전쟁에 대비해 계속 늘어나 1938년에는 8만 명에 이르렀고, 1941년에는 70만 명 수준의 대군이 됐다. 관동군은 1945년 8월 소련군이 만주로 진공했을 때 항복함으로써 붕괴했다.

1932년부터 관동군이 사용한 신경(新京, 지금의 장춘(長春))의 사령부 건물

해제시킬 계획이었지만, 일본 외무성은 그렇게 하지 말라는 훈령을 내렸다.

6월 3일 장작림이 열차 편으로 북경을 떠났다. 장작림을 태운 특별열차는 봉천(심양)에 도착하기 직전인 4일 오전 5시에 폭파됐다. 장작림은 식당차의 흡연실에 있다가 중상을 입고 곧 죽었다. 일본 관동군의 소행이었다. 이는 만주철도 연장중설 문제 등에서 일본의 뜻대로 움직이지 않는 장작림을 제거하여 일거에 만주 지역을 관동군의 통제 아래 두려고 저지른 일이었다. 관동군은 장작림이 사망하면 만주 전역에 큰 혼란이 일어나고 그에 따라 군사행동의 명분을 얻을 수 있게 되리라고 예상했다. 그러나 사태는 이런 예상과 전혀 다른 방향으로 전개됐다.

북벌군은 8일 전투도 없이 북경에 입성했고, 12일에는 천진을 점령했다. 15일 북경에 들어온 장개석은 북경 교외의 벽운사(碧雲寺)에 있는 손문의 무덤 앞에서 북벌의 완성을 선포했다. 직예성은 하북성으로, 북경은 북평(北平)으로 개칭됐다.

장작림의 아들로 그의 뒤를 이어 봉천 군벌의 총수가 된 장학량(張學良)은 7월 1일 평화적인 통일을 희망한다고 발표했다. 장개석, 풍옥상, 염석산, 이종인 등은 7월 중순에 군사회의를 열어 동북문제를 평화적으로 해결하자는 데 합의했다. 장학량은 일본의 노골적인 협박에도 불구하고 12월 29일 그의 지배 아래 있는 봉천, 길림, 흑룡강 등 동북 3성에 청천백일기를 내걸었다. 장학량은 국민당으로부터 동북변방 총사령관에 임명됐다. 이리하여 중국은 장개석을 중심으로 일단 표면적으로나마 통일을 실현했다.

외형상으로 중국을 통일시킨 국민당 정부는 내면적으로는 '혁명적 장령' 또는 '국민정부위원 겸 각 성의 주석'이라는 직함을 가진 군벌들의 불안정한 연합이었다. 재정부장 송자문(宋子文)은 1929년 1월 "중앙의 재정권은 겨우 강서, 절강, 안휘, 강소에만 미칠 뿐이고 그 가운데 안휘, 강서의 조세수입은 중앙에 들어오지도 않는다"라고 보고했다. 나머지 각 성의 조세수입은 장학량, 염

장학량

석산, 풍옥상, 이종인, 백숭희, 이제심(李濟深) 등 지방 군벌들이 직접 사병 양성 등에 사용하고 있었다. 국민당 내부에도 왕정위 등의 개조파(改組派), 호한민 등의 원로파(元老派), 추로(鄒魯) 등의 서산파(西山派)를 비롯해 장개석에 대립하는 파벌이 다수 있었다.

장개석은 중앙집권을 위해 1929년 1월 1일 남경에서 군대를 재정리하는 회의인 전국편견회의(全國編遣會議)를 열었다. 이 회의에서 전국을 8개의 편견구로 나누고 군을 편견하는 절차를 정한 규정이 통과됐다. 장개석이 8개의 편견구 가운데 4개를 차지하게 되어 다른 군벌들이 크게 반발하는 태도를 보였다.

3월에 이종인, 백숭희가 수령인 광서파(廣西派)가 반기를 들었다. 이에 남경 정부는 3월 25일 토벌령을 내려 4월에 그들을 완전히 평정했다. 이종인, 백숭희 등은 6월 초에 하야 성명을 냈다. 풍옥상도 장개석 토벌을 공언하며 전쟁을 준비했으나, 5월에 휘하인 한복거와 석우삼 등이 장개석에게 매수되어 투항하는 바람에 실행하지는 못했다. 그 후 풍옥상은 염석산의 계략에 말려 태원으로 갔다가 연금됐다. 10월에는 풍옥상계인 송철원이, 12월에는 제5로군 총지휘자인 당생지 등이 잇달아 장개석 타도를 내걸고 거병했으나 중앙군에 의해 곧바로 진압됐다.

이처럼 중국 관내가 소란한 가운데 만주에서 장학량과 소련 사이의 충돌이 벌어졌다.

1898년에 태어난 장학량은 신식교육을 받았으며, 신청년들의 열광적인 민족주의에 깊은 영향을 받고 있었다. 장학량은 독자적으로 국권회복 운동을 벌였다. 1929년 5월 27일 장학량의 군대는 하얼빈을 제외한 만주 지역의 소련 영사관 및 러시아계 북만철도(北滿鐵道) 산하의 각 기관을 일제히 포위수색했고, 7월 9일에는 무력으로 북만철도를 회수했다.

장학량은 소련이 결코 무력대응을 하지 못할 것이라고 예상했지만, 소련은 군대를 파견했다. 11월에 11만 명 규모의 소련군이 만주로 진격해 장학량의 군대를 공격했다. 패배를 거듭한 장학량은 장개석에게서 외교 교섭권을 위임받아 소련 측과 교섭한 뒤 12월 22일 하바로프스크 의정서를 체결했다. 이에 따라 북만철도는 다시 소련의 지배 하에 들어갔다.

남경의 중앙정부와 장개석에 대한 지방 군벌들의 저항은 1930년에 대규모 전쟁으로 발전했다. 이 해 3월 14일에 제2, 3, 4 집단군의 주요 지휘관 57명이 장개석의 하야를 요구하는 통전(通電)을 발표했다. 4월 초에는 염석산, 풍옥상, 이종인이 독자적으로 중화민국 육해공군 총부사령에 취임함으로써 도발을 노골화했고, 5월 초에는 염석산과 풍옥상이 정주에서 회합하여 전쟁 준비에 착수하기로 했다. 이에 장개석이 5월 중순에 총공격령을 내림으로써 중원의 대부분을 전쟁터로 하는 대규모 전쟁이 시작됐다.

전쟁 초기에는 장개석군이 불리하여 후퇴했고, 6월 중순에는 정전 제의를 해야 할 정도가 됐다. 6월 말경 반장개석 연합군이 하남성과 산동성까지 진격해 장개석이 큰 위기를 맞았다. 이때 왕정위를 비롯해 장개석에 대항하는 정객들까지 북경에 모여들어 신 국민정부를 수립하려고 했다.

그러나 7월부터 반격에 나선 장개석군이 8월 중순에 제남을 탈환한 데 이어 9월 초에 낙양을 점령함으로써 전세를 역전시켰다. 어느 편도 들지 않고 사태를 관망하던 장학량은 9월 18일 남경 국민정부 옹호를 선언하고 북평과 천진을 점령했다. 염석산이 태원으로 퇴각하고 풍옥상 혼자 끝까지 저항했으나 10월 들어 그의 휘하에 있던 군대가 궤멸함에 따라 그도 10월 23일 하야 선언을 했다. 1930년에 남경 국민정부와 군벌 연합군 사이에 벌어진 이 전쟁은 중원대전(中原大戰)으로 불린다.

한편 이립삼(李立三)이 지도하는 중국 공산당은 1930년 6월 무한과 남창으로 진격한 데 이어 소비에트 권력의 수립을 도화선으로 하여 전국 무장봉기를 실행한다는 계획을 세웠다. 장개석 정권이 중원대전으로 위기를 맞고 있긴 했지만, 중국 공산당이 홍군 6만 명으로 전국 무장봉기를 이끌려고 한 것은 무모한 시도였다. 주덕과 모택동이 지휘하는 제1 집단군이 8월 1일 남창을 공격했으나 많은 희생자만 내고 퇴각할 수밖에 없었다. 팽덕회가 이끄는 제3 집단군도 7월 27일 장사(長沙)를 점령해 호남성 노농병 소비에트 정부의 수립을 선언했지만 국민당군의 반격으로 9일 만에 철수했다. 9월의 2차 공격도 성공의 가망이 없자 모택동은 독단적으로 공격을 중지시켜 홍군의 궤멸을 막았다.

중원대전을 마무리 지은 장개석은 12월부터 10만 명의 병력을 동원해 강서성 남부를 중심으로 한 중국 공산당의 근거지에 대한 본격적인 포위토벌 작전에 들어갔다. 이에 홍군이 유격전으로 맞서 승리를 거둠으로써 1931년 1월에 토벌전이 실패로 끝났다. 장개석은 3월부터 20만 병력을 동원하고 하응흠을 지휘관으로 내세워 2차 토벌전에 나섰지만 5월에 다시 실패로 끝났다. 그러자 장개석은 스스로 지휘관이 되어 30만 병력을 이끌고 7월부터 3차 토벌전에 나섰다.

2부

1930년대 세계정세

7장

중국의 내전과 일본의 만주 침략

일본은 1차 세계대전으로 막대한 부를 축적했다. 1차 세계대전이 발발한 1914년에만 해도 11억 엔의 대외부채를 짊어지고 고민하던 일본이 1920년에는 27억 7천만 엔의 대외채권을 가진 채권국이 됐다. 그러나 전쟁이 끝난 뒤 유럽이 국제시장에 복귀하자 일본의 산업은 고전을 면치 못했고, 일본에 경기불황이 찾아왔다.

이런 상황에서 일본 안에서 사회주의 운동과 노동운동이 급속히 성장했고, 1922년 7월에는 일본 공산당이 지하에서 결성됐다. 일본 정계에서도 좌우익 대립이 격화됐고, 일본 사회의 분열이 심화됐다. 이에 가토 다카키(加藤高明) 내각은 일반대중의 의견을 정치에 반영하여 정국을 안정시키기 위해 제한적인 보통선거를 실시하기로 했다. 1925년 3월에 만 25세 이상의 남자는 원칙적으로 선거권을 갖게 하는 보통선거법이 성립됐다.

일본 추밀원은 사회주의 운동을 엄격히 규제하는 법률 제정을 보통선거법 수용의 전제조건으로 내세웠다. 보통선거에 의해 사회주의 정당이 의회로 진출하는 것이 두려웠기 때문이다. 이리하여 치안유지법이 제정됐다. 그 내용은 일본의 국체를 변경하거나, 사유재산제도를 부정하는 단체를 만들거나, 그러한 목적의 운동을 하는 것을 금지하는 것이었다. 이에 따라 1925년 4월에 치안유지법, 5월에 보통선거법이 잇달아 공포됐다.

1927년 다나카 기이치(田中義一) 내각이 들어섰다. 이 내각의 당면과제는 금융공황의 수습, 보통선거의 실시, 중국에 대한 대응이었다.

1928년 2월 일본에서 처음으로 보통선거가 실시됐다. 일본 정부는 프롤레타리아 정당의 의회 진출을 두려워하여 선거에 깊숙이 개입했다. 그럼에도 이 선거에서 노동농민당을 비롯한 프롤레타리아 정당들이 총투표의 5%와 의석 8개를 얻었다. 3월 15일 다나카 내각은 치안유지법을 내세워 공산당원을 비롯해 전국에서 1600여 명에 이르는 사회주의자들을 검거하고 노동농민당에 해산명령을 내렸다. 다나카 내각은 6월에는 긴급칙령에 의해 치안유지법을 개정했고, 이로써 치안유지법 위반자에게 사형과 무기형을 선고하는 게 가능해졌다.

이 시기에 일본의 노동자 착취는 혹독했고, 특히 여성노동자에 대한 수탈이 심했다. 1925년에 출판된 호소이 와키조(細井和喜藏)의 《여공애사(女工哀史)》에 당시 여성노동자들의 비참한 현실이 실감나게 묘사돼있다. 1929년에는 도쿠나가 스나오(德永直)가 프롤레타리아 문학의 명작 《태양이 없는 거리》를 발표했다.

1929년 10월에 미국의 주가폭락으로 시작된 세계공황은 자본주의에 심각한 위기를 초래했다. 가장 번영하던 미국에서도 실직한 벌목노동자나 파산한 농민 등이 수도인 워싱턴 안팎으로 몰려들어 산과 들에 불을 지르고 돌아다니기도 했다. 불 끄는 일을 해서 정부로부터 돈을 받기 위해서였다. 한때 안락함과 기회로 충만했던 미국이 이제는 6천 명의 숙련공을 모집한다는 소련 정부의 구인광고를 보고 10만 명이 넘는 취업지원자가 몰려드는 나라로 전락했다 (1933년 11월에 미국과 소련이 국교를 수립한 뒤로는 소련으로 이민을 가는 미국인들도 있었다).

대공황 당시
미국 캘리포니아에 있는
완두콩 농장에서 일하던
여성노동자의 모습.
이 여성은 7명의 자녀를
부양하는 30대 초반의
이주노동자였다.

일본 경제도 경제공황의 파도를 뒤집어쓰고 불황의 밑바닥으로 떨어졌다. 실업자 수가 350만 명을 넘었고, 노동쟁의가 빈발했다. 농촌에서는 밥을 먹지 못할 정도로 궁핍한 인구가 넘쳐났다. 1931년에는 냉해까지 겹쳐 북해도의 아오모리(青森)를 중심으로 45만 명이 아사할 상황에 놓였다. 농촌에서는 공무원과 교사들이 급료를 지불받지 못했고, 농민이 딸을 파는 일도 속출했다.

이러한 국가위기 속에서 우익운동, 좌익운동이 모두 활발해졌다. 대표적인 우익사상가인 기타 잇키(北一輝, 1883~1937)는 이렇게 주장했다.

민족자결이 되지 않는 조선은 병합되어 마땅하다. 중국은 보호자인 일본의 지원을 받아야 한다. 일본은 중국과 인도 등을 서구의 지배로부터 해방시킬 것이다. … 영국은 전 세계에 걸치는 큰 부자나라다. 러시아는 북반구의 대지주다. 일본은 작은 섬에 한정돼있어 세계에서 프롤레타리아의 지위에 머물러있을 뿐이다. 일본은 정의의 이름으로 그들과 싸워 그들이 독점하고 있는 것을 빼앗을 권리가 있다.

일본의 우익과 좌익은 기본적인 목표와 정서에서 공통점이 있었다. 양쪽 모두 빈부격차의 시정과 국민 생활수준의 평등화를 정치적 목표로 삼았다. 양쪽은 부유층에 대한 반감도 공유했다.

한편 만주와 내몽고 지역에 대한 독점적인 지배권을 확립하는 것이 러일전쟁 이래 일본의 일관된 국책이었다. 1931년에 나카무라 신타로(中村震太郎) 대위 살해사건과 만보산(萬寶山) 사건이 일어나자 일본의 군부와 우익은 "만몽(滿蒙; 만주와 몽고)은 군사상, 경제상 일본의 생명선"이라고 선전하며 무력에 의한 문제해결을 주장하기 시작했다.

1928년 10월에 관동군 작전참모로 부임한 이시하라 간지(石原莞爾) 중좌는 미국과의 전쟁에 대비하기 위한 만몽 지배를 주장했다. 그는 일본의 진정한 적은 미국이고 가까운 장래에 일본과 미국이 전쟁을 하게 될 것이며 이것이 최후의 세계전쟁이 될 것이라면서 미국과의 전쟁에 대비해 자원공급지로서 만주와 몽고를 반드시 확보해야 한다고 주장했다. 1930년 7월에 이시하라는 '국운전회(國運轉回)의 근본국책(根本國策)'을 정부에 건의했다. 일본이 국내불안을 해소하려면 해외진출을 하는 수밖에 없고, 일본이 당면하고 있는 인구, 식량, 자원의 문제를 해결하려면 만주와 몽고를 점유하는 길밖에 없다는 내용이었다. 그는 1931년 5월에는 일본정부가 직접 움직이지 않더라도 "관동군의 주동적 행동에 의해 천하의 형세를 일변시키는 위업을 이룩할 수

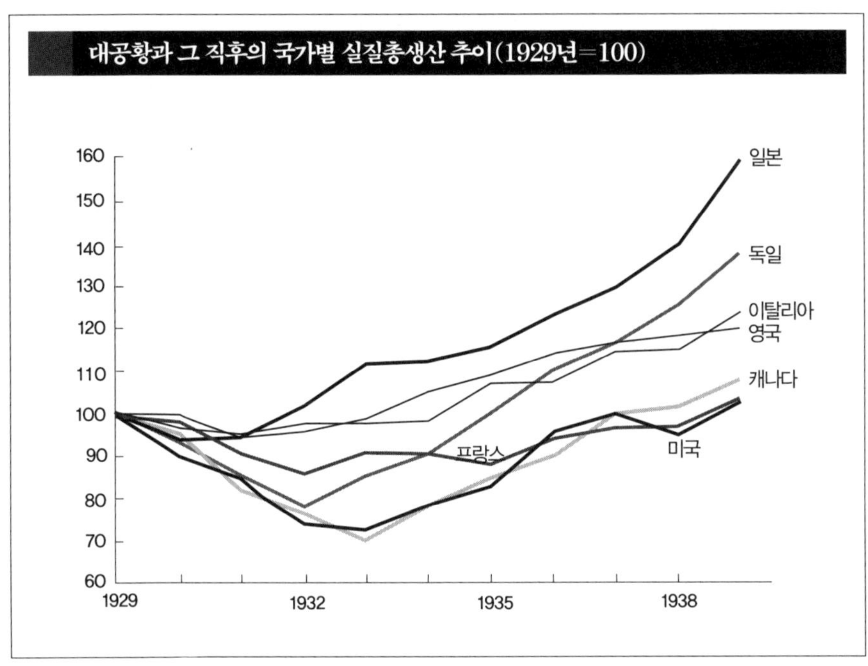

있다"고 주장했다.

1931년 9월 18일 밤 10시 20분경 봉천역에서 북쪽으로 8km 지점에 있는 유조구(柳條溝) 부근에서 남만주철도가 폭파됐다(폭파된 곳이 상하행선 합쳐 1미터에 지나지 않아 피해는 거의 없었다). 이는 관동군 중위 등 3명이 저지른 것이었다. 그러나 관동군은 이것을 중국군의 소행이라고 주장하면서 그 다음날에 봉천, 장춘, 영구(營口)를 점령한 데 이어 21일에는 길림까지 진격했다. 이때 관동군의 병력은 1만 4천 명에 불과했다. 이들을 지원하기 위해 조선에 주둔하고 있던 일본군도 정부의 재가도 받지 않고 압록강을 넘어 북진했다.

장개석은 제3차 공산군 토벌작전에 나선 상태여서 군대를 북상시킬 수 없었으므로 일본과의 전쟁을 회피하고자 했다. 당시 북경에서 신병치료를 하고 있었던 장학량은 장개석의 밀령에 따라 전보로 전군에 무저항 철수를 명령했다(이때 장학량 휘하의 중국군 병력은 22만 명이었다).

남경 국민정부는 중원대전을 거쳐 많은 지방 군벌을 분쇄하고 중앙집권을 강화하긴 했으나 만주의 장학량, 산서의 염석산, 산동의 진제당, 광서의 이종인 등이 중원대전 이후에도 건재하고 있었다. 이들은 명목상으로는 장개석 정권의 밑으로 들어갔으나 실질적으로 반(半)자주적인 '잔여 군벌'들이었다. 국민당 내의 반장개석파인 왕정위와 손과는 이미 1931년 5월 광동에 별도의 국민정부를 수립한 상태였다. 티베트는 독립을 선언한 지 오래였고, 신강(新疆)에서는 투르크계 이슬람교도와 한족 간의 대립이 그치지 않았다. 중국 공산당도 소비에트 지구를 확대시키고 있었다.

이렇듯 중국이 분열된 상태에서 중앙정부를 책임진 장개석은 일본군의 침략에 즉각 무력으로 대응하기보다는 '부저항' 정책을 채택하는 동시에 외교적인 수단으로 만주 문제를 해결하려고 했다. 그는 먼저 국제연맹이 일본을 제재해주기를 희망하여 만주 문제를 국제연맹에 제소했다. 9월 30일 국제연맹은 일본군의 철수를 촉구하는 결의안을 통과시켰으나 일본은 이에 따르지 않았다.

만주사변이 일어나자 중국인들은 강력한 항일운동을 벌였다. 상해에서는 9월 24일 학생 10여만 명과 항만노동자 3만 5천 명이 맹휴와 파업에 들어갔고, 26일에는 시민 20여만 명이 항일 구국대회를 열고 대일 경제단교를 결의했다. 학생들은 전국에서 남경으로 몰려들어 장개석에게 북상과 항일을 요구했다.

10월 8일 관동군이 금주(錦州)를 공격했다. 장학량의 본거지인 금주는 일본이 보호지역으로 삼은 만주철도 연변에서 멀리 떨어진 곳이었다. 관동군의 금주 공격은 일본이 만주를 점령하겠다는 의사를 명백히 표현한 것이었다.

이 무렵에 서양열강 가운데 동북아 문제에 개입할 여력을 가진 나라는 미신해혁명이 일어났을 때 티베트인들이 각지에서 봉기해 중국군을 축출했다. 13대 달라이라마인 아왕 로상 툽텐 갸초의 지도 아래 티베트인들은 1917년에 티베트 영토의 거의 전부를 수복했다. 달라이라마는 영국의 원조를 받아 국왕 겸 교주로서 정교일치의 독립정권을 수립했다. 남경정부는 티베트에 대해 겉으로는 회유책을 구사했으나 실제로는 많은 분쟁을 일으켰다.

그러나 만주사변, 상해사변 등이 잇달아 발생함에 따라 티베트 변경지구에 대한 국민당 정부의 지배력은 약화됐고, 이에 따라 티베트는 사천성 부근까지 세력을 확장시켰다. 13대 달라이 라마는 1933년에 사망했고, 2년 뒤인 1935년에 아왕 로상 예세 텐징 갸초가 14대 달라이라마로 옹립됐다.

신강의 주민은 대부분 투르크계 이슬람교도였다. 중국인들은 그들 가운데 풍속과 언어가 중국인과 같은 주민을 한회(漢回), 투르크 민족 고유의 풍속과 언어를 보존하고 있는 주민을 전회(纏回)라고 불렀다. 전회는 머리에 터번을 두르고 있다고 해서 생겨난 명칭이다.

신강에는 만주족, 몽고족, 한족 등도 혼재해있어 민족 관계나 종교 관계로 분규가 끊이지 않았다. 특히 투르크 계통의 종족과 한족 사이의 대립은 오래 전부터 이어져 내려온 것이었다. 신해혁명 이후에는 양증신(楊增新) 도독이 신강을 지배하다가 1928년에 암살당했고, 그 후임으로 김수인(金樹仁)이 부임했다. 이때 신강에는 소련의 입김이 강하게 미치고 있었다.

김수인은 자신의 권력을 확고히 하기 위해 소련에 원조를 요청해서 다량의 무기를 지원받고 그 대가로 1931년에 비밀조약을 맺어 소련에 광범위한 특권을 주었다. 이에 따라 우루무치(烏魯木齊), 일리(伊犁), 카슈가르(喀什噶爾) 등의 도시에 소련의 상업대표기관이 설치됐고, 소련인은 신강에서 무관세로 무역활동을 할 수 있게 됐다.

그런데 김수인이 집권하고 있는 동안에 신강에서 소요사태가 계속 발생하고 한회, 전회, 한족 사이의 군사적인 접전이 끊이지 않았다. 1932년에 감숙성의 한회인 마중영(馬仲英)이 신강으로 원정 와서 신강 전역을 휩쓸었다. 이해 가을부터 겨울 사이에 샨샨(鄯善), 투루판(吐露番)에서 한족으로 구성된 정부군이 이슬람교도를 학살하고 이에 대한 보복으로 샨샨의 이슬람교도들이 한족을 도살하는 사건이 일어났다. 이때 신강 각지에서 한족인 관리, 고리대금업자, 상인 등이 다수 살해됐다.

한족인 김수인은 한회 및 전회를 강권으로 탄압하려고 했으나 실패하여 1933년에 소련으로 망명했다. 이후 성세재(盛世才)가 어느 정도 사태수습을 할 수 있었다. 이는 국민당 정부가 사태수습에 힘을 쏟았고, 이에 성세재도 협조한 결과였다. 그러나 소련의 영향력은 여전히 강하게 미치고 있었다. 결국 성세재는 1934년에 소련의 원조를 받아 마중영의 군대를 궤멸시켰다. 성세재가 신강을 지배하던 시기에는 신강이 소련의 영향 아래 있으면서 반독립적인 상태를 유지했다.

국뿐이었다. 스팀슨(Henry Stimson) 미국 국무장관은 관동군의 금주 공격을 계기로 일본의 민간 정치인이 일본 군부를 통제할 수 있다는 믿음을 버렸다. 11월 말에 가진 기자회견에서 스팀슨 장관은 미국의 인내심이 한계에 도달했다고 말했다.

장개석은 외교적 노력이 무산되고 여론의 비판이 거세지자 12월 15일 일체의 공직에서 물러났다. 장개석은 광동에 정부를 따로 차린 손과에게 정권을 이양했으나 손과의 정권은 무기력했다.

1932년 1월 7일 스팀슨 미국 국무장관은 다음과 같은 미국 정부의 강경한 입장을 중국 정부와 일본 정부에 전달했다.

미국 정부는 중국의 주권, 독립, 그리고 영토적·행정적 통합성 및 일반적으로 문호개방 정책이라는 이름으로 알려진 중국에 대한 국제적인 정책에 관한 모든 것을 포함해 미국과 미국 국민의 중국에서의 조약상 권리를 침해할 수 있는 모든 사실상의 상황에 대해 합법성을 인정할 수 없고, 그러한 조약상 권리를 침해할 수 있는 중일 양국 정부 또는 그 대리자 간의 조약이나 협정 일체를 승인할 수 없다. 그리고 중일 양국과 미국이 당사국으로 돼있는 1928년 8월 27일의 파리조약에 규정된 약속과 의무에 위반되는 수단에 의해 성립된 일체의 상황, 조약, 협정을 승인할 의사가 없음을 통고한다.

일본의 육군 참모본부는 소련의 개입을 두려워하여 관동군에 북만주 진격을 금지하는 명령을 거듭 내렸다. 그러나 관동군의 작전 담당 장교들은 소련이 동시베리아의 병력만으로는 간섭할 수 없으리라고 판단하고 북만주로 진격하기 위한 음모를 꾸몄다. 그들은 하얼빈에서 폭탄소동을 일으켜 거류 일본인들로 하여금 관동군에 보호를 요청하게 했다.

1932년 1월 18일 상해에서 또 다시 관동군의 음모로 일본인 승려 5명이 중국인 무뢰배에 습격당해 1명이 죽고 3명이 중상을 입는 사건이 일어났다. 이는 열강의 시선을 만주로부터 떼어놓기 위한 것이었다. 1월 28일에 장개석이 군사위원장 직책을 맡으며 권좌에 복귀했는데, 바로 이날 일본의 육군 참모본부는 관동군의 하얼빈 파병을 결정했다. 이와 동시에 상해에서는 일본 거류민을 보호하는 임무를 맡고 있는 일본의 해군 육전대(해병대)가 중국의 19로군과 교전했다. 19로군은 내전에서 단련되어 전투력이 뛰어난 부대였다.

2월 5일 관동군은 하얼빈을 점령함으로써 불과 5개월 만에 만주 전역을 점령했다. 소련은 제1차 경제개발 5개년 계획을 달성하는 데 치중하느라 만주사변에 대해서는 불간섭의 입장을 취했다.

7일 일본 정부는 육군을 상해로 파병한다는 성명을 발표했고, 이에 따라 15일 일본군 1개 여단이 해안 상륙을 완료했다. 일본군은 20일부터 상해를 공격했지만 고전하게 되자 11사단과 14사단을 증파해 3월 1일 19로군의 배후에 상륙했다. 이날 일본 정부는 만주국 성립을 선언했다. 3월 2일 19로군이 퇴각함에 따라 일본군은 상해를 점령하는 데 성공했다. 3일 상해 파견군 사령관인 시라카와 요시노리(白川義則)가 정전 성명을 발표했다.

3월 9일 일본은 청의 마지막 황제인 선통제 부의(溥儀)를 만주국(滿洲國) 집정에 취임시켰다. 부의가 10일 관동군 사령관 혼죠 시게루(本庄繁)에게 보낸 서간은 만주국의 본질을 잘 드러내고 있다.

1. 폐국(弊國, 만주국)은 금후 국방 및 치안유지를 귀국(貴國, 일본)에 위탁하며 소요경비는 모두 폐국에서 부담한다.
2. 폐국은 귀국의 군대가 국방상 필요로 한다면 기존의 철도, 항만, 수도, 항공 등에 대한 관리와 신로(新路)의 부설을 모두 귀국 또는 귀국이 지정하는 기관에 위탁하기로 한다.

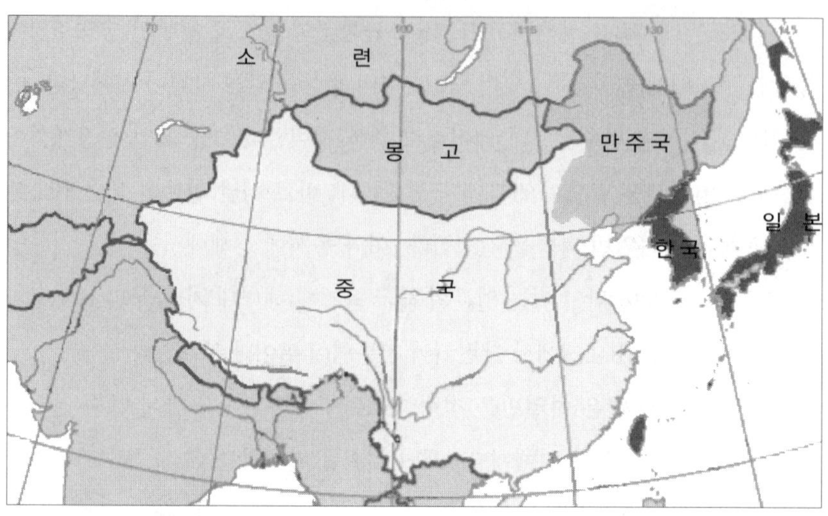

(위) 만주국의 위치
(아래) 부의

3. 폐국은 귀국의 군대가 필요하다고 인정하는 각종 시설에 관하여 힘껏 원조한다.

4. 귀국인으로서 식견이 높고 명망 있는 자를 폐국의 참의(參議)에 임명하고, 기타 중앙 및 지방관서에 귀국인을 임명할 것이며, 그 선임은 귀군 사령관의 추천에 의거하고 해직도 귀군 사령관의 동의를 얻어 시행한다.

상해를 점령한 일본군은 4월 29일 홍구(虹口)공원에서 전승을 기념하고

김구와 윤봉길

천장절(天長節)을 경축하는 행사를 열었다. 윤봉길은 행사장에 들어가 오전 11시 40분에 참석자 전원이 목도하는 가운데 폭탄을 던졌다. 일본의 상해 점령군 사령관인 시라카와 요시노리 대장과 일본의 상해 거류민 단장인 가와바타 데이지(河端貞次)가 즉사했다. 해군 중장 노무라 기치사부로(野村吉三郎)는 한쪽 눈을 잃었고, 주중 일본 공사 시게미쓰 마모루(重光葵)는 중상을 입었다.

장개석은 "중국의 백만 대군이 못하는 일을 한국의 한 의사(義士)가 능히 하니 장하다"고 격찬했다. 만보산 사건으로 악화됐던 중국 거주 한국인과 중국인의 관계는 이 의거를 계기로 우호적으로 되었고, 상해 임시정부가 국민당 정부의 환대를 받게 됐다.

일본군의 중국 침략이 확대되면 중국을 둘러싼 열강 사이의 세력균형이 깨질 것을 우려한 영국, 미국, 프랑스와 국제연맹의 주선으로 1932년 5월 5일에 상해 정전협정이 체결됐고, 이에 따라 일본군은 상해에서 철수했다.

5월 15일에 일본에서 이른바 5·15사건이 일어났다. 정계와 재계의 고위

충 인사들을 차례로 제거하는 것을 목적으로 한 민간 우익단체인 혈맹단(血盟團)에 가입한 청년 해군장교들이 이날 수상 이누카이 쓰요시(犬養毅)를 암살했다.

일본이 만주를 점령한 것은 약 20킬로미터에 불과했던 소련과 일본의 국경(즉 두만강을 경계로 하는 한국과 소련의 국경)이 수천 킬로미터로 확장됐음을 의미하는 것이었다. 이에 따라 연해주를 비롯한 소련의 동아시아 지역에서 소련이 안고 있던 고질적인 안보 문제가 더욱 심각해졌다. 이 지역의 소련 인구는 희박해 한반도의 2천만 명, 만주의 3천만 명에 훨씬 못 미치는 250만 명에 불과했으므로 국방상의 방어능력에 문제가 있었다. 소련 정부는 이 지역의 협동농장에 대해서는 곡물납부 의무를 면제해주는 유인책을 쓰고 있었다. 또한 만주사변 이후에는 소련 정부가 동시베리아 극동군의 전력을 강화했다.

장개석은 상해사변이 마무리 된 다음 달인 1932년 6월부터 50만 병력을 동원해 4차 공산군 토벌전을 시작했다. 장개석은 일본의 침략은 '겉 피부의 작은 병' 인 반면에 공산군의 존재는 '심복지환(心腹之患)' 이라고 인식해 일본에 대한 대항보다는 공산세력을 박멸하는 일을 우선시했다.

이 무렵에 중국 공산당은 왕명(王明)을 비롯한 소련 유학파가 장악하고 있었다. 이들은 군사적인 측면에서 '적을 유인해 끌어들이는' 전술에 반대하고 도시를 적극적으로 공격할 것을 주장했다. 처음에는 장비에서 훨씬 열세인 홍군이 국민당군과의 대결에서 큰 피해를 입었다. 그러다가 홍군 제1방면군(총사령 주덕, 총정치위원 주은래)이 도시 공격을 중지하고 '운동전' 으로 전략을 바꾸어 국민당군의 정예군 3개 사단을 섬멸하는 전과를 올렸다.

1933년 1월 1일에 관동군의 모략에 의해 산해관에서 중일 양국 군대가 충돌하는 산해관 사건이 일어났다. 일본은 이 사건을 빌미로 1933년 2월 열하성(熱河省)을 침공해 점령한 뒤에 그 지역을 만주국에 편입시켰다. 장개석은 4차 상해 임시정부의 지도자인 김구는 1933년 5월에 장개석과 면담했다. 김구는 이 면담에 대해 《백범일지》에 다음과 같이 기록했다.

나는 잠복한 반면에 박남파(朴南坡: 박찬익), 엄일파(嚴一坡: 엄항섭), 안신암(安信菴: 안공근) 3인은 부단히 외교와 정보 방면에 치중하여 활동했다. 물질상으로 중국인 친우의 동정이 있고 미주 동포도 내가 상해를 탈출한 소식을 알고 점차 원조를 늘려주어 활동하는 비용은 그다지 군색치 않았다.

박남파 형이 종래 남경에서 중국 국민당 당원으로 중앙당부에 취직했던 관계로 중앙요인 중에도 숙친한 자가 많으므로 중앙 방면으로 교섭한 결과, 당의 조직부장이요 강소성 주석인 진과부(陳果夫)의 소개로 장개석 장군을 면담하게 됐다. 면담의 통지를 받고 나는 안공근, 엄항섭을 대동하고 남경에 도착했다. 공패성, 소쟁 등 요인들이 진과부 씨를 대신하여 우리를 영접해 중앙반점에 숙소를 정해주었다.

다음날 야간에 남파를 통역으로 대동하고 진과부의 자동차로 중앙군 구내에 있는 장군의 자택으로 갔다. 장 씨는 온화한 안색에 중복(中服: 중국인 복장)을 하고 접응해주었다. 피차 한훤(寒暄: 날씨의 춥고 더움을 말하며 하는 인사)을 마친 후에 장 씨는 간명한 어조로 "동방의 각 민족은 손중산(孫中山, 손문) 선생의 삼민주의에 부합하는 민주정치를 하는 것이 합당할 듯하다"고 하기에 나는 그렇다고 대답하고 "일본의 마수가 시시각각으로 중국에 침입하고 있는데, 좌우 사람들을 물려주면 이에 대해 필담으로 몇 마디 하겠다"고 했다. 장 씨가 "하오하오(好好: 좋다)"하므로 진과부와 박남파도 문밖으로 나갔다. 장 씨가 필연(筆硯)을 친히 갖다 주므로 나는 "선생이 백만금을 허락하면 2년 안에 일본, 조선, 만주 세 방면에서 폭동을 일으켜 일본이 대륙침략을 해올 교량을 파괴하고자 하는데 어떻게 생각하시오?"하니 장 씨는 붓을 들어 글을 써서 말하기를 "청컨대 계획을 자세히 제시하여 주시오" 하기에 알았다고 하고 물러나왔다.

다음날 간략한 계획서를 만들어 보냈더니, 진과부 씨가 자기 별장에 나를 초대해 잔치를 베풀고 장 씨의 의견을 대신 말하기를 "특무공작으로는 천황을 죽이면 천황이 또 있고 대장을 죽이면 대장이 또 있다. 장래 독립하려면 무인(武人)을 양성해야 하지 않는가?"라고 하기에 나는 "고소원불감청(固所願不敢請)"이라며 지대(地帶: 장소)와 물력(物力: 재정)의 지원을 요청했다. 지대는 낙양분교(洛陽分校)로 정하고 물력은 사업의 발전을 따라 공급한다는 약속 아래 매 기에 군관 100명씩을 양성하기로 결의했다. 이에 따라 동삼성(東三省)에 사람을 보내 이청천, 이범석, 오광선, 김창환 등의 장교와 그 부하인 수십 명의 청년들, 그리고 북평, 천진, 상해, 남경 등지에 있는 청년들을 소집해 100명을 일차로 입교하게 하고 이청천, 이범석을 각각 교관, 영관으로 시무하게 했다.

공산군 토벌전을 중지할 수밖에 없었다.

관동군은 5월 만리장성을 넘어 북경에 육박했다. 이달 25일에 남경 정부가 일본에 정전을 요청했고, 31일에 천진의 외항인 당고(塘沽)에서 중국이 크게 양보한 내용으로 정전협정이 체결됐다. 이 정전협정에는 일본군이 만주국 안으로 철수하고 장성 이남에 비무장지대를 둔다는 조항이 들어갔다. 이는 곧 만주국이 중국에서 분리되는 것을 남경 정부가 인정한 것이었다. 그러나 광대한 만주 땅의 구석구석까지 일본의 지배력이 미칠 수는 없었으므로 이곳에서 동북항일의용군을 비롯한 여러 갈래의 항일 무장활동이 계속됐다.

당고에서 체결된 정전협정으로 중국과 일본 사이의 정규전은 일단 마무리됐다. 대외적 위기가 소강상태에 들어가자 남경 정부는 미국에서 5천만 달러의 차관을 지원받기로 하는(실현된 차관 금액은 1700만 달러) 한편 독일의 저명한 전략가인 한스 폰 제크트(Hans von Seeckt) 장군을 고문으로 초빙하기도 해서 제5차 공산군 토벌전을 준비했다. 1933년 10월부터 100만 명의 육군 병력과 200대의 항공기가 동원된 가운데 제5차 공산군 토벌전이 시작됐다. 4차례의 실패에서 교훈을 얻은 장개석이 이번에는 '군사 3할, 정치 7할'이라는 방침을 정했다. 이에 따라 장개석의 군대는 농민을 홍군으로부터 떼어놓고, 철저한 경제적 봉쇄작전을 펴고, 수천 개의 토치카를 만들면서 공산당의 근거지를 압박했다.

이에 맞서 중국 공산당은 코민테른이 파견한 군사고문 리트로프(오토 브라운, 중국명 李德)의 지도 아래 정규군에 의한 정면대결 전술을 택했다. 그 결과는 대실패였다. 홍군의 거점은 차례로 각개격파됐고, 1934년 3월에 광창(廣昌)이 함락된 뒤로는 거의 회복불능 상태가 됐다. 중국 공산당은 강서 소비에트를 포기하기로 결정하고 7월에 북상항일선언(北上抗日宣言)을 발표했다. 이어 10월에 홍군의 주력인 제1방면군이 이른바 대장정(大長征)에 나서면서 강서성의 근거지를 버리고 서쪽으로 탈주했다. 약 1년만인 1935년 10월에 섬서

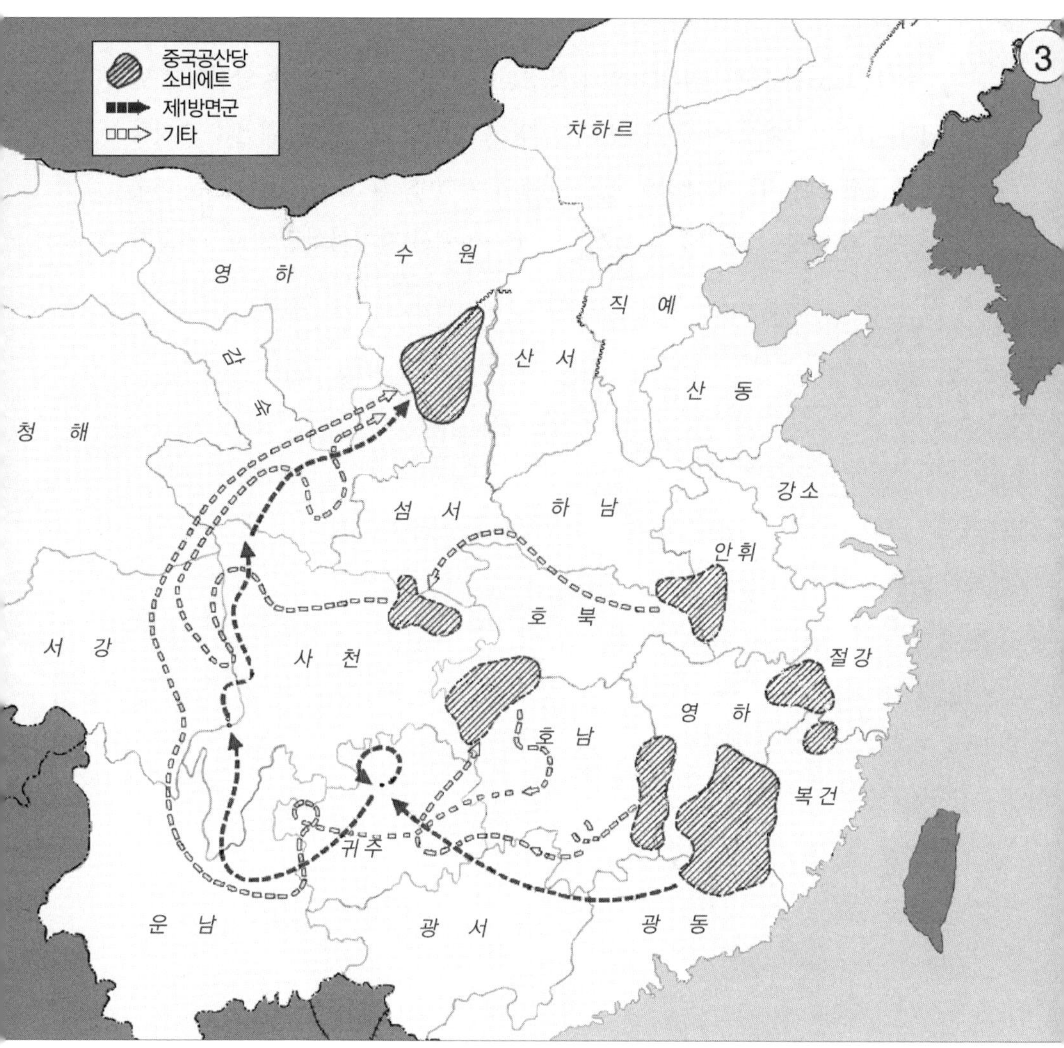

대장정(1934∼35년)

성 북부의 오기진(吳起鎭)에 도착했을 때 남아있는 홍군의 병력은 3만 명도 채 되지 않았다.

이러는 동안에도 일본은 중국 침략을 계속하면서 화북을 중국에서 분리하기 위한 공작을 벌였다. 이에 대항해 1935년에 중국 각지에서 구국회가 결성됐다. 1935년 12월 9일과 16일에 북경의 대학생들이 대규모 항일시위를 벌였다. 그들은 "화북 자치운동 반대", "일본 제국주의 타도", "내전을 중지하고 일치단결해 외적에 대항하자"는 구호를 외쳤다. 그 뒤로 학생들은 5·4운동 때처럼 하향(下鄕)운동을 전개하면서 각지에서 항일의식을 고조시키고자 했다.

8장

히틀러의 집권

아돌프 히틀러(Adolf Hitler)는 1889년 오스트리아의 독일 접경지역인 브라우나우에서 세관원인 알로이스 히틀러의 아들로 태어났다. 알로이스 히틀러는 1895년에 정년퇴직하고 하펠트에 있는 작은 농장으로 이주했다. 그는 농사와 양봉을 했으나 실패하고 1897년에 람바흐로 이주했다가 이듬해에 레온딩에 정착했다.

아돌프 히틀러는 외향적이고 쾌활한 소년이었으나 1900년에 남동생인 에드문트 히틀러가 홍역으로 죽은 뒤로 아버지와 교사에게 대들기도 하는 등 침울하고 반항적인 성격을 드러냈다. 히틀러는 인문계 고등학교에 들어가고 싶었으나, 아들도 자기처럼 세관원이 되기를 바란 아버지 알로이스 히틀러가 1900년에 그를 기술학교로 보냈다. 히틀러는 그 기술학교를 그만두고 싶어 낙제를 했으나 아버지는 뜻을 굽히지 않았다. 히틀러의 점점 더 반항적인 태도를 보이게 됐다.

히틀러는 독일 민족주의에 심취했다. 독일과 오스트리아 사이의 국경지대에 사는 주민들은 대부분 독일인이자 오스트리아인이라는 자기인식을 갖고 있었으나 히틀러는 오직 독일에 대해서만 귀속감을 갖고 있었다. 히틀러는 오스트리아의 국가는 부르지 않았고, 오직 독일의 국가 '도이칠란트 위버 알레스(Deutschland über Alles)' 만을 불렀다.

1903년 1월 아버지가 급사하자 히틀러는 기술학교를 자퇴했다. 그는 이듬해에 실업학교(레알슐레)에 들어갔으나 2학년을 마치고 급우들과 가진 자축의 술자리에서 학생증을 찢어 화장지로 쓴 사실이 발각되어 퇴학당했다.

히틀러는 1905년부터는 오스트리아의 수도인 빈에서 고아연금과 어머니가 부조해주는 돈으로 자유분방하게 살았다. 그는 빈에 있는 미술관을 관람하기를 즐겼고, 건축에 흥미를 느꼈다. 그는 빈의 예술아카데미에 입학하려고 했으나 학장이 "그림에 소질이 없다"면서 그의 입학을 허락하지 않았다. 학장은 대신 그에게 건축에 적성이 있으니 건축학교에 진학하기를 권했다. 히틀러도 건축이 자신의 길이라고 확신했으나, 건축학교에 들어가기 위해서는 고교 졸업장이 필요했다.

1907년에 어머니 클라라 히틀러가 사망했다. 돈이 다 떨어진 히틀러는 1909년에 노숙자 숙소에서 살았고, 1910년에는 가난한 노동자들을 위해 지어진 주택에 들어가 살았다. 1913년에 아버지의 유산 가운데 남은 것을 받게 되자 그는 바이에른 왕국(1871년에 프로이센의 주도로 독일이 통일됐을 때 바이에른은 독일제국(Deutsches Reich)에 속하는 하나의 국가(Staat)로 인정받았다)의 중심도시인 뮌헨으로 이주했다. 그는 병역을 피하려고 했으나 뮌헨 경찰에 의해 체포되어 입대를 위한 신체검사를 받게 됐다. 그는 이 신체검사에서 불합격 판정을 받았다.

1914년에 1차 세계대전이 일어나자 히틀러는 바이에른의 국왕 루트비히 3세에게 청원해서 바이에른 연대에 들어갔다. 그는 바이에른 16예비연대 소속으로 서부전선에서 연락병으로 근무하게 됐다. 그것은 위험한 직무였다. 그는 이프르 전투, 솜므 전투 등 서부전선에서 벌어진 격전을 두루 겪었다. 그는 1914년과 1918년 두 차례나 철십자훈장을 받았다. 1916년에는 솜므 전투에서 부상을 입어 후방으로 이송됐다가 1917년 3월에 다시 전선으로 복귀하기도 했다.

1918년 11월에 독일이 적의 영토를 점령한 상태에서 항복을 하자 히틀러는 큰 충격을 받았다. 그는 민간 정치인과 마르크스주의자들이 독일을 '등 뒤에서 칼로 찔러' 패전하게 만들었다고 생각했다.

베르사유 조약으로 독일은 영토를 일부 잃게 되는 동시에 라인란트 지역에 군대를 배치할 수 없게 됐다. 또한 군비가 크게 제한되어 전함은 6척까지만 보유할 수 있게 됐고, 징병제를 폐지해야 했으며, 병력은 10만 명까지만 유지할 수 있게 됐다.

1919년 1월에 카를 하러와 안톤 드렉슬러가 독일노동자당(Deutsche Arbeiterpartei)를 창설했지만 그 당세가 미약했다. 뮌헨에 기반을 둔 이 당은 푈키슈(Völkisch) 운동을 지향했다. 이 운동은 범게르만주의 추구, 의회주의에 대한 반대, 마르크스주의 섬멸, 유대인 추방 등을 목표로 한 것이었다. 아직 군적을 갖고 있었던 히틀러는 상관의 권유로 이 해 9월 12일 독일 노동당에 55번째 당원으로 가입했다.

독일노동자당은 1920년 2월에 민족사회주의독일노동자당(NSDAP; Nationalsozialistische Deutsche Arbeiterpartei)으로 이름을 바꾸었다. 나치(Nazi)는 이 당의 약칭이다. 이 해 3월에 제대한 히틀러는 뛰어난 대중연설 솜씨로 당세를 확장시키면서 당에서 중요한 인물이 됐다.

마침내 1921년 7월 히틀러는 드렉슬러를 물리치고 당의 지도자가 됐다. 히틀러는 뮌헨 자본가들의 눈길을 끌었고, 군 지도자 출신의 국수주의자 루덴도르프와도 교류하게 됐다.

1922년에 나치 당원은 1만 명에 이르렀다. 이 해 겨울에 프랑스군과 벨기에군이 독일에 배상금 지불을 강요하기 위해 독일의 산업지대인 루르 지역을 점령했다. 루르의 노동자들이 이에 반발해 파업에 들어가면서 독일의 석탄 및 철강 생산이 마비됐다.

지지자들이 많아지자 히틀러는 무솔리니의 집권과정을 모방해 일을 벌이기 시작했다. 1923년 11월 9일 히틀러와 그의 추종자들은 바이에른 정부를 전복시키려고 국방청사로 행진하다가 경찰에 의해 해산당했다. 이 과정에서 나치 당원 16명이 죽었다. 이것이 뮌헨 폭동이다.

히틀러는 도주했으나 곧 체포되어 반역죄로 재판을 받았다. 알프레트 로젠베르크(Alfred Rosenberg)가 나치당의 임시 지도자가 됐다. 재판 과정에서 무제한 변론의 기회를 얻은 히틀러는 열변을 토해냈고, 이를 계기로 대중적 인기가 치솟으면서 그는 전국적인 인물이 됐다. 그는 1924년 4월 1일에 5년 금고형을 선고받았으나 같은 해 12월 20일에 사면됐다.

1925년 2월 28일 바이마르 공화국의 초대 대통령인 프리드리히 에베르트가 사망했다. 그는 1차 세계대전 직후의 혼란기에 의회에서 대통령에 선출됐으나, 바이마르 공화국의 헌법은 대통령 직선제를 규정하고 있었다. 이에 따라 3월 29일 대통령 선거가 실시됐다. 바이마르 체제의 대통령 선거 제도는 1차 투표에서 과반수 득표자가 없으면 2차 투표를 실시하되 이때에는 다수 득표자를 당선자로 정하는 방식이었다. 또한 2차 투표에서 후보를 교체하는 것이 가능했다.

이원집정부 체제인 바이마르 공화국에서 대통령은 각종 비상조치를 취할 수 있는 등 상당히 큰 권력을 행사할 수 있는 자리였고, 그만큼 대통령 선거는 중요했다.

모두 7명의 후보가 나선 가운데 1차 투표가 실시됐다. 그 가운데 독일인민당의 카를 야레스, 사회민주당의 오토 브라운, 가톨릭중앙당의 빌헬름 마르크스, 독일공산당의 에른스트 텔만이 유력한 후보였다. 나치는 루덴도르프를 후보로 내세웠다. 이 1차 투표에서 과반수 득표자가 나오지 않았다.

2차 투표에서 우익은 1차 세계대전의 영웅 파울 폰 힌덴부르크(Paul von Hindenburg) 원수를 단일후보로 내세웠다. 힌덴부르크는 내키지 않았으나 네

힌덴부르크

덜란드에 망명 중인 황제 빌헬름 2세와 상의한 끝에 출마했다. 우익은 그가 당선되면 제정을 회복시킬 수 있을 것으로 기대했다. 사회민주당과 가톨릭중앙당은 빌헬름 마르크스를 단일후보로 추대했다. 독일민주당도 후보를 사퇴시키고 마르크스를 지지했다. 그러나 독일공산당은 텔만을 사퇴시키지 않았다.

4월 26일에 2차 투표가 실시됐다. 투표율은 77.6%였다. 힌덴부르크 후보가 48.3% 득표해 45.3% 득표한 마르크스 후보를 누르고 당선됐다.

나치당은 뮌헨 폭동으로 바이에른에서 활동금지 조치를 받았다가 히틀러의 청원으로 활동금지에서 풀려났다. 그러나 히틀러의 대중연설은 금지됐다. 이에 따라 히틀러는 나치 당원으로 1924년에 제국의회 의원으로 당선된 그레고르 슈트라서(Gregor Strasser)에게 북부 독일에서 당 조직을 세울 권한을 부여했다.

슈트라서는 요제프 괴벨스(Joseph Goebbels)의 도움을 받아 나치당 강령에 사회주의적 요소를 많이 도입했다. 그러나 슈트라서는 1926년 나치 전당대회에서 히틀러에게 패배했고, 괴벨스는 히틀러의 측근이 됐다.

슈트라서의 도전을 물리친 히틀러는 당을 한층 더 중앙집권화했고, 이른바 '지도자원리(Führerprinzip)'를 당 조직 운영의 기본으로 삼았다. 이에 따라 당의 모든 간부는 선출되지 않고 임명되게 됐다.

정변으로 바이마르 공화국을 전복시키려다 실패한 히틀러는 그 뒤로 '합법전략'을 추구했다. 이것은 집권을 할 때까지는 바이마르 공화국의 헌정을 지키되 집권 이후에는 헌정을 파괴하고 스스로 독재자가 된다는 전략이었다.

1929년에 발발한 세계 대공황은 히틀러에게 절호의 기회를 가져다주었다. 아직 굳건해지지 못한 독일의 바이마르 공화국 체제는 왕정복고파를 포함한 우익, 공산당, 나치 등 주요 정치세력 모두로부터 공격을 받았다.

의회주의에 충실한 정당들이 공황에 대한 대책에 합의하지 못함에 따라 연정은 깨졌고, 가톨릭중앙당의 브뤼닝(Heinrich Brüning)이 1930년 3월에 소수파 내각을 구성했다. 의회의 지지를 받지 못한 브뤼닝 내각은 힌덴부르크 대통령의 비상조치를 통해 정책을 집행했다.

브뤼닝 수상이 의회를 해산하고 실시한 1930년 9월의 선거에서 나치당은 일약 107석을 얻어 143석을 얻은 사회민주당 다음의 제2당으로 급부상했다. 이 밖에 독일국가인민당이 41석, 공산당이 77석을 각각 차지했다. 나치, 국가인민당, 공산당은 셋 다 바이마르 공화국 체제를 부인하는 정당이었다. 이들 세 정당이 확보한 의석수를 더하면 총 583석 가운데 225석이나 됐으므로 바이마르 공화국을 유지하려면 이들을 제외한 다른 모든 정당이 연합해야 했다.

나치가 이 선거에서 급격히 세력을 확장할 수 있었던 것은 1929년에 발발한 세계공황으로 인해 독일의 경제가 파탄하여 실업자가 급증한 덕분이었다. 실업자들은 나치가 불행해진 자신들을 구원해줄 것이라고 기대했다. 나치는 또한 몰락해가는 중산층으로부터도 많은 지지를 끌어냈다.

나치는 제2당이 된 뒤에 자본가와 군부의 지지도 얻어내려고 노력했다. 나치의 세력이 나날이 커지자 브뤼닝은 히틀러에게 수상 자리를 제의했는데, 이와 관련해 힌덴부르크 대통령이 히틀러가 수상직 수행을 2년간 계속한다는 조건을 붙였다. 히틀러는 1932년 3월에 실시될 대통령 선거에서 자신이 당선 될 수 있으리라고 믿었으므로 이 제의를 거절했다.

히틀러는 1932년 1월 27일 뒤셀도르프에서 독일 재계의 거물들과 회동했 다. 나치의 선전구호가 반자본주의적이었기에 불안해하던 그들에게 히틀러는 자본가의 권익을 보장하겠다고 약속했다.

독일의 바이마르 공화국은 1932년 3월에 두 번째 대통령 선거를 실시했 다. 힌덴부르크 대통령이 재출마했지만 히틀러와 독일 공산당의 텔만도 유력 한 후보였다(히틀러는 오스트리아의 국적을 유지하다가 이때 대통령 선거에 출마하기 위해 독일로 국적을 옮겼다). 개표한 결과 득표 1위는 힌덴부르크 후 보, 2위는 히틀러, 3위는 텔만이었다. 그러나 과반수 득표자가 없었으므로 4월 에 결선투표가 실시됐다.

결선투표에 나선 두 후보는 너무나도 대조적이었다. 힌덴부르크는 귀족 인데다가 1차 세계대전 때 원수직을 역임한 전쟁영웅이었지만 84세의 고령이 었다. 히틀러는 오스트리아 출신으로 평민인 하급관리의 아들인데다가 1차 세 계대전 때 독일군 상병일 뿐이었으나 연령이 42세로 힌덴부르크 후보의 꼭 절 반인 젊은 후보였다. 굳이 공통점을 찾는다면 1차 세계대전 때 힌덴부르크 대 통령은 지휘관으로서, 히틀러는 병사로서 뛰어났다는 것뿐이었다.

결선투표에서 힌덴부르크가 53%의 지지를 얻어 7년 임기의 대통령직을 연임하게 됐다. 히틀러의 득표율은 36.8%에 머물렀다. 독일 국민의 3분의 2 가 까이는 히틀러를 선택하지 않은 것이었다.

힌덴부르크 대통령은 5월에 브뤼닝을 해임하고 대신 파펜(Franz von Papen)을 수상에 임명했다. 이어 의회가 해산되어 1932년 7월 31일에 선거가 실시됐다. 이 선거에서 37%를 득표한 나치는 총 608석 가운데 230석을 획득해 과반수에는 미달했지만 제1당이 됐다.

8월 13일에 히틀러는 힌덴부르크 대통령을 만난 자리에서 수상 자리를 요구했지만, 힌덴부르크는 단호하게 거절했다. 9월에 열린 의회에서 파펜 내각이 불신임을 당하자 힌덴부르크는 다시 의회를 해산하고 선거를 실시했다. 11월에 치러진 선거에서 나치는 32%의 지지를 얻어 의석이 34석 줄어들었고, 대신 독일 공산당은 600만 표나 더 얻었다.

힌덴부르크 대통령은 자신의 측근이자 파펜 내각에서 국방장관을 맡았던 쿠르트 폰 슐라이허를 내세워 군사적 통치를 해서 정치적 위기를 극복하기로 결심했다. 이에 따라 힌덴부르크는 12월 초에 슐라이허를 수상으로 한 이른바 '대통령 내각'을 구성했다. 슐라이허는 반자본주의적 군사독재를 추구했고, 이 때문에 독일의 자본가들이 불안해했다. 자본가들은 공산주의 내지 사회주의의 성향을 띤 군사독재의 위협을 느끼게 되자 히틀러에게 의존했다.

힌덴부르크 대통령은 1933년 1월 30일 그토록 기피하던 히틀러를 수상에 임명했다. 사실 힌덴부르크는 1931년 10월에 히틀러와 처음으로 만났는데, 그 뒤로 두 사람은 서로 상대방을 매우 혐오했다. 사석에서 힌덴부르크는 히틀러를 "그 오스트리아인 상병", "그 떠돌이 상병"이라고 불렀고, 히틀러는 힌덴부르크를 "그 늙은 바보", "그 늙은 반동분자"라고 불렀다. 그런데도 힌덴부르크가 히틀러를 수상에 임명한 것은 파펜이 끈질기게 설득한 결과였다.

이제 권력은 어디로 갈 것이며, 독일은 어떻게 될 것인가? 최소한 한 사람은 알고 있었다. 1914년에 힌덴부르크의 참모장으로 그와 더불어 탄넨베르크 전투를 승리로 이끈 데 이어 1918년에 독일군의 서부전선 총공세를 지휘했던 루덴도르프는 그 답을 정확하게 알고 있었다.

루덴도르프는 1차 세계대전 이후에 히틀러와 연합해 정치활동을 했으나 실패했고, 1925년 대통령 선거에서는 힌덴부르크에 맞섰다가 고배를 마셨다. 거듭된 실패로 원한을 품고 비참한 세월을 보내다보니 형안을 갖게 됐는지, 그는 히틀러가 수상에 임명됐다는 소식을 듣게 되자 자신의 상관이자 전우였던 힌덴부르크 대통령에게 즉시 다음과 같은 전보를 보냈다.

히틀러

당신은 히틀러를 수상에 임명함으로써 우리의 신성한 조국 독일을, 모든 시대를 통해 가장 탁월한 선동가에게 넘겼습니다. 나는 그 불길한 사내가 우리 제국을 나락에 빠뜨리고, 우리 민족을 말로 표현할 수 없는 비참한 상황으로 몰고 갈 것이라고 분명하게 예견합니다.

루덴도르프는 몰락한 융커(토지귀족)의 아들이었다. 그래서인지 헛된 명예를 좋아하지 않았던 그는 1차 세계대전 중에 자신에게 백작의 작위를 주려고 한 빌헬름 2세의 호의를 거절했다. 히틀러가 나중에 총통이 된 뒤에 육군원수라는 칭호를 그에게 주려고 했을 때에도 그는 거절했다. 루덴도르프는 1937년에 사망했다.

수상이 됐지만 내각에서 소수파였던 히틀러는 의사당 방화사건을 이용해 1933년 3월에 이른바 '수권법(授權法)'을 통해 독재권력을 얻었다. 1934년에 힌덴부르크 대통령이 고령으로 사망하자 히틀러는 대통령 권한마저 인수해 총통이 됐다.

루덴도르프

　히틀러는 1935년 3월 8일 독일이 공군을 보유하고 있다고 발표했다. 이어 16일에는 독일 주재 프랑스 대사인 퐁세(André François Poncet)를 만난 자리에서 독일은 징병제를 실시하고 55만 명에 달하는 36개 사단 병력을 보유할 것이라고 말하며 재무장 의사를 밝혔다. 1차 세계대전을 종결시킨 베르사유 조약은 독일에 대해 징병제를 폐지하고, 공군을 보유하지 못하며, 육군은 10만 명의 병력만 유지해야 한다고 규정했는데, 히틀러는 이를 완전히 무시하고 나선 것이었다.

　히틀러는 영국, 프랑스, 소련의 군비증강을 독일의 재무장에 대한 명분으로 삼았다. 독일의 재무장 선언으로 인해 1차 세계대전 이후 유럽의 질서를 규정한 베르사유 체제는 파탄 났다.

9장

중일전쟁

만주의 근거지를 잃은 동북군의 실력자 장학량은 1936년 1월 말에 자신이 경영하는 동북대(東北大) 학생들이 서안(西安)에 찾아와 보고하는 내용을 들은 뒤로 항일여론에 적극적으로 호응하는 태도를 보였다. 동북군 안에서도 항일을 주장하는 여론이 거세졌다.

1936년 11월에 관동군이 내몽고를 독립시키기 위한 공작의 일환으로 수원사건(綏遠事件)으로 알려진 몽고인들의 반란을 일으켰다. 이때 장학량은 수원성(綏遠城)을 지키던 중국군을 돕기 위해 자신의 부대를 이동시키는 것을 허가해줄 것을 장개석에게 요청했다. 그러나 장개석은 허가해주기를 거부하고 오히려 공산군 토벌을 요구했다.

장개석은 섬서성 북부 지역에 근거지를 마련한 중국 공산당에 대한 총공격에 나설 준비를 갖춘 뒤 12월 4일 서안에 도착했다. 장개석은 동북군의 장학량과 서북군의 양호성에게 공산군을 토벌하라는 명령을 따르든가 아니면 동북군과 서북군을 각각 복건성과 안휘성으로 이동시키든가 양자택일을 하라고 요구했다. 장학량과 양호성에게 앞의 선택은 일치항일 여론이 동북군과 서북군 전체에 확산된 상황에서 받아들이기 어려웠고, 뒤의 선택은 자신들이 거세된다는 것을 뜻했다. 결국 두 사람은 일종의 쿠데타인 병간(兵諫, 무력으로 통치권자를 위협하고 간함)을 결의하고 제6차 공산군 소탕전 명령이 발동된 12월 12일 새벽에 장개석을 그의 숙소인 화청지(華淸池)에서 체포했다(서안사변). 그리고 그 다음날인 13일 일체의 내전 정지, 민중애국운동 개방, 손문의 유촉 준수, 구국회의 소집 등 8가지 요구사항을 전국에 통전했다. 이와 동시에 장학량은 중국 공산당 지도부가 있는 보안(保安)으로 비행기를 보내 공산당 측 대표를 초청했다.

서안사변은 '내전 중지, 일치 항일'의 여론을 극적으로 표현한 것이었으나 중국의 최고지도자를 감금한 사건이었으므로 국내외에 큰 충격을 주었다. 소련의 신문은 이에 대해 "친일분자의 음모"이며 "반일세력의 단결을 파괴하는 것"이라고 비난했다. 일본의 신문은 "장학량의 독립정부와 소련이 협정을 맺었다"고 보도했다. 일본 정부는 장개석이 제거된 뒤에는 남경 정부를 친일파가 장악할 수 있게 하려고 획책했다.

남경의 국민정부에서는 장개석의 생명과 안전을 무시하고서라도 장학량 세력을 토벌해야 한다는 견해와 평화적인 사태해결을 바라는 견해가 대립했다. 중국 공산당도 뜻밖의 사태에 당황했으며, 당내에서는 공개재판을 거쳐 장개석을 처형할 것을 요구하는 목소리마저 나왔다.

장개석은 이 병간(兵諫)을 수용하기를 완강하게 거절했다. 16일 친일적 인물인 하응흠이 토벌군 총사령에 임명되고 '토벌령'이 내려짐으로써 새로운 내전이 일어날 가능성이 높아졌다. 국민당군은 장학량 세력을 토벌하기 위해 섬서성 동쪽의 동관(潼關)으로 진입하고 서안 근교를 폭격했다. 동북군의 청년 장교들 사이에서는 장개석을 처형하라는 목소리가 높아졌다.

사태의 향방을 결정한 것은 장개석은 석방돼야 하고 중앙정부의 지도 아래 대일항전이 이루어져야 한다는 여론이었다. 대다수 중국인은 서안사변으로 인해 내전이 일어나면 일본의 침략에 유리한 정세가 전개될 것이라고 우려했고, 장개석만이 전국의 무력을 통솔할 수 있으니 그를 죽여서는 안 된다고 생각했다. 18일에는 중국 공산당이 남경 정부의 실권이 하응흠에게 넘어간 것을 고려해 평화적인 문제해결을 추진하기로 했다. 이에 따라 주은래, 섭검영, 진방헌(秦邦憲) 등 3명이 서안으로 갔다.

장학량, 양호성, 중국 공산당 대표와 남경 정부 사이에 교섭이 시작됐다. 장학량과 양호성에 대해서는 장개석이 정식 교섭상대가 될 수 없는 자신의 부하로밖에 인정하지 않았으므로 이 교섭은 실질적으로는 중국 공산당과 남경 정부 사이의 직접 교섭이었다. 협상 결과 다음과 같은 협정이 체결됐다.

(1) 국민당과 국민정부를 개조해 친일파를 구축하고 항일분자를 영입한다.
(2) 상해의 애국영수와 일체의 정치범을 석방하여 인민의 자유와 권리를 보장한다.
(3) 초공(剿共, 공산당 토벌)정책을 정지하고 홍군과 연합해 항일한다.
(4) 각당, 각파, 각계, 각군을 망라하는 구국회의를 소집해 항일구국의 방침을 결정한다.
(5) 중국의 항일에 동정하는 국가와 동맹관계를 수립한다.
(6) 섬서성에 들어와 있는 중앙군 부대를 동관(潼關)에서 철퇴시키는 명령 등 서북의 군정은 장학량과 양호성에게 맡긴다.

이 협정은 장개석의 체면을 위해 공식 서명도 공개도 하지 않은 이른바 인격담보(人格擔保)의 약속이었다. 장개석은 12월 25일 석방되어 서안을 떠나면서 "약속은 반드시 지킨다"고 언명했다. 장학량은 병간의 책임을 지고 스스로 군법회의에 회부되겠다면서 장개석과 동행했다.

1937년 2월 서안에서 첫 국공회담이 열렸다. 국공회담은 9월까지 장소를 바꿔가며 다섯 차례에 걸쳐 계속됐다. 국민당은 군의 통일, 정권의 통일, 적화

노구교 다리 난간의 사자상

선전의 정지, 계급투쟁의 중지를 요구했다.

마르코 폴로가 "세계에서 가장 아름다운 다리"라고 말한 노구교(蘆溝橋)는 북경에서 서쪽으로 10여 킬로미터 떨어진 영정하(永定河)에 있다. 1937년 7월 7일 이 부근에서 야간 전투훈련 중이던 일본군 1개 중대의 머리 위로 10여 발의 총탄이 날아왔다. 이에 일본군 대대가 8일 아침부터 노구교를 수비하고 있던 중국 29군을 공격했다. 바로 이날 중국 공산당은 국공합작을 통한 항일 자위전쟁에 나서자고 주장했다.

11일에는 일본의 고노에 후미마로(近衛文麿) 내각이 일본 본토에서 3개 사단, 만주에서 2개 여단, 조선에서 1개 사단을 각각 화북 지역에 보내 그 지역의 병력을 증강시키기로 결정했다.

당시 여산(蘆山)에 있던 장개석은 국방회의를 열었다. 중국 공산당의 대표로 주은래도 이 회의에 참석했다. 이어 17일 장개석은 "만일 정말로 피할 수 없는 최후의 갈림길에 이르렀다면 우리에게는 당연히 희생만 있을 뿐이며 항전이 있을 뿐이다"라는 내용의 이른바 여산담화를 발표했다.

일본 참모본부는 속전속결로 전쟁을 끝낸다는 전략으로 화북에 대한 전면적인 침공을 개시했다. 일본군은 7월 28일에 중국 29군에 대해 총공격을 개시했고, 30일에는 북경과 천진을 점령했다. 국민당 정부는 전략상 화북을 포기하고 주력군을 양자강 유역에 집중시켰다.

8월 7일 장개석은 국방회의에서 전면항전을 결의했고 12일에는 육해공군 총사령관이 되었다. 13일 일본군이 상해를 공격했고, 이를 계기로 전쟁이 화북에서 화남으로 확대됐다.

사태가 급박해지자 장개석은 홍군의 병력 규모를 3개 사단 4만 5천명으로 하고 지휘체계와 관련해 국민정부가 각 사단에 연락참모를 파견하는 조건으로 홍군에 독자적인 지휘부를 설치한다는 데 동의했다(총지휘에는 주덕, 부총지휘에는 팽덕회가 임명). 이것은 상황에 쫓긴 합의였으므로 실질적인 정책은 애매한 채로 남았다. 그러므로 이 합의에도 불구하고 사태의 진전에 따라서는 양측 간에 새로운 대립이 일어날 소지가 있었다.

8월 21일에 소련 정부와 중국 정부가 남경에서 불가침 조약을 체결했다. 이때부터 소련은 1억 달러의 차관을 제공하고 군사고문단을 파견하는 등의 방식으로 국민당 정부를 적극 지원했다. 22일에는 장개석이 홍군에 국민혁명군 팔로군(八路軍)으로 개편하도록 명령했다.

일본군의 화북 공격은 순조로운 편이었으나 산서(山西) 지역에서는 강한 저항을 받았다. 9월에 임표(林彪)가 이끄는 팔로군 115사단과 하룡(賀龍)이 지휘하는 120사단이 평형관(平型關)에서 일본군 1개 여단을 매복공격해 섬멸하는 전과를 올렸다. 이는 팔로군이 대일본전에서 거둔 최초의 승리였고, 중국 공산당은 이 승리를 크게 선전했다.

9월 22일에 중국 공산당이 '정성단결 일치항적 선언(精誠團結 一致抗敵 宣言)'을 발표하고 그 다음날인 23일 장개석이 이 선언을 받아들이는 담화를 발표함으로써 2차 국공합작이 마무리되었다.

10월에는 위입황(衛立煌)의 지휘 아래 중앙군과 산서군이 일본군 제5사 단에 맞서 격렬한 전투를 전개했다. 이 전투는 화북에서 치러진 초기의 전투 가운데 가장 격렬한 것이었다. 이때 팔로군도 유격부대로 나서서 일본군의 보 급로를 차단하고 비행장을 파괴함으로써 국공 양군의 협력이 이루어졌다. 이 전투로 일본군의 진격은 1개월 정도 지연됐다.

10월 5일 프랭클린 델러노 루스벨트(Franklin Delano Roosevelt) 미국 대 통령은 시카고에서 행한 연설에서 침략국들의 침략행위를 비난하고 이들 나라 는 '격리' 돼야 한다고 주장했다. 침략국들을 명시하지는 않았지만 독일, 이탈 리아, 일본을 지칭한다는 것은 쉽게 알 수 있었다. 이 연설은 방역연설(防疫演 說, Quarantine Speech, '격리연설' 이라고도 한다)이라고 불린다.

그러나 미국 내에서는 이 연설로 인해 오히려 고립주의 여론만 강화됐다. 언론재벌 허스트(Hearst) 가문의 신문들이 특히 강도 높게 비난했다. 1937년 7 월에 실시된 한 여론조사에서 미국의 외교정책에 대해 관심을 표명한 응답자 가운데 70%가 미국이 1차 세계대전에 참전한 것을 비극적인 과오로 보고 있는 것으로 나타났다. 미국이 1차 세계대전에 참전하게 된 것은 무기제조업자, 전 쟁모리배, 국제금융자본의 농간 때문이었다는 생각이 1930년대에 미국인들 사 이에 널리 퍼졌으므로 고립주의가 더욱 기반을 굳혔다.

화북을 포기한 장개석이 가장 중시한 지역은 상해였다. 상해전투는 중일 전쟁 초기에 최대의 병력이 투입된 전투였다. 장개석은 양자강 유역의 제3전 구(戰區) 사령장관을 스스로 겸임하고 직계 중앙군을 상해에 투입했다. 일본도 6개 사단을 투입했다. 일본군은 화력이 우세했음에도 많은 사상자(4만 472명 으로 집계됨)를 내고 11월에야 상해를 점령할 수 있었다. 그러나 국민군의 손실은 훨씬 더 커서 25만 명이 전사했다.

상해전투 이후 국민정부군은 궤멸되다시피 패주했고, 일본군은 추격하다가 12월 13일 남경을 점령했다. 국민당 정부는 무한 지역으로 퇴각했다. 일본군은 중국군을 포로로 하지 않는다는 방침을 세웠으므로 투항하는 중국군을 서슴지 않고 학살했고, 패잔병 소탕이란 명목으로 남경 시 안팎에서 민간인 학살을 자행했다. 당시 제16사단장이었던 나카지마 게사고(中島今朝吾)는 12월 13일 일기에 다음과 같이 썼다.

> 포로로 하지 않는다는 방침이기 때문에 모조리 처치해버리기로 정하기는 했지만 1천, 5천, 1만의 무리가 되다보면 무장해제시키는 일조차 할 수가 없다. … 후에 알게 된 바에 따르면 사사키(佐佐木) 부대에서 처리한 자가 약 1만 5천 명, 대평문(大平門)에서 수비하는 일개 중대장이 처리한 자가 약 1천 3백 명이었고, 선학문(仙鶴門) 부근에 집결한 자가 7천, 8천 명이었는데 아직도 속속 투항하여 온다. 이 7천, 8천 명을 처리하는 데는 상당히 큰 구덩이가 필요한데 좀처럼 그런 곳이 눈에 띄지 않는다. 한 가지 방안으로 1백, 2백 명씩으로 나눈 후 적당한 장소로 유인하여 처리할 예정이다.

2개월에 걸쳐 살육된 민간인의 수를 정확히 산출하기는 어렵지만, 전후에 열린 도쿄재판에서 12만 명으로 판결됐다. 사학자들은 20만 명 이상이 살해된 것으로 추정한다. 남경대학살은 중국인의 항일의지를 더욱 강화시켰으며, 세계에 알려져 일본의 고립을 초래했다.

고노에 내각은 계속적인 승리에 고무되어 새로운 작전을 승인해주고 있었으나, 일본군 참모본부의 많은 장교들은 중일전쟁의 확대에 반대했다. 만주사변의 장본인인 이사하라마저도 전선의 확대에 반대했다. 그들은 중국과 전면전을 수행하기에는 경제적으로 준비가 돼있지 않으며, 전쟁이 장기화하면

(위) 남경에 진입하는 일본군
(아래) 중국 민간인을 참수하는 일본군

소련과 전쟁을 하기 위한 준비에 차질이 빚어질 것을 우려했다. 일본군 참모본부는 1938년 2월 16일에 대본영(1937년 11월 21일에 러일전쟁 이래 처음으로 대본영이 다시 설치됐다)의 어선회의를 열어 '전선 불확대 방침'을 확인했다. 그러나 중국 주둔 일본군의 독주로 이 방침은 곧 파탄 났다.

1938년 3월에 중지파견군(中支派遣軍)으로 재편성된 일본군은 태아장(台兒莊)에 침입했다. 이에 손연중(孫連仲)의 제2집단군과 탕은백(湯恩伯)의 제20집단군은 14일간의 격전 끝에 일본군을 격퇴했다. 일본군 측의 통계로도 이때

136

'지구전에 관하여'라는 강연을 할 무렵의 모택동

일본군은 1216명이 전사하고 1만 명이 부상당하는 피해를 입었다. 중국 측은 태아장 전투의 승리를 널리 선전했고, 이에 따라 중국인들의 항전의식을 크게 고취됐다. 이 전투에서 중국 측은 방어전, 진지전에 치중하던 그 전과 달리 적극적인 진공작전과 운동전을 채용했고, 일본군 후방에서는 팔로군이 호응했다.

일본 대본영은 태아장 전투의 패배를 설욕하기 위해 6개 사단을 동원해서 화북과 화남을 잇는 요충지인 서주(徐州)를 공격했다. 포위상태가 된 중국군은 5월 15일 소부대 단위로 포위망을 뚫고 서남방으로 퇴각했다. 일본군은 5월 19일 서주를 점령했다.

서주가 함락된 직후인 5월 26일부터 6월 3일까지 모택동은 연안(延安)에서 '지구전(持久戰)에 관하여'라는 제목의 강연을 하면서 중일전쟁에 대해 전망했다. 그는 이 이상 싸우면 망한다면서 대일 타협으로 기울어지는 '망국론', 3개월만 싸우면 국제정세가 바뀌고 소련이 틀림없이 출병하여 결말이 날 것이라고 생각하는 외세의존적 태도, 평형관과 태아장에서의 승리에 도취한 '속승론'을 비판하고, 이 전쟁은 지구전이고 최후의 승리는 중국의 것이라고 주장했다. 이 강연의 요점은 다음과 같다.

일본은 세계 유수의 강력한 제국주의 국가로서 군사력, 경제력, 정치조직
에서 반식민지, 반봉건의 중국을 능가한다. 그러나 오늘날 중국의 해방전
쟁은 역사의 방향을 따르는 정의의 전쟁이기 때문에 전국의 단결을 불러
일으키고 국제적인 지원을 받을 수 있다. 또한 중국에는 장기전을 버틸 수
있게 해주는 광대한 국토와 인구가 있다. 이런 조건은 모두 일본과는 정반
대다. 따라서 전쟁은 3단계를 거칠 것이다.

제1단계: 적은 전략적 공격을 하고 우리 편은 전략적 방어를 하는 단계.
적은 강력한 군사력을 이용해 난주, 무한, 광주까지 공략할지도 모르지만
그 이상은 전진하지 못하고 재정, 경제, 군사 등 각 부문에서 막히게 될 것
이다.

제2단계: 전략적 대치가 이루어지는 단계. 적은 점령지에 괴뢰정권을 조
직할 것이며 동요분자도 나오게 될 것이다. 그러나 전 인민을 동원한 유격
전이 적을 소모시킬 것이다. 국제적으로도 적은 더욱 더 고립될 것이다.
이 시기는 가장 어려운 때일 것이나 항전을 견지하고 통일전선을 지키며
지구전을 계속할 수 있다면 약함을 강함으로 전환시킬 수 있을 것이다.

제3단계: 실지를 회복하는 반공(反攻)의 단계: 적은 전력을 거의 소모했을
것이므로 그동안 충분히 힘을 축적한 우리 편은 적을 압록강 건너편으로
쫓아내고 이 전쟁을 끝낼 수 있게 될 것이다.

전략요충지인 서주를 점령한 일본은 진포선(津浦線)과 농해선(隴海線)을
장악하게 됐고, 이로써 남북의 전장이 연결되어 작전상 유리한 위치에 섰다.
이에 일본은 '전쟁을 종결시킬 최대의 기회'가 왔다고 여기고 무한(武漢)작전
과 광주(廣州)작전을 벌이기로 결정했다. 무한작전은 양자강과 황하 사이의 주

요 지역을 장악하기 위한 것이었고, 광주작전은 해외원조, 특히 영국의 원조를 차단하기 위한 것이었다.

무한작전을 앞두고 장고봉(張鼓峰) 사건(소련에서는 이것을 하산 호 (Lake Khasan) 사건이라고 부른다)이 일어났다. 만주사변으로 인해 소련과 일본간 국경선의 길이가 크게 늘어났는데 불명확한 곳이 많았으므로 분쟁의 소지가 컸다. 1937년부터 스탈린은 군부를 대대적으로 숙청하고 있었는데 특히 군내 신망이 높은 투하체프스키 원수를 총살하여 군이 심하게 동요했다. 그 여파로 동시베리아 비밀경찰 간부인 류시코프가 만주국으로 탈출하는 사건이 일어났다. 이 일로 소련은 국경선의 경비를 강화해야 한다고 생각하고 장고봉에 진지를 구축했다. 장고봉은 두만강 하류 지역에 있는 작은 산으로 조선과 소련의 국경선에 근접해 있다.

1938년 7월에 조선 주둔 일본군은 소련군이 장고봉에 진지를 구축했다는 사실을 대본영에 보고했다. 대본영은 무한 공략전투를 앞두고 소련이 본격적인 대일본전에 나서지 않으리라는 확증을 얻기 위해 조선 주둔 19사단에 장고

장고봉에 소련 깃발을 꽂고 있는 소련 장병

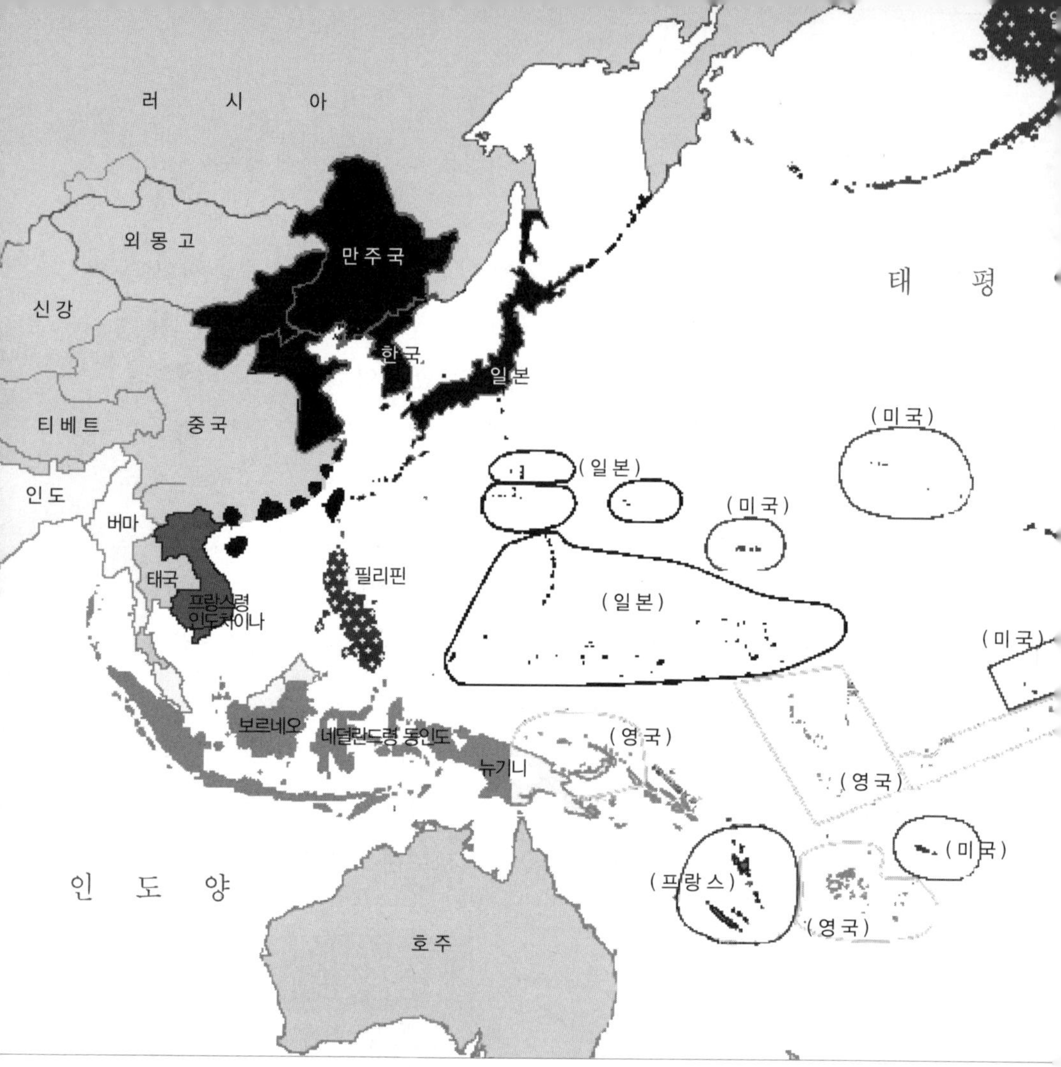

봉을 공격하라고 명령했다. 7월 30일 본격적인 전투가 시작됐는데 8월 6일 소련군이 항공기와 기계화 부대를 동원하여 맞서고 나서서 19사단은 고전했다.

상황이 급박해지자 모스크바에서 소련과 일본 사이에 급히 교섭이 이루어졌고, 8월 11일 정오를 기하여 소련군과 일본군이 현재의 위치에서 군사행동을 중지한다는 결정이 내려졌다. 소련은 스스로 주장하는 국경선 너머로는 군대를 진출시키지 않았고, 이로써 소련이 본격적으로 일본과 전쟁을 할 의도가 없음이 분명해졌다.

140

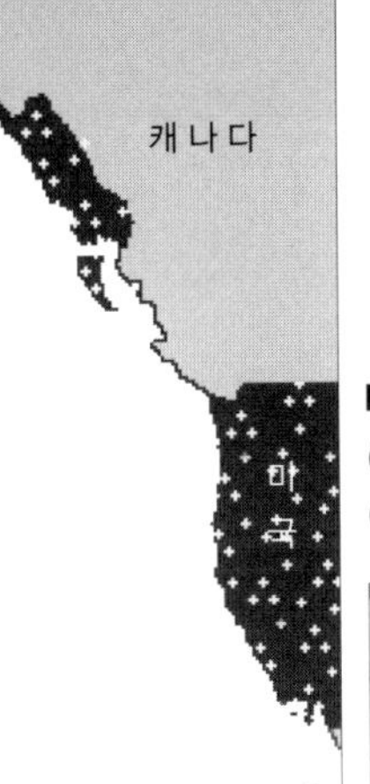

(왼쪽) 1939년의 9월 아시아태평양 지역의 세력 배치
(아래) 1940년 일본의 중국진출 범위

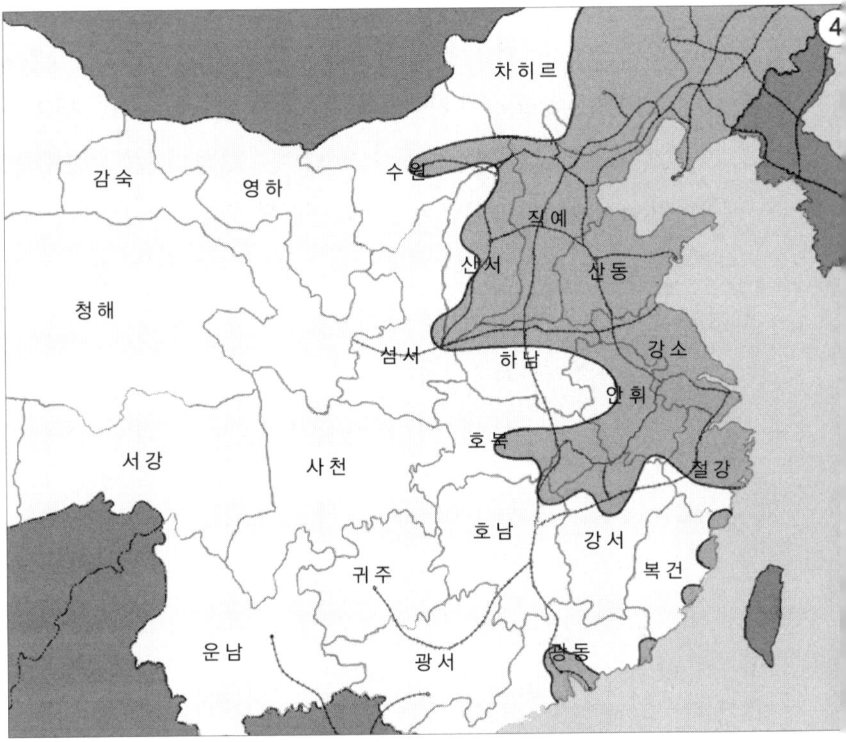

일본은 무한과 광주를 공략하기 위해 단일 전투로는 최대 규모인 14개 사단, 30만 명의 병력을 투입했다. 대본영은 대소련 작전에 투입하기로 예정한 병력(24개 사단)은 그동안 중국전선에 투입하지 않았으나 이때에는 이 병력도 일부 동원했다. 한편 무한을 방위하는 문제를 놓고 국공간 대립이 나타나기도 했다. 장개석은 민중을 무장시키자는 중국 공산당의 주장에 반대했다.

장고봉 사건이 해결된 뒤인 8월 22일에 대본영은 중지파견군에 무한을 공격하라는 명령을 내렸고, 10월 27에 무한이 함락됐다(광주는 21일에 이미 함락됐다). 장개석은 '무한 철퇴'를 선언하고 내지에서의 건설과 장기항전을 강조하며 필승을 주장했다. 국민당 정부는 오지인 사천성의 중경(重慶)으로 옮겨갔다. 무한과 광주를 함락함으로써 일본군은 중국 전체의 3분의 1을 장악하게 됐고, 중국에 배치된 일본군 병력은 24개 사단 100만 명에 이르렀다.

　　그러나 일본군은 더 이상 공격할 여력이 없는 탓에 11월 18일 더 이상 전선을 확대하지 않고 장기 지구전 태세를 강화한다는 '소화 13년(1938) 추계 이후 전쟁지도 방침'을 결정했다. 속전속결이 가능하리라고 봤던 전쟁 초기의 예상이 빗나감에 따라 일본군은 광대한 전선에 걸쳐 장기전에 돌입해야 했다. 중국군은 일본군의 포병이나 기계화 부대가 힘을 발휘하지 못하는 내지의 언덕이나 산에 진을 쳤고, 이러한 대치상황이 오래 지속됐다. 일본은 국민정부의 영역에 대한 경제봉쇄를 강화했다.

10장

뮌헨 협정

오스트리아는 인구의 96%가 독일어를 사용하고 있었으나, 베르사유 조약은 독일과 오스트리아의 합방을 금지했다. 1936년 7월에 체결된 독일—오스트리아 협정에는 오스트리아의 독립을 보장한다고 규정됐다. 그러나 이 협정이 체결된 뒤에 오스트리아 나치당은 공공연하게 독일과의 통합을 주장했다.

1938년 1월 오스트리아의 경찰은 나치 당원의 쿠데타 음모를 적발했다고 발표했다. 오스트리아의 수상인 슈슈니크(Kurt Schuschnigg)는 이 문제를 독일 대사와 상의했고, 독일 대사는 히틀러와의 회담을 주선했다. 2월에 열린 회담에서 히틀러는 슈슈니크에게 오스트리아 나치당원 자이스인크바르트(Seyss-Inquart)를 내무부 장관에 임명하라는 최후통첩을 전달했다. 슈슈니크는 이를 받아들이지 않을 수 없었다. 이에 따라 오스트리아 경찰은 독일 추종자인 자이스인크바르트의 지휘를 받게 됐다.

슈슈니크는 더 이상 양보하지 않기로 결심하고 3월 9일 오스트리아의 독립에 대한 국민투표를 실시하겠다고 발표했다. 국민투표가 실시되면 그 결과가 독일에 유리하지 않을 것이 분명했으므로 히틀러는 무력개입을 하기로 결심했다.

빈에 입성하는 독일군과 환영인파

　3월 11일 오스트리아의 내무부 장관 자이스인크바르트는 슈슈니크 수상에게 국민투표를 중지할 것을 요구했고, 이날 오후에 열린 각료회의에서 국민투표를 취소한다는 결정이 내려졌다. 히틀러는 전화로 슈슈니크 수상의 사임을 요구했다. 슈슈니크가 사직서를 제출했으나 미클라스(W. Miklas) 오스트리아 대통령이 받아들이려고 하지 않았다. 그러자 히틀러가 오스트리아를 침공하겠다고 협박했고, 오후 11시가 되어서야 미클라스 대통령이 슈슈니크의 수상 사직서를 받아들였다.

　12일 자이스인크바르트가 수상이 됐고, 그는 곧바로 혼란을 수습한다는 명분을 내세워 독일의 개입을 요청했다. 이날 자정에 독일군이 국경을 넘어 빈에 입성했는데 환영하는 오스트리아인이 많았다.

　13일 자이스인크바르트는 오스트리아를 독일에 합병한다고 발표했고, 4

월 10일 실시된 국민투표에서 압도적인 찬성률로 합병이 확정됐다.

1차 세계대전의 결과로 오스트리아—헝가리제국이 붕괴하자 체코인과 슬로바키아인으로 구성된 체코슬로바키아 공화국이 탄생했다. 이 신생독립국에는 1000만 명에 이르는 체코인과 슬로바키아인 말고도 100만 명에 가까운 헝가리인, 50만 명의 루테니아인, 8만 명의 폴란드 인, 300만 명이 넘는 독일인이 살고 있었다. 그 가운데 독일과 오스트리아에 인접한 주데텐란트에 살고 있었던 독일인들은 오스트리아—헝가리제국이 붕괴하면서 자신들이 슬라브계 국가인 체코슬로바키아 공화국에 편입된 것에 대해 처음부터 크게 반발했다.

주데텐란트는 체코슬로바키아에서 가장 선진적인 공업지대였고, 주요 요새들이 설치된 곳이었다. 주데텐란트에는 독일인의 이익을 대변하는 정당이 여럿 있었는데, 그 가운데 특히 주데텐독일당(Sudeten Deutsche Partei)의 세력이 가장 컸다.

체코슬로바키아는 독일에 위협적인 존재였다. 체코슬로바키아는 지리적으로는 베를린과 독일의 공업중심지를 공습할 수 있는 위치에 있었고, 자체 군수공장에서 생산된 무기로 무장된 20만 명의 군대를 가지고 있었다. 히틀러는 체코슬로바키아를 '유럽 중심부에 위치한 프랑스 항공모함' 이라고 불렀다. 히틀러는 주데텐독일당을 통해 체코슬로바키아 문제를 해결하려고 했다. 히틀러는 오스트리아에 독일군을 진주시킨 다음에 곧바로 주데텐독일당의 지도부를 베를린으로 초대했다. 3월 28일에 열린 회담에서 히틀러는 주데텐독일당의 지도자인 헨라인(Konrad Henlein)에게 체코슬로바키아 정부가 수락할 수 없는 요구를 주데텐독일당이 제출할 것을 종용했다.

4월 12일 카를스바트(Karlsbad)에서 주데텐독일당의 전당대회가 열렸다. 여기서 당 지도자인 헨라인은 독일인 자치정부의 수립을 승인할 것 등 8개 항을 체코슬로바키아 정부에 요구했다. 체코슬로바키아의 베네시 정부는 이를 단호히 거부했다.

5월 22일 체코슬로바키아에서 지방선거가 실시됐는데, 그 전의 선거운동 기간에 체코인과 주데텐란트의 독일인 사이에 심각한 충돌이 일어났다. 5월 20일 독일군이 보헤미아 지방에 집결했다는 보고가 들어오자 베네시 대통령은 부분적인 군 동원령을 내렸다. 영국, 프랑스, 소련은 체코슬로바키아를 방위하겠다는 뜻을 히틀러에게 통고했다. 히틀러는 일단 물러섰으나, 군의 최고사령관인 카이텔(Wilhelm Keitel)에게 10월 1일에 체코슬로바키아를 침공할 준비를 갖추라고 명령했다.

체코슬로바키아는 프랑스—체코슬로바키아 조약(1924년 1월 체결)과 소련—체코슬로바키아 조약(1935년 5월 체결)에 의해 안보를 보장받고 있었다. 프랑스—체코슬로바키아 조약은 체코슬로바키아가 도발하지 않았는데도 독일이 체코슬로바키아를 침공할 경우에 프랑스는 자동적으로 체코슬로바키아를 지원한다고 규정했다. 소련—체코슬로바키아 조약은 프랑스가 체코슬로바키아를 지원할 경우에는 소련도 체코슬로바키아를 지원한다고 규정했다. 따라서 유사시에 체코슬로바키아가 외국의 지원을 받게 될 것인지의 여부를 가를 열쇠는 프랑스가 쥐고 있었다. 그런데 프랑스는 영국의 지원 없이는 중부 유럽의 문제에 개입하지 않겠다는 입장이었다. 5월 22일 프랑스 주재 영국 대사인 피프스(E. C. E. Phipps)는 체코슬로바키아 문제로 유럽에서 전쟁이 일어나는 것을 바라지 않는다는 영국 정부의 입장을 프랑스 정부에 전달했다.

프랑스와 영국의 압력으로 베네시 대통령은 헨라인과 협상하기로 했다. 이에 따라 6월 23일 베네시가 헨라인과 회담했으나, 헨라인이 타협을 거부해서 성과를 내지는 못했다.

교착상태를 타개하기 위해 영국은 8월 초에 런시먼(Walter Runciman) 경을 '중재자 겸 자문관'으로 체코슬로바키아에 파견했다. 런시먼 경이 이끄는 영국 사절단의 압력을 받은 베네시는 주데텐독일당에 많은 양보를 했으나, 헨라인은 카를스바트 전당대회에서 제시한 요구사항을 모두 들어주고 체코슬로바키아가 프랑스 및 소련과 맺은 조약을 파기하라고 계속 요구했다.

9월 5일 베네시는 프랑스와 영국의 지원을 확보하려는 의도에서 헨라인이 요구한 8개항 중 7개항을 받아들이는 방안을 런시먼에게 제의했다. 이 협상안은 9월 7일 주데텐독일당에 전달됐다. 히틀러는 베네시의 갑작스러운 양보에 당황했고, 헨라인은 협상을 결렬시켰다. 헨라인은 베네시의 양보를 받아들이지 않으면서 주데텐란트에 완전한 자결권이 부여돼야 한다고 주장했다.

9월 12일 긴장이 고조된 가운데 히틀러가 뉘른베르크에서 나치 전당대회를 열었다. 이날 히틀러의 연설은 라디오로 생중계됐다. 히틀러는 주데텐란트 지역의 독일인이 체코슬로바키아 정부의 박해를 받고 있으며, 독일 정부는 박해를 받고 있는 독일인을 보호하지 않을 수 없다고 주장했다. 그는 이렇게 말했다. "이것은 독일 민중의 문제다. 나는 타국 정치인들이 독일의 심장부에 제2의 팔레스타인을 만드는 것을 허용할 의향이 없다. … 체코슬로바키아에 있는 독일인은 결코 무방비 상태에 있거나 버림받은 것이 아니다."

그 다음날부터 체코슬로바키아의 소요사태는 더욱 심해져 치안질서가 마비될 지경이었다. 사태가 심각해지자 런시먼은 대화를 할 단계가 지났다고 선언하고 귀국했다. 영국의 네빌 체임벌린(Neville Chamberlain) 수상은 최후의 수단으로 히틀러에게 직접 만나 문제를 해결하자고 제의했다.

9월 15일 독일의 베르흐테스가덴(Berchtesgaden)에 있는 산장에서 체임벌린과 히틀러가 회담했다. 히틀러는 무슨 일이 있어도 주데텐란트는 독일에 합병돼야 한다고 주장했다. 체임벌린은 개인적으로는 독일의 주데텐란트 병합을 찬성하지만 영국 정부와 프랑스 정부와 협의해야 할 사안이라고 대답했다. 체임벌린은 독일의 목적이 주데텐란트 병합에 국한된 것인지, 아니면 체코슬로바키아의 해체인지를 질문했다. 히틀러는 체코슬로바키아에 거주하고 있는 폴란드인, 헝가리인, 우크라이나인이 주데텐란트 지역의 독일인과 비슷한 생각을 하고 있을 것이고 장기적으로는 그들의 요구를 무시할 수 없겠지만 자신은 그들의 대변인이 아니라고 모호하게 답변했다.

체임벌린이 귀국한 뒤에 영국 정부는 독일의 주데텐란트 병합을 원칙적으로 인정하는 방향으로 의견을 모았다. 그러나 프랑스 정부에서는 의견이 나누어졌다. 폴 레노 국방부 장관과 조르주 망델 내무부 장관은 강경한 입장인 반면에 조르주 보네 외무부 장관은 독일에 양보하자고 주장했다. 군부에서도 의견이 엇갈려 모리스―귀스타브 가믈랭 육군 참모총장은 독일에 맞서야 한다는 입장인 반면에 쥘 비유맹 공군 참모총장은 프랑스 공군은 아직 싸울 준비가 돼있지 않으므로 독일에 양보해야 한다고 주장했다.

9월 18일 런던에서 영국 수상 체임벌린과 프랑스 수상 달라디에(Edouard Daladier)가 회담했는데, 이 자리에서 체코슬로바키아 사태가 논의됐다. 19일 오후 영국 정부와 프랑스 정부는 독일어 사용자가 주민의 50% 이상인 지역은 독일에 할양하는 방안을 체코슬로바키아 정부에 제안하기로 합의했다.

이에 대해 9월 20일 체코슬로바키아 정부는 국민투표를 거치지 않고 영토를 할양하는 것은 비민주적인 절차이므로 항의하기로 결정하고, 1925년에 체결된 독일―체코슬로바키아 중재조약에 따른 해결방법에 기초한 교섭을 제의했다.

9월 21일 새벽 2시 15분 영국과 프랑스는 체코슬로바키아가 영토 할양에 관한 제안을 받아들이지 않으면 더 이상 지원할 수 없다는 내용의 최후통첩을 체코슬로바키아 정부에 전달했다. 이날 오후 체코슬로바키아 정부는 "우리는 홀로 남겨졌으므로 선택의 여지가 없다"면서 영국과 프랑스의 제안을 받아들인다고 발표했다.

9월 22일 히틀러와 체임벌린은 독일의 고데스베르크(Godesberg)에서 회담했다. 히틀러는 체코슬로바키아 정부가 과거 20년 동안 독일인에 대해 저지른 불법행위에 대해서는 물론이고 폴란드인과 헝가리인에 대해 저지른 불법행위에 대해서도 보상할 것을 요구했다. 회담은 아무런 결론 없이 끝났고, 체임벌린은 24일 귀국했다.

프랑스 정부는 "한 국민이 교살당하는 것"에 동의할 수 없다고 결정하고 독일에 대해 강경한 입장을 표명했다. 이에 영국 정부는 전쟁이 일어나면 프랑스를 지원하겠다고 약속했다.

9월 26일 히틀러는 체코슬로바키아가 양보하지 않으면 즉각 침공하겠다고 위협했다. 이에 소련은 프랑스가 체코슬로바키아와의 동맹을 준수한다면 지원하기로 한 약속을 이행하겠다고 공언했다.

27일 히틀러는 태도를 바꾸어 매우 유화적인 내용의 서신을 체임벌린에게 보냈다. 이에 영국과 프랑스는 다시 온건한 자세를 취했다.

28일 오전 이탈리아의 독재자 무솔리니(Benito Mussolini)는 독일에 관계 국가 회의를 제안했고, 이에 따라 29일 뮌헨에서 영국, 프랑스, 독일, 이탈리아의 수뇌들이 참석한 가운데 회의가 열렸다. 이들은 30일 새벽 1시에 합의에 도달했고, 협정은 29일자로 체결했다. 그 주요 내용은 다음과 같다.

(1) 주데텐란트 할양은 1938년 10월 1~10일에 실시한다.

(2) 할양의 조건은 국제위원회에서 결정한다. 이 위원회는 영국, 프랑스, 독일, 이탈리아, 체코슬로바키아의 대표들로 구성한다.

(3) 국제위원회는 어느 지역에서 주민투표가 필요한지를 결정한다. 또한 국경선 설정에 대해서도 결정한다.

(4) 주데텐란트를 할양할 때 현지의 모든 시설을 그대로 이양한다.

(5) 영국과 프랑스는 체코슬로바키아가 도발하지 않았는데 공격을 받는 경우에 위의 새로운 국경을 보장한다.

(6) 독일과 이탈리아는 체코슬로바키아 내의 폴란드인과 헝가리인의 소수민족 문제가 해결된 다음에 체코슬로바키아의 새로운 국경을 보장한다.

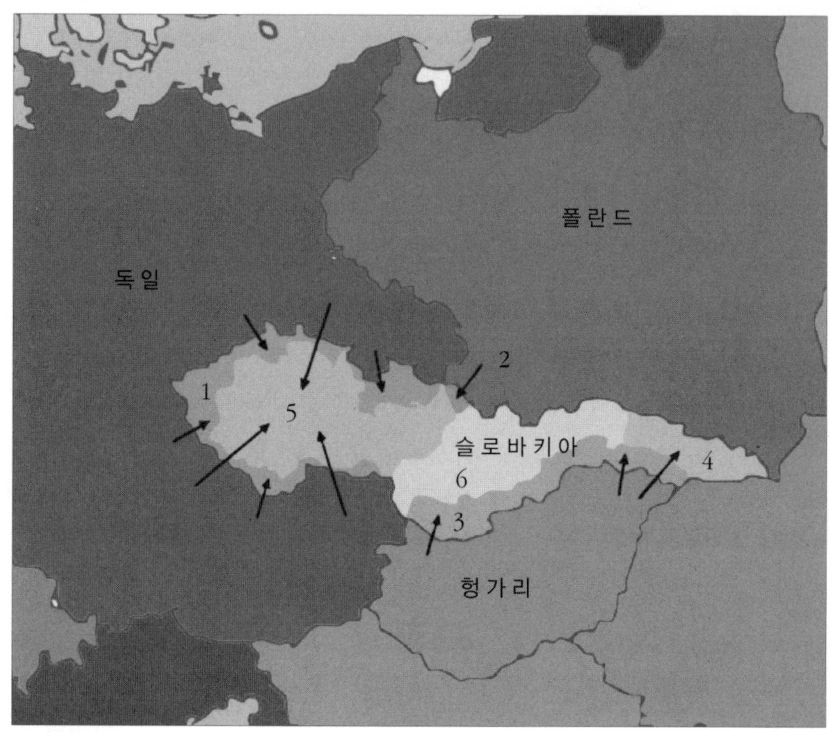

뮌헨협정에 따른 체코슬로바키아의 분할

1. 주데텐란트가 독일에 병합됨 (1938년 10월) 2. 체코의 자올지에가 폴란드에 병합됨 (1938년 10월)
3. 헝가리 민족이 거주하는 국경지역이 헝가리에 병합됨 (1938년 11월) 4. 카르파티아 산맥의 루테니아
민족 거주지역이 헝가리에 병합됨 (1939년 3월) 5. 체코의 나머지 영토는 독일의 보호령이 됨 6. 슬로
바키아는 독일의 위성국가가 됨

이 뮌헨협정은 히틀러가 고데스베르크에서 요구했던 것을 모두 수용한 것이었다. 체임벌린과 달라디에는 이 협정으로 체코슬로바키아를 구제할 수 있게 되고 평화를 지키게 되었다고 믿었지만 히틀러는 영국과 프랑스가 체코슬로바키아를 자신에게 맡긴 것이라고 믿었다. 영국 국민은 뮌헨협정에 갈채를 보냈으나 윈스턴 처칠(Winston Churchill) 의원은 "영국과 프랑스의 목전에 엄청난 재앙이 닥쳐왔다"고 말했다.

뮌헨협정에 조인하기 직전의 네빌 체임벌린 영국 수상, 에두아르 달라디에 프랑스 수상, 아돌프 히틀러 독일 총통, 베니토 무솔리니 이탈리아 수상, 갈레아초 치아노 이탈리아 외상

10월 5일 체코슬로바키아의 베네시 대통령이 사임하고 망명길에 올랐다. 후임으로 에밀 하하(Emil Hacha)가 대통령이 됐다.

히틀러는 체코슬로바키아 전부를 흡수하려고 공작을 벌였다. 1939년 3월 14일 히틀러의 사주를 받은 슬로바키아와 루테니아가 독립을 선언했다. 이날 히틀러는 하하를 베를린으로 불러 체코군이 무기를 버리지 않으면 프라하를 공습하겠다고 협박했다. 심장마비를 일으킨 하하는 히틀러 주치의의 도움으로 살아났다.

3월 15일 하하는 공동성명서에 서명했다. 그 내용은 체코 대통령이 체코

국가의 운명을 독일 총통에게 맡기고, 독일 총통은 이를 수락한다는 것이었다. 이로부터 24시간이 지나지 않아 독일군이 프라하를 점령했다. 히틀러는 "이제 체코슬로바키아는 존재하지 않는다"고 선언했다.

그제야 비로소 영국과 프랑스는 그동안의 유화정책이 잘못된 것이었음을 깨달았다.

11장

할힌 골 전투

1939년 5월 향후 일본의 대소련 전쟁계획을 바꾸게 만든 할힌 골 전투가 벌어졌다. 이를 일본에서는 노몬한(Nomonhan) 전투라고 부른다.

할힌 골(Khalkhyn Gol)은 외몽고와 만주 사이를 지나는 강을 현지에서 부르는 이름이고, 영어로는 할하 강(Khalkha River)으로 불린다. 그리고 노몬한은 할힌 골 유역의 마을 이름이다. 몽고인민공화국과 만주국은 국경이 애매했기에 이곳에서 자주 분규가 일어났다. 일본은 할힌 골을 국경이라고 주장했지만, 몽고와 소련은 할힌 골에서 동쪽으로 16km 지점이 국경이라고 주장했다. 만주국의 서부지역은 신설된 일본 23사단과 만주국 군이 지키고 있었다. 소련에서는 57특수군단이 시베리아와 만주 사이의 국경을 지키고 있었고, 몽고에서는 기병여단과 포병부대가 국경을 수비하고 있었다. 몽고군은 기동력은 좋았으나 몽고의 인구 자체가 워낙 적어(대략 65만 명) 병력을 충분히 확보할 수 없었다. 몽고와 소련은 1936년에 상호 군사원조 협정을 체결했고, 이에 따라 소련이 몽고를 군사적으로 지원하고 있었다.

1939년 초에 일본 정부는 관동군에 몽고와 만주국 사이의 국경을 강화하고 요새화하라고 지시했다. 4월에 관동군이 국경분쟁 처리요강을 만들었는데,

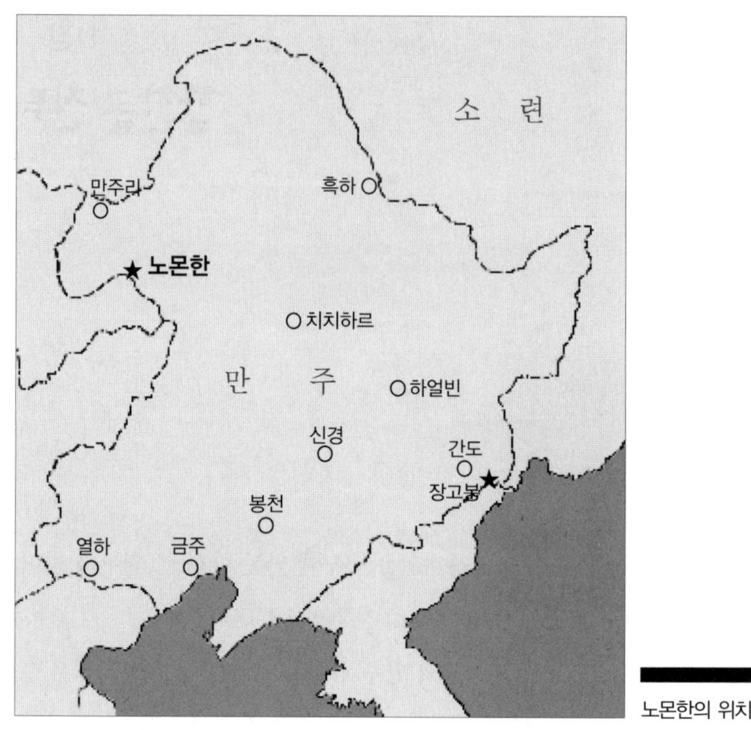

노몬한의 위치

그 내용을 보면 몽고군이 국경을 넘을 경우에는 제일선 부대가 국경을 넘어 추격해서 격퇴한다고 돼있었다.

5월 11일에 70~90명으로 구성된 몽고 기병대가 말에게 풀을 먹이려고 할힌 골을 건넜다. 그러자 만주국 기병대가 그들을 공격해 할힌 골 건너로 퇴각시켰다.

5월 13일에 몽고군이 병력을 증강하여 할힌 골을 건너왔는데 만주국 기병대는 그들을 격퇴하지 못했다. 관동군은 이를 국경 침범으로 규정하고 아즈마 야오조(東八百藏) 중령에게 출동을 명령했다. 5월 14일 동지대(東支隊: 23사단 수색대와 2개 보병중대로 구성)와 64연대(다케미쓰 야마가타 대령이 지휘)가 출동하자 몽고군이 철수하여 동지대도 철수했다. 그러나 몽고군과 소련군이 다시 진출하자 23사단장 고마쓰바라 미치타로(小松原道太郎)는 5월 21일 출동을 명령했다. 64연대, 동지대 등 등 모두 2082명의 병력이 출동했다. 5월 28일 소련군과 몽고군은 이들을 공격하여 큰 손실을 입혔다.

이후 양측은 할힌 골 유역에 병력을 증강 배치했다. 일본은 23사단과 7사단 등 병력 3만 명과 전차 135대를 배치했고, 소련의 스탈린은 주코프 장군을 군단장으로 임명하여 보냈다. 주코프는 스탈린에게 기계화사단의 투입을 요구해 허락을 받았다. 주코프는 6월 5일 할힌 골 유역에 도착했고, 곧 이어 소련은 공군도 증강시켰다.

6월 27일 일본 제2공군여단 폭격기들이 몽고의 탐사크불락 공군기지를 공습했다. 소련 공군이 2배의 피해를 입고 일본이 승리했으나, 이 공습은 관동군 사령부가 독단으로 실행한 것이었다. 일본 대본영은 황급히 더 이상 공습을 하지 말라고 지시했다.

관동군 사령부는 두 갈래로 공격을 계획했다. 그것은 (1) 23사단의 71연대, 72연대, 64연대와 7사단의 26연대는 할힌 골을 건너 베인트사간(Baintsagan) 고지를 공격하고 가와타마 다리로 진격하는 것과 (2) 제3, 제4 기갑연대 64연대의 일부, 24공병연대, 13 야포연대의 1개 대대는 야스오카 마사오미(安岡正臣)의 지휘 아래 할힌 골 동안과 홀스텐 강 북쪽에 위치한 소련군을 공격하는 것이었다. 그리고 이 두 갈래의 일본군이 소련군의 후방에서 만나 소련군을 포위하기로 했다.

7월 2일 23사단이 지상공격을 개시해 할힌 골을 건너 소련군을 베인트사간 고지에서 몰아내고 할힌 골 서안을 따라 진격했다. 주코프는 전차와 장갑차 450대로 반격했다. 소련 기갑부대는 보병의 지원 없이 일본군을 3면에서 공격해 거의 포위했다. 일본군은 할힌 골에 부교 1개만 설치했으므로 군수물자 보급에 문제가 있어 결국 7월 5일 강을 건너 철수했다.

2일 밤 야스오카가 지휘하는 부대도 공격을 시작했으나 기갑연대가 절반 이상의 전투장비를 파괴당하는 손실을 입고도 소련군의 수비선을 돌파하지 못했다. 7월 9일 소련군이 반격하고 나오자 야스오카는 퇴각했고, 이로 인해 그는 직위에서 해임됐다(야스오카는 1942~45년에 자바의 군정장관으로 근무하다가 일본이 항복한 뒤에 전범재판에서 사형선고를 받고 1948년 4월 12일 사형당하게 된다).

이후 2주간 소련군과 일본군은 할힌 골의 동안에서 계속해서 소규모 전투를 벌였다. 소련군은 보급기지로부터 750km나 떨어져 있었으나 트럭 2600대를 동원해 원활하게 군수물자를 보급한 반면에 일본군은 운송능력이 부족해서 극심한 물자부족에 시달렸다.

중일전쟁이 한창이었으므로 일본 대본영은 할힌 골 전투가 전면전으로 확대되는 것을 기피하여 외교적 해결을 모색했다. 그러나 관동군 사령부는 이런 대본영의 입장을 무시하고 7월 23일 23사단의 64연대와 72연대를 동원해 가와타마 다리를 수비하고 있는 소련군을 다시 공격했다. 지원에 나선 일본 포병부대는 불과 이틀 만에 보유 중이던 탄약의 50% 이상을 써버렸다. 일본군은 약간 전진하긴 했으나 소련의 수비선은 뚫지 못해 가와타마 다리에 이르지 못했다. 사상자가 늘어나고 포탄의 재고가 부족해지자 관동군은 7월 25일 공격을 중지했다. 이때까지 누적된 사상자는 5천 명이 넘었으나 아직도 관동군은 7만 5천 명의 병력에 수백 대의 군용기를 보유하고 있었다. 전투는 교착상태에 빠졌다.

주코프는 공세로 전환하기 위해 3개 전차여단과 2개 기계화여단을 편성하여 좌우익으로 나누어 배치했다. 이 밖에 주코프가 움직일 수 있는 군사력은 3개 소총사단, 2개 전차사단과 추가로 2개 전차여단(전차 총 498대), 2개 기계화보병사단과 전투기와 폭격기 250대였다. 몽고는 2개 기병사단을 투입했다.

관동군 사령부는 제6군을 편성하고 8월 24일을 예정으로 3차 공세를 준비했다. 그러나 이보다 먼저 8월 20일 주코프의 지휘 아래 소련과 몽고 연합군 5

만 명이 공세를 시작해 할힌 골을 건넜다. 이때 관동군은 23사단과 2개 장갑사단을 배치한 상태였다. 관동군은 소련군의 병력증강 규모를 탐지하지 못했다.

중앙에 배치된 소련군의 공격으로 관동군이 발이 묶인 동안에 좌우익에 배치된 소련군 전차여단과 기계화여단이 측면을 돌파해 후방에서 관동군을 공격했다. 관동군은 필사적으로 저항했다. 25일 소련군의 좌우익이 노몬한에서 만나 관동군 23사단을 완전히 포위했다. 26일 23사단을 구출하려는 관동군의 공격이 있었으나 실패했다. 27일 23사단은 포위망을 뚫으려 했으나 이 역시 실패했다. 23사단이 항복을 거부하자 주코프는 포격과 공습으로 소탕전을 벌였다. 31일 23사단이 거의 전멸함에 따라 전투는 끝났다. 23사단은 출동인원 1만 5975명 가운데 전사자, 부상자, 낙오병을 더해 1만 2230명의 병력손실을 입은 것으로 알려졌다. 나머지 부대는 노몬한의 동쪽으로 후퇴했다.

9월 1일 독일이 폴란드를 침공하면서 세계정세가 급변하자 일본 대본영은 공격중지와 후퇴를 명령하고 정전협정 교섭의 타결을 서둘렀다. 스탈린도 8월 23일 독일과 불가침조약을 체결하고 폴란드를 공격하기로 했으므로 할힌 골 전투의 확전을 피하려고 정전협상에 임했다.

9월 15일 모스크바에서 소련과 일본이 정전협정을 체결했고, 이 정전협정은 그 다음날부터 발효됐다. 일본 정부는 패전의 책임을 물어 관동군 사령관과 참모장을 예편시켰다.

할힌 골 전투에서 소련—몽고 연합군과 일본군이 입은 피해가 각각 어느 정도나 되는지는 정확히 알 수 없다. 일본군 사상자는 4만 5천 명 이상이고 소련군 사상자도 1만 7천 명이 넘는다는 추정도 있다. 일본이 공식으로 발표한 바에 따르면 전사자 8440명, 부상자 8766명이다. 소련 정부는 9284명의 사상자가 났다고 발표했다. 그러나 최근에 소련에서 해제된 기밀문서에 의하면 이 전투에서 소련군은 전사자 7974명, 부상자 1만 5251명에 이르는 피해를 입었다.

할힌 골 전투는 그다지 널리 알려지지는 않았으나 2차 세계대전에 크나큰 영향을 주었다. 일본 군부 안에서는 소련과 전쟁을 벌여 바이칼 호수 동쪽의 시베리아를 점령하자는 육군과 자원 확보를 위해 동남아시아를 점령하자는 해군이 대립했는데, 할힌 골에서의 패전으로 인해 소련과의 전면전에 대해 반대하는 견해가 힘을 얻었다. 일본 육군은 소련군의 뛰어난 기동력과 화력에 큰 충격을 받았다. 노몬한은 시베리아 횡단철도(1937년에 전 구간의 복선화가 완성됐다)에서 750km나 떨어져 있어 짧은 시간에 소련군의 병력이 대규모로 이곳에 집중되기란 불가능하다고 일본은 예상했으나, 소련은 신속하게 병력을 이곳으로 이동시켰다.

3부

2차대전과 독일, 일본의 세력확장

12장

독일과 소련의 폴란드 침략과
러시아-핀란드 전쟁

1939년 8월 23일 독일과 소련이 불가침조약을 체결해서 전 세계를 놀라게 했다. 국경을 맞대고 있지 않은 독일과 소련이 불가침조약을 체결한 것은 두 나라 사이에 있는 폴란드를 분할 점령하겠다는 의사를 노골적으로 표시한 것이었다. 실제로 독일과 소련의 불가침조약에는 따로 비밀의정서가 있었다. 그 내용은 독일과 소련이 폴란드를 분할 점령하고, 제정러시아의 영토였던 핀란드, 에스토니아, 라트비아는 소련의 영향권으로, 리투아니아는 독일의 영향권으로 각각 들어간다는 것이었다(소련은 1935년에 폴란드, 에스토니아, 라트비아와 불가침조약을 체결했었다).

1939년 9월 1일 새벽에 독일군은 56개 사단, 150만 명의 병력으로 폴란드에 대한 전격전(Blitzkrieg)을 개시했다. 독일군의 전투기와 급강하폭격기(슈투카)들이 개전한 지 몇 시간 만에 폴란드의 공군기 500대를 궤멸시켰고(대부분 이륙도 해보지 못하고 지상에서 파괴됐다), 독일 육군은 세 방향으로 진격했다. 영국과 프랑스는 9월 3일 독일에 선전포고했지만 실제로 독일을 공격하지는 않았으므로 폴란드에는 그것이 아무런 의미도 없었다(1938년 9월 30일에 뮌헨협정이 체결되는 것과 동시에 영국과 독일은 불가침조약을 체결했다.

슈투카

1938년 12월 6일에는 프랑스와 독일이 불가침조약을 체결했다. 그러나 2차대전 때 10개 가까운 불가침조약이 깨져 불가침조약의 한계가 드러났다).

독일군의 공격이 보여준 속도와 효율성은 폴란드의 지상군을 완전히 혼란에 빠뜨렸다. 폴란드는 30개 보병사단, 12개 기병여단, 1개 장갑사단, 30개 예비 보병사단을 보유하고 있었다. 1개 사단의 병력규모는 1만 2천~2만 5천 명이었다. 폴란드는 모두 100만 명이나 되는 병력을 동원했으나 지휘계통이 붕괴됐고, 많은 부대들이 집결지에 도착하지도 못했다. 폴란드군이 용감하게 싸우기는 했으나 뒤떨어진 전술과 무기로 인해 독일군의 적수가 되지는 못했다(폴란드 기병여단이 독일군 탱크부대를 창으로 공격하는 일까지 있었다).

9월 14일 폴란드의 수도 바르샤바가 고립됐고, 17일에는 이틀 전에 일본과 정전협정을 체결한 소련이 폴란드 동부를 침입했다.

18일에는 폴란드의 정부와 최고사령부가 루마니아 쪽 국경을 넘어 망명길에 올랐다. 27일 독일군이 바르샤바를 점령했다. 바르샤바의 방송국은 폴란드의 국가를 방송하는 것을 끝으로 전파를 끊었다. 폴란드군의 일부 부대에 의한 저항이 10월 초까지 계속되긴 했지만, 전쟁은 사실상 이때 끝났다. 독일군은 69만 4천 명의 폴란드 병사들을 포로로 잡았다. 독일군의 피해는 실종자 1만 3981명과 사상자 3만 322명으로 비교적 적었다. 소련의 붉은 군대도 9월 말까지 폴란드 병사 23만 명을 포로로 잡았다.

9월 28일 독일과 소련은 폴란드 분할에 대한 협상을 매듭짓고 2차 비밀의정서를 체결했다. 이때 히틀러는 리투아니아가 독일권역의 일부라는 주장을 포기했다. 10월 10일 소련은 에스토니아, 라트비아, 리투아니아 등 발트해 연안 3개국에 소련군의 주둔을 받아들이도록 강요했다. 핀란드에는 영토교환을 제의했다. 그러나 핀란드 정부는 단호히 거절했다.

11월 30일 에스토니아에서 이륙한 소련 공군기들이 핀란드의 헬싱키와 비푸리를 폭격했고, 이어 소련군 25개 사단 54만 명의 병력이 핀란드 국경을 넘었다. 이것이 소련이 '겨울전쟁'이라고 부르게 되는 러시아—핀란드 전쟁의 시작이었다(소련은 1935년에 핀란드와도 불가침조약을 체결한 바 있다).

핀란드군은 10개 사단 20만 명의 병력을 갖고 있었다. 하지만 핀란드군이 보유하고 있는 장비는 1차대전이 끝난 뒤에 유럽 각국이 고철로 매각하는 것을

전격전(電擊戰, Blitzkrieg, Lightning war)

우세한 화력으로 적을 신속히 기습 공격해서 적진을 교란시키고 적에게 심리적 충격을 가하는 군사작전. 1938년의 스페인 내전과 1939년의 폴란드 침공 때 독일군이 시도했고, 지상군과 공군의 합동작전으로 그 위력을 입증했다. 전격전의 핵심은 물리적 힘으로 적을 압도하는 것이 아니라 적의 방어능력을 무력화시키기 위해 공격력을 통합해 특정 지역에 화력을 집중적으로 퍼붓는 것이다. 독일이 사용한 전술은 탱크, 급강하폭격기, 자주포 등으로 무장한 전투부대가 좁은 전방을 재빨리 공격해 적의 주요 전투형태를 무너뜨리는 것이었다. 그 뒤에는 장갑차가 넓은 범위에 걸쳐 일제히 진격해서 적군이 이동하기 어렵게 만들었다. 이 전술은 속전속결이 되기 쉬워 공격하는 측에서는 물론이고 공격당하는 측에서도 인명과 군사장비의 손실이 비교적 적게 난다. 사상자보다 포로가 많이 발생한다. 2차 세계대전 때 주로 독일군이 이 전술을 썼고, 1967년 6월의 6일전쟁 때 이스라엘이 지상군과 공군의 합동작전으로 이집트와 시리아를 공격한 것도 전격전의 사례.

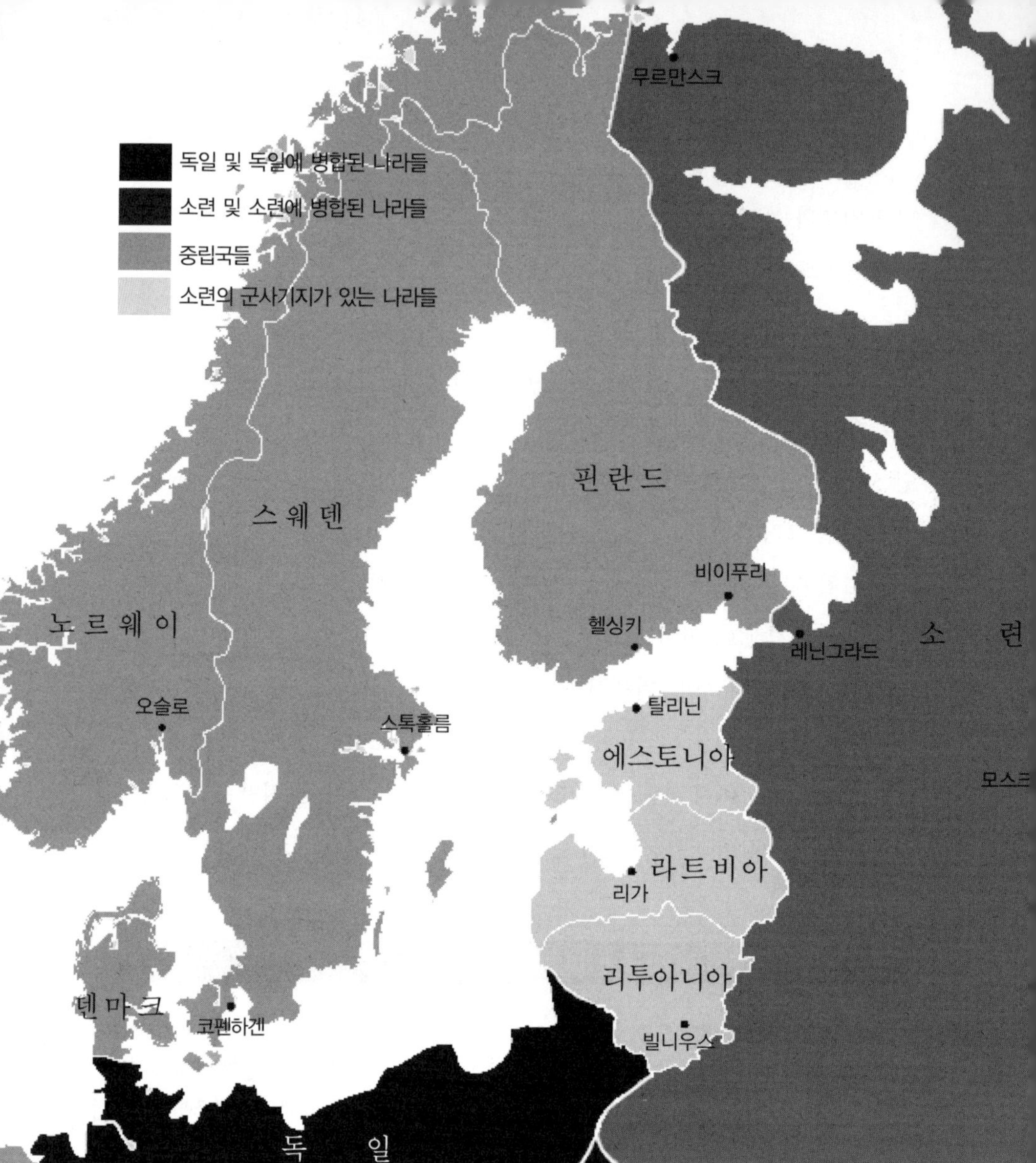

1939년 11월 북유럽의 세력 배치

사들인 소총과 기관총, 그리고 포탄이 제대로 나갈지 의심스러운 적은 수의 야
포와 박격포가 전부였다. 대전차포, 대공포, 야전통신장비는 단 한 대도 없었
다. 그러니 소련군 부대가 침공할 때 "신나게 달리다가 스웨덴 쪽 국경을 넘는

몰로트프 칵테일을 차고 있는 핀란드 병사

실수를 저지르지 않도록 조심하라”는 명령을 받은 것도 이상한 일이 아니었다.

　그러나 핀란드는 일찍부터 소련의 침공에 대비해 ‘만네르하임 라인 (Mannerheim Line)’ 이라고 불리는 요새선을 ‘카렐리아 회랑(Karelia Isthmus)’ 에 건설했고, 온 국민이 소련의 침공에 결사 항전하겠다는 굳은 의지로 뭉쳐 있었다. 72세의 노장 만네르하임 장군이 소련군이 침공해온 당일에 최고사령관으로 임명되어 핀란드군을 지휘했다. 그는 6개 사단을 만네르하임 라인에, 2개 사단을 라도가(Ladoga) 호수 북쪽에 배치하고 나머지는 예비 병력으로 관리했다.

　소련군 탱크는 늪이 많은 핀란드의 지형에서 맥을 못 추었고, 핀란드군의 ‘몰로토프 칵테일’ 공세를 받았다. ‘몰로토프 칵테일’ 은 평소에 핀란드와의 우호를 떠들었던 소련의 외무장관 바체슬라프 몰로토프에게 주는 술이란 뜻으로, 핀란드는 화염병을 이렇게 불러 몰로토프를 조롱한 것이다.

　빈약한 핀란드의 도로망이 눈 속에 파묻히자 소련군의 전차와 보급트럭이 모두 멈추어 섰다. 반면에 핀란드의 스키부대는 게릴라 전법으로 소련군에 커

다란 피해를 안겨주었다. 핀란드의 중동부 지역에 있는 수오무살미에서는 1개 사단 규모가 채 안 되는 핀란드군이 1 대 3의 수적 열세에도 불구하고 소련군 2개 사단(113보병사단과 44보병사단)을 격파했고, 라도가 호수의 북쪽에 있는 톨바야르비 지역에서도 핀란드군이 소련군 1개 사단을 포위하여 항복시켰다.

만네르하임 라인에서의 전투는 더욱 치열했다. 핀란드군은 파상공격을 가해오는 소련군을 쉴 새 없이 사살하며 막아냈다. 핀란드군은 '조각내기 전술(motti tactics)' 을 개발하여 적용함으로써 전과를 올릴 수 있었다. 이것은 삼림이 많은 핀란드의 지형에 알맞게 고안된 전술로, 그 핵심은 작고도 치밀한 포위망을 펼치는 데 있었다. 예를 들어 소련군 1개 사단을 약 10개의 '모티(motti, 쪼갠 장작이란 뜻)' 로 조각낸 뒤 각개격파하는 식이었다.

보잘것없는 장비와 병력의 열세에도 불구하고 소련군의 대공세를 잘 막아내는 핀란드에 대해 전 세계의 찬사와 동정이 쏟아졌다. 스웨덴에서는 대대

166

적인 모금운동이 일어나 1억 달러가 넘는 성금이 걷혔고, 스웨덴과 노르웨이의 의용군 1만 명이 핀란드로 갔다. 의용군 부대의 지휘는 린넬 소장이 맡았다. 미국에 살고 있던 핀란드계 미국인 300명도 핀란드로 가서 무기를 들었다. 그러나 스웨덴 정부는 상호 안보협정을 체결하려는 핀란드 정부의 노력을 외면했다. 영국과 프랑스 정부는 핀란드에 대공포, 야포 등의 무기와 전쟁물자를 원조했다.

소련군이 고전을 면치 못하자 스탈린은 전선의 장군들을 줄줄이 소환하거나 경질했다. 정치국 회의에서 스탈린이 국방장관 보로실로프에게 책임을 전가하자 보로실로프는 정면으로 대들었다.

"이건 내가 아니라 당신이 스스로 불러온 결과요. 지난 혁명전쟁에서 공을 세운 그 훌륭한 동지들을 숙청이라는 이름으로 모조리 처형해버린 것은 바로 당신이오!"

스탈린은 격렬하게 화를 냈지만, 그것은 엄연한 사실이었다. 소련에서는 1937년의 군부 대숙청으로 유능한 장군, 장교들이 거의 다 사라지고 실전경험

노르웨이인 의용군

이 없는 젊은 장교들이 벼락 승진해 사단장, 군단장 등의 직책을 맡았는데, 핀란드와의 전쟁이 그 결과를 보여준 것이었다.

소련은 티모셴코를 핀란드 전선의 새로운 사령관으로 임명하고 증원부대를 파견했고, 이로써 겨울전쟁에 투입된 소련군 병력은 100만 명에 이르렀다.

1940년에 들어 티모셴코는 만네르하임 라인에 병력을 집중 투입했다. 소련 공군은 1월에만 7천 회 이상 출격해 헬싱키를 비롯한 핀란드의 주요 도시들을 철저히 파괴했다.

만네르하임(Carl Gustaf Emil Mannerheim, 1867~1951)

스웨덴 계통의 핀란드 귀족인 카알 로베르트 만네르하임 백작의 2남으로 태어났다. 아버지가 파산하여 어려운 유년시절을 보냈다. 1889년 러시아의 니콜라이프스키 기병학교를 졸업하고 중위가 되어 러시아 군에서 복무하기 시작했다. 러일 전쟁에도 참전했고 1차 세계대전 때는 중장으로 승진하여 군단장이 됐다. 1917년 레닌이 집권하자 독립을 선언한 핀란드로 돌아왔다. 핀란드에서 좌우익 내전이 벌어지자 1918년 1월 백위군의 사령관이 되어 4개월 만에 핀란드의 볼셰비키를 패배시키고 러시아 군을 축출했다. 같은 해 12월 핀란드의 섭정이 되어 1919년에 핀란드가 공화국이 되기까지 임무를 수행했다. 1931년 국방위원회 의장으로 공직에 복귀해 8년간 이 직책을 맡아 수

행하면서 소련의 침공에 대비하기 위한 만네르하임 방어선을 구축했다. 1939년에 일어난 1차 러시아-핀란드 전쟁에서 최고 사령관으로서 뛰어난 지도력을 보여주었으나 끝내 패배해 영토를 할양하는 강화조약을 체결했다. 1941년 6월에 핀란드가 잃어버린 영토를 되찾으려고 독일의 러시아 침공에 합세했고, 이때 최고사령관이었던 만네르하임은 1942년 6월에 핀란드 군의 유일한 원수로 승진했다. 독일의 패배가 분명해진 1944년 8월에 핀란드 의회가 소련과 단독 강화를 맺기 위해 그를 핀란드 대통령으로 지명했다. 9월에 만네르하임 대통령은 단독 휴전협정 체결에 성공했다. 1946년에 건강 악화로 대통령직을 사임한 뒤 스위스에서 요양하며 회고록을 쓰다가 1951년 1월에 사망했다.

2월 1일 소련군 14개 사단이 기갑부대를 앞세우고 만네르하임 라인에 대한 대대적인 공세를 시작했다. 이미 수천 문의 야포로 만네르하임 라인 전체를 포격한 다음이었다. 격전이 계속됐지만 결국 12일 소련군의 대대적인 야포 공격으로 숨마에서 만네르하임 라인이 돌파됐다. 총탄과 포탄이 바닥을 드러내기 시작한 핀란드군은 비푸리 운하의 수문을 열어 소련군에 수공(水攻)을 가하기도 하고 소련군이 진주한 도시에 불을 지르는 초토화 전술도 쓰는 등 필사적으로 저항했다.

겨울이 끝나가면서 핀란드가 더 버틸 가망이 없어졌다. 봄이 와서 눈과 얼음이 녹은 뒤 진창이 굳어지면 소련군 기갑부대의 돌격에 핀란드군이 속수무책으로 당할 것이 명약관화했다. 3월 6일 핀란드는 강화사절단을 소련에 보냈다. 이들은 7일 모스크바에 도착했고, 9일부터 이들과 소련 정부 사이의 협상이 시작됐다. 세계 최초의 여성 대사인 스웨덴 주재 소련 대사 알렉산드라 콜론타이는 그동안 스탈린이 관대한 입장을 갖고 있다고 핀란드 정부에 말해왔지만, 소련의 외무장관 몰로토프가 핀란드의 강화사절단에게 내놓은 조건은 가혹했다.

핀란드 정부는 영국과 프랑스의 원조를 받아서 전쟁을 계속하는 방안도 고려했으나, 만네르하임 장군이 그것만으로는 소련군을 당해낼 수 없다는 보고서를 보내오자 소련이 제시한 조건을 수용하기로 결정했다. 이에 따라 12일 소련에 핀란드 영토의 12%를 할양하는 조건으로 강화조약이 체결됐다.

이 전쟁에서 핀란드군은 2만 5천 명의 전사자와 4만 5천 명의 부상자를 냈고, 소련군은 전사자만 12만 6천 명이 넘었다.

독일의 서유럽 석권

1939년 10월 29일 독일은 서유럽 침공계획인 '황색작전(Operation Gelb)'을 수립했다. 그 내용은 독일군의 총 159개 사단 가운데 123개 사단을 서부전선에 투입하는 것이었다. 그리고 그 대부분이 3개 집단군(army group)으로 편성하는 것으로 돼있었다. 보크(Fedor von Bock) 장군이 지휘하는 B집단군이 주력이 되어 네덜란드를 점령한 후 벨기에로 진격하고, 룬트슈테트(Gerd von Rundstedt) 장군이 지휘하는 A집단군은 B집단군의 남쪽으로 뫼즈 강을 건너 프랑스의 동북부 지역을 침공하며, 레프(Wilhelm von Leeb) 장군이 지휘하는 C집단군은 마지노선(Maginot Line, 프랑스가 독일과의 국경에 구축한 요새선)의 남쪽을 돌파한다는 것이었다.

이와 같은 황색작전은 1차 세계대전 때 독일이 채택한 슐리펜(Schlieffen) 계획과 별로 다른 것이 없었다. 이에 만족하지 못한 히틀러는 프랑스와 벨기에의 국경이 만나는 아르덴 지역에 탱크부대를 투입하는 것이 어떠냐는 의견을 제시했다. 독일군 수뇌부는 그곳은 삼림이 울창하고 언덕이 많아 탱크가 통과하기가 불가능하다며 반대했다.

그런데 A집단군의 참모장인 만슈타인(Erich von Manstein) 소장이 아르덴 방면으로 주공(主攻)을 취하자고 주장했다. 그는 황색작전이 성공하더라도 그 것만으로는 적에 섬멸적 타격을 가할 수 없다고 지적했다. 반면에 적의 방어가 소홀한 아르덴 지역을 돌파하는 데 성공한다면 영국—프랑스 연합군을 분리시 킬 수 있고, 프랑스의 북부와 벨기에 방면에 배치된 연합군 주력의 배후로 돌아 가 영국해협까지 쉽게 진출해 그들을 포위할 수 있다는 것이었다. 그의 의견에 반대한 독일 국방군 최고사령부는 그를 동부전선으로 전속시켰다. 만슈타인은 동부전선으로 떠나기 전에 히틀러의 부관에게 자신의 견해를 전달했다.

결국 히틀러가 그의 견해를 받아들임으로써 황색작전이 수정되어, 1940년 2월 24일에 이른바 '낫으로 베기(Sichelschnitt)' 작전이 수립됐다. 이 새로군 작 전구상은 주력을 A집단군에 두고 이 집단군이 아르덴 삼림지대를 기갑부대로 돌파한 뒤 프랑스 북부의 평야를 지나 영국해협에 도달한 다음 벨기에에 있을 연합군을 B집단군과 함께 완전 포위한다는 것이었다. 병력도 더 동원하여 136 개 사단을 투입하기로 했다. 독일군은 병력이나 장비 면에서 연합군에 비해 그 다지 나을 것이 없었다. 독일에 대항하는 영국, 프랑스, 벨기에, 네덜란드의 연 합군은 모두 156개 사단으로 독일보다 병력이 많았다. 전차는 독일군이 2800대 를 보유하고 있었지만 연합군은 4000대 이상을 보유하고 있었다. 독일군 전차 가 속도에서는 약간 나았지만, 장갑의 두께와 포의 성능은 연합군 전차가 나았 다. 항공기에서는 독일이 양과 질에서 연합군보다 약간 우세했다.

1940년 4월 9일 독일은 측면의 위협을 제거하기 위해 덴마크와 노르웨이 를 침공했다. 덴마크는 독일군이 침공해온 당일 항복했고, 노르웨이는 수도인 오슬로를 비롯해 연안의 주요 항구들을 곧바로 점령당했다. 그러나 1만 5천 명 의 노르웨이군은 독일군을 맞아 선전했다. 4월 14일부터 23일까지 3만 명의 영 국—프랑스 연합군이 노르웨이에 상륙해 독일군과 교전했다. 5월 5일까지 노 르웨이의 남부에서는 독일군이 연합군을 격퇴했으나, 노르웨이의 최북단에 위 치한 나르비크에서는 독일군과 연합군 사이의 전투가 계속됐다.

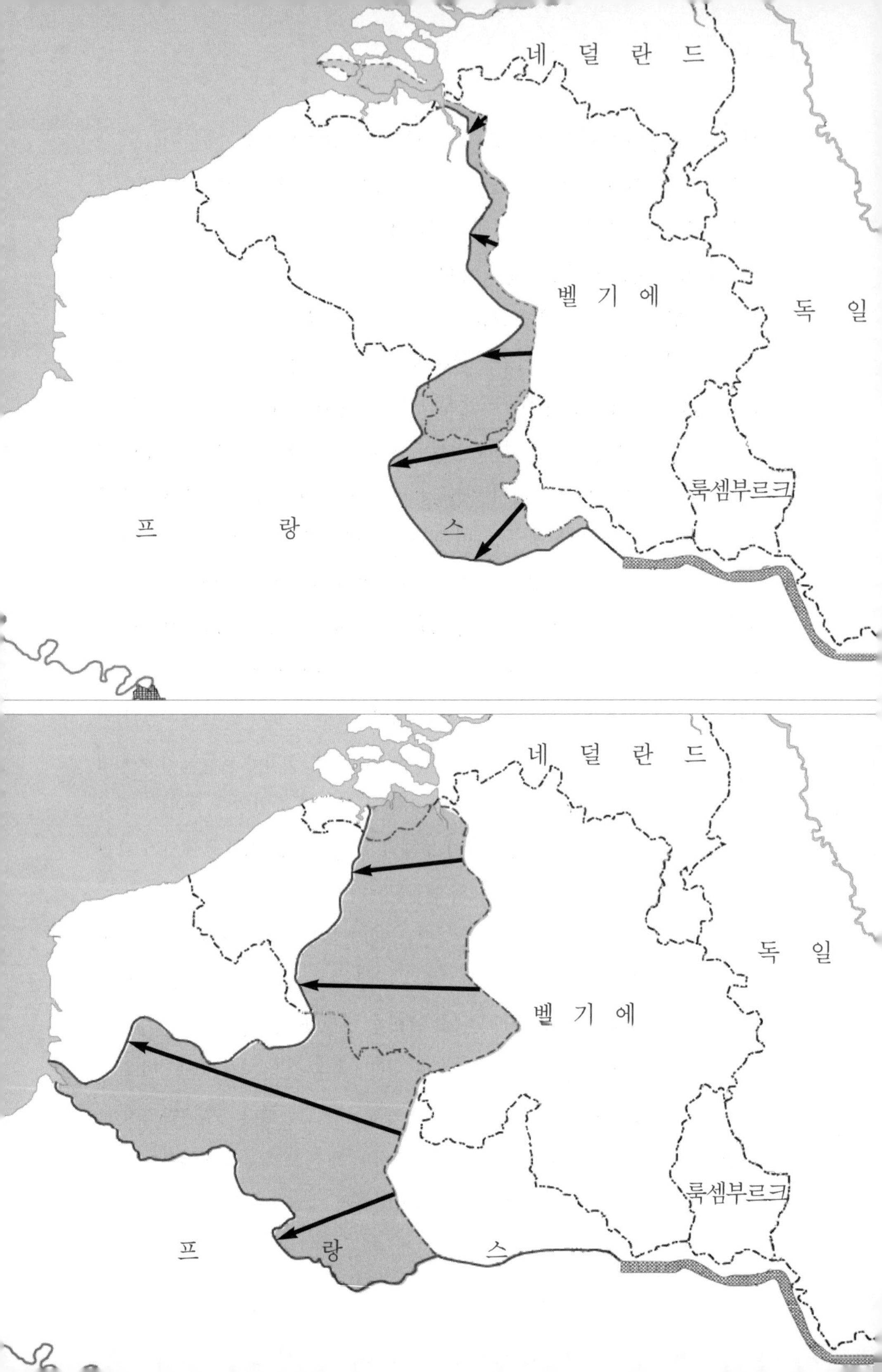
네 덜 란 드
벨 기 에
독 일
룩셈부르크
프 랑 스
네 덜 란 드
벨 기 에
독 일
룩셈부르크
프 랑 스

독일군의 진격
(왼쪽 위) 1940년 5월 16일까지
(왼쪽 아래) 1940년 5월 16일부터 5월 21일까지
(오른쪽) 1940년 5월 21일부터 6월 4일까지

5월 10일 독일군이 서부전선에서 대공세를 시작했다(이날 영국에서는 처칠이 수상이 되면서 거국일치 내각이 성립됐다). 네덜란드 침공을 맡은 B집단군의 제18군(7개 사단으로 구성)은 낙하산 부대와 글라이더 부대를 앞세워 당일로 네덜란드의 제1, 제2 방어선을 잇달아 돌파했다.

벨기에 침공을 맡은 B집단군의 제6군(4개 군단으로 구성)은 10일 아침에 단일 지역으로는 세계 최강의 요새라고 평가받던 에방 에마엘(Eben Emael) 요새에 글라이더로 85명의 공수부대를 낙하시켜 공격을 시작했다. 알베르

(Albert) 운하의 양편에 착륙한 독일 공수부대원 300여 명은 운하에 있는 다리 3개를 향해 돌격했다. 다리 하나는 벨기에 수비대가 폭파시키는 데 성공했지만, 다른 2개의 다리는 그들에게 장악됐다. 독일 제6군이 거침없이 몰려왔다.

11일 정오에 에방 에마엘 요새의 수비대 가운데 생존병력 전원이 항복했다. 이날 프랑스 제7군이 네덜란드군을 도우려고 브레다(Breda)에 도착했다. 그러나 그들은 이틀이 채 지나지 않아 격퇴당했고, 네덜란드군은 최종 방어선으로 밀리고 말았다. 13일 네덜란드 정부는 빈켈만(Winkelman) 장군에게 전권을 위임하고 영국으로 망명했다.

14일에 독일군은 만일 저항이 계속된다면 로테르담과 위트레흐트를 쓸어버리겠다고 위협한 다음에 로테르담의 상업지구를 맹폭했다. 이 폭격으로 3만 명의 로테르담 시민이 죽거나 다쳤다. 이날 오후에 40만 명 규모의 네덜란드군이 항복했다.

주공을 맡은 A집단군(44개 사단으로 구성, 이중 기갑사단은 7개)의 진격은 더욱 빨랐다. 탱크가 통과할 수 없으리라고 여겨졌던 아르덴 산림지역을 독일 기갑부대가 돌파했다. 구데리안(Heinz Guderian) 중장이 지휘하는 제19기갑군단(제1, 2, 10기갑사단으로 구성)은 놀라운 속도로 진격하여 13일 뫼즈 강에 도착했다. 구데리안의 기갑군단은 스당(Sedan; 프랑스 북동부의 벨기에 쪽 국경 부근에 있는 도시) 가까이에서 적군이 지켜보는 가운데 부교(浮橋)를 가설하고 급강하폭격기와 자주포의 지원을 받으면서 야간에 강을 건너기 시작해 14일 오후까지 도하작전을 마쳤다. 연합군은 독일군이 뫼즈 강에 다다른다 해도 후속부대가 도착하고 도하준비를 마치려면 최소한 5~6일은 걸릴 것이라고 판단하고 있었다. 구데리안 장군의 작전은 기습에서 시간의 문제(timing)가 얼마나 중요한지를 보여주었다.

그러나 최초로 뫼즈 강을 건넌 부대는 독일 제4군의 제15기갑군단에 속해 있던 롬멜(Erwin Rommel) 소장의 제7기갑사단으로 13일 저녁에 디낭(Dinant)

부근에서 도하에 성공했다. 이 기갑사단은 동계 기간에 기갑사단으로 개편된 4개 경장비 사단 가운데 하나로 전차 수는 모두 218대로 다른 독일군 기갑사단보다 적었다.

이날 밤 프랑스 제9군 사령관은 우익에서 구데리안 기갑군단의 위협이 증대되는 가운데 롬멜이 중앙정면에서 돌파해오는 이중의 위협을 받게 되자 뫼즈 강을 포기하고 서쪽 방어선으로 총퇴각하라는 명령을 내렸다.

15일 아침에 롬멜의 기갑사단은 후퇴하는 프랑스군을 앞질러 뫼즈 강에서 서쪽으로 20km 떨어진 필립빌을 통과했다. 프랑스군은 일대 혼란이 일어나면서 가속적으로 붕괴했다. 이날 라인하르트(Rheinhardt) 중장의 제41기갑군단(제6, 8기갑사단으로 구성)도 스당 북쪽의 몽테르메에서 뫼즈 강을 도하했다. 제41기갑군단의 선봉부대는 프랑스 제9군의 우익을 우회하여 구데리안의 제19기갑군단과 대치하고 있던 프랑스군의 배후로 진출해 서쪽으로 진격을 계속했다. 이날 해질 무렵에 이르면 제19기갑군단도 프랑스군의 최후 방어선을 돌파하고 개활지로 진출하게 된다.

뫼즈 강을 도하한 구데리안의 제19기갑군단은 놀라운 속도로 진격해, 16일 하루 동안에 거의 80km를 전진했다. 이날 벨기에에 배치돼있던 영국—프랑스 연합군은 후방이 차단될 위험에 직면하자 전선에서 후퇴하기 시작했다. 5월 17일에 독일 제6군은 벨기에의 수도 브뤼셀을 점령했다.

독일 제19기갑군단은 17일 와즈(Oise) 강을 건넜고, 19일에는 아미앵(Amiens)에 이르렀으며, 20일에는 영국해협에 위치한 아브빌(Abbeville)에 도달했다. 구데리안은 11일 동안 384km 이상을 진격한 것이다. 이는 군사작전이라기보다는 드라이브와 같은 양상이었다. 이로 인해 영국 원정군의 병참선은 차단됐고, 프랑스는 남북으로 두 동강 났다. 영국—프랑스 연합군 20개 사단 50만 병력이 스당에서 고립됐다.

가믈랭 장군을 대신해 15일 새로 연합군 사령관으로 임명된 막심 베강

(Maxime Weygand) 장군은 시리아를 떠나 19일 저녁 프랑스에 도착했다. 그는 스당에 고립돼있는 연합군을 구출하기 위한 계획을 세웠으나, 이미 지리멸렬해진 연합군 부대를 효과적으로 지휘하는 것은 불가능했다. 베강은 73세의 고령인데다가 참모 경력만 있었고 실전에서 야전군을 지휘해본 경험은 없었다.

22일 독일 제19기갑군단이 프랑스 북부의 칼레(Calais)와 덩케르크 (Dunkerque) 항구로 진격하기 시작했다. 제41기갑군단도 연합군이 탈출로로 이용할 수 있는 항구를 점령하려고 남쪽으로 기수를 돌렸다.

스당에 고립된 연합군은 유일하게 남은 탈출구인 덩케르크 항으로 퇴각했다. 그러나 이때 덩케르크 항에서 영국으로 철수하기란 사실상 불가능했다. 별다른 엄호물도 없는 좁은 해안지대에 수십만 명의 연합군 병력이 밀집해 있었고, 독일군의 포위망은 점점 죄어왔다. 독일 공군의 폭격도 맹렬했다. 그런 데 5월 24일 히틀러는 전군에 진격을 중지하라는 불가사의한 명령을 내렸다. 이때 구데리안의 제19기갑군단은 덩케르크에서 불과 20km 떨어진 곳에 있었다. 진격중지 명령을 받은 구데리안 장군은 기가 막혔다. 전차를 몰고 들어가, 모든 무기와 장비를 내던져버리고 좁은 지역에 집결해 있는 연합군을 '집단학살' 하거나 전원 포로로 잡을 기회를 포기하는 것이었기 때문이다. 히틀러의 입장에서 보면, 이때의 명령은 2차 세계대전 때 그가 저지른 최대의 실수였다.

연합군은 5월 26일부터 6월 4일까지 가용 선박을 모두 동원해 필사적인 철수작전을 펼쳤고, 그 결과로 영국군 19만 8천 명과 벨기에군 14만 명을 더해 모두 33만 8천 명의 연합군 병력이 덩케르크 항에서 영국 본토로 탈출했다. 이 기간 동안에 독일 공군은 철수작전을 수행하던 영국 구축함 41척 가운데 6척을 격침시키고, 14척에 손실을 입혔다. 한편 사력을 다해 버티던 벨기에군 60만 명은 5월 27일 자정에 국왕의 명령에 따라 독일에 항복했다.

6월 4일 기적적으로 철수 작전이 성공하자 처칠 영국 수상은 그 사실을 의회와 국민에 보고하는 연설을 했다. 그는 이 연설에서 독일과 최후까지 싸우겠

덩케르크에서
배로 철수하고 있는 영국군

다는 결의를 밝혔다. 다음은 이 연설의 끝 부분이다.

비록 유럽의 많은 지역과 오래되고 이름난 많은 나라들이 게슈타포를 비롯해 나치의 가증스러운 지배기구의 손아귀에 이미 떨어졌거나 떨어지고 있을지 모르지만, 우리는 결코 주저앉지 않을 것입니다. 우리는 끝까지 갈 것이며, 프랑스에서 싸우고, 바다와 대양에서 싸우고, 점점 더 커지는 신념과 힘을 가지고 하늘에서 싸워 우리의 섬을 지킬 것입니다. 아무리 희생이 크더라도 우리는 해변에서 싸우고, 적이 상륙하는 지점에서 싸우고, 들판과 거리에서 싸우고, 언덕에서 싸울 것입니다. 우리는 결코 항복하지 않을 것입니다. 한 순간이라도 그러리라 믿지는 않지만 이 섬 전체 혹은 대부분이 정복되고 굶주리게 된다 해도 그때에는 바다 건너에서 우리 대영제국이 영국 함대의 호위를 받으면서, 하느님이 선택한 시기에 이르러 신세계가 온 힘을 기울여 구세계를 구원하고 해방시키는 걸음을 내디딜 때까지 투쟁을 계속할 것입니다.

뒤늦게 추격을 재개한 독일군은 6월 5일 덩케르크에 도착해 철수선을 기다리고 있던 프랑스군 4만 명을 포로로 잡고 연합군이 버리고 간 중장비와 보급품을 노획했다. 이때까지 프랑스는 전 병력의 3분의 1에 해당하는 30개 사단을 잃었는데 그중에는 대부분의 기갑부대도 포함돼있었다.

독일군은 6월 5일부터 2단계 작전을 개시했다. 프랑스는 아직 66개 사단이 남아 있긴 했지만 독일군의 공세를 막을 수는 없었다. 독일의 B집단군은 곧바로 아미앵 부근에서 솜(Somme) 강을 건넜다. 롬멜 소장의 제7기갑사단은 7일 프랑스의 방어선을 돌파해 루앙(Rouen)으로 진격했고, 9일에는 센 강을 건넜다. 이때 A집단군은 구데리안의 제19기갑군단을 선두로 파리의 동쪽에 있는 랭스(Reims) 부근에서 공격을 시작했다.

중립을 표방하던 이탈리아의 무솔리니도 독일의 승승장구를 보고 10일 프랑스와 영국에 선전포고했다. 이 소식을 들은 이탈리아 주재 프랑스 대사 프랑수아 퐁세는 "이미 땅에 쓰러진 사람에게 다시 비수를 찌르는 짓"이라고 말하며 비통해 했다. 히틀러도 "비열하고 시시한 놈들"이라고 이탈리아를 조소했다.

이날 프랑스 정부는 파리에서 남쪽의 투르(Tours)로 옮겨갔다. 폴 레노 프랑스 수상은 루스벨트 미국 대통령에게 미국의 즉각적인 참전을 간절히 요청했다. 그러나 미국 대통령에게는 참전을 결정할 권한이 없었다. 미국에서는 고립주의 여론이 강화되고 있었고, 선전포고권을 갖고 있는 미국 의회에서는 고

무솔리니와 히틀러

립주의자들이 우세했다. 또한 이날 노르웨이가 독일에 항복했다.

　11일 처칠 수상은 프랑스로 날아가 투르에서 프랑스 정부의 수뇌를 만났다. 레노 수상은 어떠한 상황이 닥치더라도 전쟁을 계속할 결심이었으나, 베강 장군은 단독강화 쪽으로 기울고 있었다. 이날 파리는 비무장도시임을 선언했다(이는 적의 공격을 당한 도시가 군사시설을 갖고 있지 않으며 군사작전에 이용되지 않을 것임을 선언하는 것이다. 저항할 의사를 포기하고 무장을 해제한 비무장도시를 공격하는 것은 국제법상 금지돼 있다).

　13일 다시 프랑스로 날아간 처칠은 프랑스 정부가 북아프리카 식민지로 철수해서라도 영국과 더불어 최후까지 싸울 것을 바란다는 뜻을 전했다. 레노는 영국이 공군을 더 많이 보내주지 않으면 전쟁을 계속할 수 없다고 말했다. 처칠은 프랑스에 더 많은 비행편대를 보내면 영국의 안전을 보장할 수 없게 된다고 경고한 다우딩(Hugh Dowding) 공군 원수의 말을 상기하며 레노의 요구를 거절했다.

14일 독일군이 파리에 무혈입성했다. 독일군 병사들은 프랑스어로 "우리는 야만인이 아닙니다"라고 말할 수 있도록 교육받았는데, 실제로 프랑스 주민들에게 친절하고 정중한 태도를 보여주었다.

투르로 일단 옮겨간 프랑스 정부는 다시 남쪽의 보르도(Bordeaux)로 달아났다. 마지노선의 정면에서 견제공격을 하던 C집단군도 이날 전면적인 공격을 개시해 당일에는 자르브뤼켄에서, 16일에는 콜마르에서 각각 마지노선을 돌파했다.

이제 프랑스 정부는 북아프리카 식민지로 철수해 전쟁을 계속하느냐, 아니면 독일과 강화를 하느냐 하는 기로에 놓였다. 처칠 수상은 레노 내각에 '영국—프랑스 국가연합(Union franco—britanique)'을 제안하면서, 프랑스 함대를 이끌고 북아프리카 식민지에 가서 그곳을 거점으로 결사항전을 할 것을 권고했다. 그러나 레노 내각은 이를 거절하고 16일 총사퇴했다.

17일 구데리안의 기갑군단은 스위스 국경에 도달하여 프랑스 군을 동서로 양분하고 마지노 요새 안에 있던 프랑스 군 병사 50만 명을 고립시켰다.

새로 성립된 프랑스의 필리프 페탱(Philippe Pétain) 정부와 독일은 6월 22일 휴전협정에 조인했고, 25일 0시 35분을 기하여 모든 전투행위가 종식됐다. 그 결과로 프랑스 국토의 5분의 3이 독일의 군사적 점령을 받게 됐고, 점령에 따르는 모든 비용은 프랑스 정부가 부담하게 됐다. 그러나 독일은 프랑스의 해외식민지 지배권은 그대로 인정했다.

객관적으로 전력이 연합군보다 우세하지 못했던 독일군이 이치럼 놀라운 승리를 거둔 이유는 우수한 전략, 전격전 수행능력, 유능한 지휘관의 과감한 작전 등에 있었다. 특히 독일군이 전차부대의 편성과 활용을 잘한 것이 승부를 결정지었다.

독일군은 모든 전차부대를 10개의 기갑사단에 편입시켰으나, 프랑스군은

1940년 6월 14일
파리에 입성해
개선문 앞을 지나고 있는 독일군

보유 전차의 절반을 보병 지원용 부대로 편성했다. 프랑스군은 게다가 기갑사단 형태로 편성된 7개 사단도 전선에 축차 투입했다. 영국군은 프랑스 안에 10개 전차대대를 배치하고 있었는데, 모두 보병사단에 분할 배속시켰다. 영국군은 독일군의 대공세가 시작된 이후에야 비로소 기갑사단을 배에 실어 영국에서 프랑스로 옮기려고 했으므로 효과를 볼 수 없었다.

독일군의 선봉에 선 기갑사단은 독일군의 주력이 전선에 투입되기도 전에 이미 전쟁의 대세를 결정지었다. 독일 기갑부대의 눈부신 진격에 연합군은 얼이 빠졌고, 그래서 사실은 독일군이 그리 많지도 않은 기갑부대로 아슬아슬한 모험을 해서 승리를 거두었다는 내막을 알지 못했다.

7월 19일에 히틀러는 영국에 강화를 제의했으나, 처칠은 거부했다. 그러자 히틀러는 영국 침공을 준비하라고 참모부에 명령했다. 당시 영국군은 덩케르크에서 철수할 때 야포를 비롯한 중장비 일체와 수많은 군수물자를 버려두고 철수했기 때문에 본토 방위를 위한 전투력에 크게 손상을 입은 상태였다. 독일 육군이 영국 본토 상륙에 성공한다면 영국의 패망은 명약관화했다. 그러나 영국에는 아직 강력한 해군이 남아 있었고, 영국 공군도 59개 전투비행 중대를 보유하고 있었다.

독일군이 영국 본토에 상륙하려면 도버 해협 일대에 대한 제해권 및 제공권을 먼저 확보해야 했다. 그러나 독일 해군은 영국 해군에 도전할만한 전력을 갖고 있지 못했으므로 독일 공군이 영국 공군에 대해 절대적인 우세를 확보하는 동시에 상륙군의 해협 횡단을 막지 못하도록 영국 해군도 견제해야 하는 2중의 임무를 떠안게 됐다. 이 두 가지가 해결되지 않으면 영국 본토 공격은 실패할 수밖에 없었다.

당시에 네덜란드, 벨기에, 북부 프랑스 등지의 기지에서 대기하고 있던 독일 공군의 군사력은 전투기 929대, 폭격기 875대, 급강하폭격기 316대였다. 이에 더해 노르웨이 기지에 전투기 34대, 폭격기 123대가 있었다. 이에 비해 영국 공군의 전투기는 700여 대에 불과했다.

8월 8일부터 독일 공군은 맹렬히 영국을 폭격하기 시작했다. 영국의 동남부 지역 해안도시를 비롯해 레이더 기지, 비행장, 비행기 제작소, 항구, 도로 등이 목표였다. 거의 매일 1500대 이상의 독일 군용기가 출격했다. 8일, 11일, 12일, 13일 등 4회의 공격에서 독일은 145대의 비행기를 잃었고, 영국은 88대의 비행기를 잃었다.

15일에 대규모 공중전이 벌어졌다. 독일 공군은 폭격기 801대, 전투기 1149대를 출격시켰는데, 그중 한 편대가 런던 상공에까지 침입했다. 이 공중전에서 독일은 75대, 영국은 34대의 비행기를 잃었다. 이처럼 독일 공군이 영국

독일군의 공습을 당한 영국 런던의 거리

공군에 비해 손실이 컸다. 독일 공군이 양적인 전력은 우세했지만 이러한 상태
가 지속되면 제공권 확보는 불가능해 보였다. 독일 공군은 목표를 영국 동남부
지역의 내륙 항공기지로 변경해 8월 24일부터 9월 5일까지 하루 평균 군용기 1
천 대를 출격시켰다. 영국은 조종사들이 계속되는 출격으로 과로 상태였지만,
그들을 대체할 예비 조종사가 없었다. 영국 공군사령부는 스스로 궤멸 직전이
라고 판단했다.

그러나 독일은 영국 공군이 그러한 상태임을 모르고 9월 7일부터 런던으
로 공습 목표지점을 바꾸었다. 8월 25일부터 영국 공군 편대가 베를린을 공습
한 것에 대한 보복이었다. 런던 곳곳의 유서 깊은 건물과 거리가 파괴되고 많
은 시민들이 죽거나 다쳤다. 그러나 독일 공군의 이런 공습목표 변경으로 영국
공군은 그동안 파괴된 비행장과 전투기들을 수리할 시간을 얻었다. 9월 15일
의 공중전에서는 독일이 56대(이중 34대는 폭격기), 영국은 26대의 비행기를

스탈린은 독일이 신속하게 승리를 거두자 경악을 금치 못했다. 프랑스가 굴복할 때까지 침묵하던 소련은 중립의 대가를 요구했다.

소련은 먼저 에스토니아, 라트비아, 리투아니아의 병합을 서둘렀다. 소련은 이들 국가에 주둔하고 있는 소련군의 안전을 핑계로 1940년 6월 중순에 이들 국가에 최후통첩을 보내고 8월에 소비에트 정권을 수립했다. 이것은 실질적으로는 병합이었다.

소련은 또한 루마니아의 베사라비아(Bessarabia) 지역을 병합했다. 베사라비아는 독일이 소련과의 비밀의정서에서 소련의 세력권으로 인정한 곳이었다. 그런데 몰로토프는 6월 13일 독일 대사에게 부코비나(Bukovina) 지역까지 합병하겠다고 했다. 독일은 루마니아의 유전이 절대 필요했으므로 소련의 부코비나 합병에 대해 반대하였다. 소련은 후퇴하여 전통적으로 우크라이나와 관련이 있는 부코비나의 북부지역을 할양받는 데 만족했다. 그리하여 소련은 베사라비아 지역과 부코비나의 북부지역을 합병하고 8월에 이곳에 몰다비아(Moldavia) 공화국을 건설했다. 이로써 소련은 1914년 이전의 러시아 영토를 거의 다 되찾게 됐다.

한편 독일은 루마니아의 유전을 보호한다는 구실로 10월 11일 루마니아를 점령했는데, 이에 따라 독일과 소련 사이에 긴장이 고조되었다.

잃었다. 17일 히틀러는 영국 본토 상륙작전을 무기한 연기하라고 지시했다.

그러나 히틀러는 갑자기 공습을 중단함으로써 자신의 실패를 드러내고 싶지는 않았다. 그래서 10월 초순부터 11월 3일까지는 매일 야간에 런던을 공습했다. 약 3개월간의 공중전에서 영국은 900대 이상, 독일은 약 1700대의 비행기를 잃었다.

14장

독일의 소련 침공

독일이 프랑스, 네덜란드, 벨기에를 굴복시키면서 서유럽을 석권하게 되자 아시아에 힘의 공백 상태가 형성됐다. 일본 육군은 프랑스령인 현재의 베트남, 라오스, 캄보디아 일대와 네덜란드령인 인도네시아를 무력으로 획득하자고 주장했다. 그러면서 온건한 남진론을 견지해온 요나이 미쓰마사(米內光政) 내각의 퇴진을 요구했고, 이것이 관철되어 1940년 7월 22일에 제2차 고노에 내각이 성립됐다.

바로 그날 고노에 내각은 일본 군부가 작성한 '세계정세의 추이에 따른 시국처리 요강'이라는 것을 원안대로 채택했다. 그 내용은 다음과 같다.

일본은 중국 문제의 해결과 남진을 목적으로 하고 이를 위하여 독일, 이탈리아와의 제휴를 강화하며, 소련과의 국교를 비약적으로 조정한다. 미국에 대해서는 공정한 주장과 의연한 태도를 견지하면서 마찰을 회피하도록 한다. 남방 문제에 대해서는 중국 문제 해결 후 호기를 잡아 무력을 사용하고 중국 문제 해결 이전이라도 정세에 따라 무력을 사용한다. 무력행사의 대상은 영국에 국한시키도록 노력한다. 끝으로 이런 외교목적을 달성하기 위하여 강력정치의 실행, 총동원법의 광범한 발동, 전시경제 태세의 확립, 전쟁물자의 축적, 군비의 충실 등을 도모하기로 한다.

이는 미국과의 전쟁은 피하려고 노력하는 태도를 내비치기는 했지만 적극적인 남진론을 개진한 것이었다고 할 수 있다.

독일, 이탈리아와 제휴하기로 결정한 일본은 독일에 3국동맹을 제의했다. 이번에는 독일이 주저했지만, 영국이 독일의 평화제의를 거절하고 미국도 참전할 가능성이 보이자 결국 독일은 일본과의 교섭에 적극 나서게 됐다. 그리하여 8월 하순에 독일 외무장관 리벤트로프(Joachim von Ribbentrop)의 극동문제 보좌역인 슈타머(Heinrich Stahmer)가 특사로 도쿄에 파견됐다.

8월에 일본 외상 마쓰오카 요스케(松岡右洋)가 '대동아공영권(大東亞共榮圈)'을 주창했다. 일본 정부는 남방 자원지역(프랑스령 인도차이나, 미얀마, 태국, 말레이, 네덜란드령 동인도가 여기에 포함됨), 필리핀, 북부 뉴기니를 대동아공영권에 포함시키기로 결정했다.

일본은 일본 주재 프랑스 대사 앙리(C. A. Henrie)와 교섭하여 8월 30일 마쓰오카—앙리 협정을 체결했다. 이 협정에서 일본은 인도차이나의 프랑스

고노에

버마 로드

령을 보전하고 그곳에 대한 프랑스의 주권을 인정한다는 것을 전제로 일본군의 인도차이나 통과와 인도차이나에 있는 비행장에 대한 사용권을 획득했다. 이로써 일본군은 중국에 대한 연합국의 원조통로인 '버마 로드'를 폭격할 수 있게 됐다.

9월 22일에는 일본이 프랑스와 새로이 군사협정을 체결하여 북부 인도차이나에 일본군이 진주하게 됐다. 일본군의 공습으로 버마 로드가 폐쇄되자 미국은 다른 경로로 중국에 대한 원조를 증대시키는 한편 9월 26일에는 일본에 대한 비행기 연료, 고철, 강철의 판매를 전면 금지했다.

9월 27일 베를린에서 독일, 일본, 이탈리아 사이에 3국동맹이 체결됐다. 그 내용은 다음과 같다.

(1) 일본은 독일과 이탈리아가 유럽에서 신질서를 건설하는 데서 지도적인 지위를 갖고 있음을 인정한다.

(2) 독일과 이탈리아는 일본이 대동아에서 신질서를 건설하는 데서 지도적인 지위를 갖고 있음을 인정한다.

(3) 3국 중 1국이 현재 유럽전쟁이나 중일전쟁에 가담하고 있지 않은 국가로부터 공격을 받는 경우에는 모든 정치적, 경제적, 군사적인 방법으로 서로 원조한다.

(4) 이 조약의 내용은 3국과 소련 사이의 관계에 하등 영향을 미치지 않는다.

내용을 보면 미국을 겨냥한 동맹이 분명했다. 일본은 3국동맹 결성으로 미국을 견제할 수 있다고 믿었다. 그러나 이 동맹은 오히려 미국을 자극했다.

11월 5일에 루스벨트 대통령이 3선에 성공했다. 선거운동 기간 중에 그는 미국이 전쟁에 뛰어드는 일은 없을 것이라고 공약했다. 그러나 그가 취임한 뒤로 미국 정부는 '유럽 우선' 원칙에 기초한 전쟁수행 전략을 세우기 시작했다. '유럽 우선' 원칙이란 미국이 동시에 독일, 이탈리아, 일본과 전쟁을 하게 될 경우에 유럽 전선에서는 공세를 취하고 태평양 전선에서는 방어만 한다(알래스카와 하와이를 지키는 선에서 방어)는 것으로서, 훗날 태평양전쟁에서 초기에 일본이 일방적으로 승리하게 되는 데 이것이 큰 이유가 된다.

12월에 루스벨트 대통령은 무기대여법(the Lend-Lease Act)에 관한 구상을 발표하는 한편 라디오를 통한 '노변담화(the fireside chat)'에서 앞으로 미국이 외교정책의 기조로 삼고자 하는 것은 미국을 전쟁으로부터 지켜나가는 일과 '민주주의의 대병기창(Great Arsenal for Democracy)'으로 만드는 일이라고 말했다.

이탈리아가 영국에 선전포고한 1940년 6월에 리비아에 주둔 중인 이탈리아군의 병력은 30만 명이었다. 반면에 이집트에 주둔한 영국군은 3만 6천 명에 불과했다. 그러나 이탈리아군의 장비는 현대전을 치를 수 없는 수준이었다. 이탈리아군의 전차와 장갑차는 무게가 가볍고 엔진이 약해서 행동반경이 얼마 되지 않았다. 포병이 보유하고 있는 대포도 1차 세계대전 때 사용하던 것으로 사정거리가 매우 짧았다. 이탈리아군은 대전차포와 고사포도 소량만 보유하고 있었고, 기관총도 구식으로 그다지 쓸모가 없었다. 이탈리아군의 최대 결함은 차량이 별로 없는 보병부대로 구성됐다는 것이었다. 사막에서는 차량이 별로 없는 부대가 차량을 많이 갖춘 부대를 상대할 수 없었다.

1940년 9월에 이탈리아군은 알렉산드리아와 수에즈 운하를 점령하기 위해 리비아에서 이집트로 진격했으나 전과는 지지부진했다. 발칸 반도에 대해 야심을 가지고 있는 무솔리니는 10월 28일 7개 사단 15만 5천 명의 병력으로 알바니아로부터 그리스를 침략했다. 그러나 이탈리아군의 진격은 속도가 느렸고, 11월 14일부터는 그리스군의 공세에 밀려 퇴각하지 않을 수 없었다. 12월 중순에는 그리스군이 알바니아의 3분의 1가량을 점령했다.

12월 7일 오코너 소장이 지휘하는 영국군 3만 명이 이탈리아군 8만 명이 진지를 만들어 놓고 있는 메르사마트루(리비아의 동쪽 192km 지점에 위치한 도시)를 향해 진격했다. 영국군의 작전은 성공하여 12월 중순까지 4만 5천 명의 이탈리아군 병사를 포로로 잡았다.

독일은 1940년 10월부터 3국동맹에 대한 지원세력으로 끌어들인 소련으로 하여금 관심을 유럽에서 다른 곳으로 돌리도록 유도했다. 독일로서는 특히 발칸 반도를 독일과 이탈리아의 영향권으로 만들기 위해서는 소련의 동의가 필요했다.

독일은 소련을 포함한 4국 동맹을 구상하고 있었는데, 이것은 세계를 4개

세력권으로 나누는 것이었다. 독일과 이탈리아는 유럽과 아프리카를 분할해 갖고, 일본은 동아시아와 동남아시아, 소련은 페르시아 만과 이란, 인도를 각각 그 세력범위로 가져간다는 것이었다.

이런 구상 아래 독일 외무장관 리벤트로프가 10월 23일 스탈린에게 회담을 갖자고 제의하면서 소련 외무장관 몰로토프를 초청했다. 11월 12일 베를린에 도착한 몰로토프는 그 다음날까지 히틀러 및 리벤트로프와 회담을 가졌다. 이때 몰로토프는 소련이 유럽에 대해서도 권익을 갖고 있음을 분명히 밝혔다. 리벤트로프는 구체적인 제안을 내놓았다. ① 소련은 3국동맹에 가담한다. ② 두 개의 의정서를 체결한다. 그중 하나는 세력범위에 관한 것이고, 다른 하나는 해협의 자유통항에 관한 것이다. 그러나 몰로토프는 이에 대해 아무런 언질도 주지 않고 14일 베를린을 떠났다.

11월 25일에야 소련 정부가 독일의 제안에 대해 회답했다. 소련 정부는 ① 핀란드에서 독일군이 철수할 것 ② 동유럽, 특히 불가리아에 대한 소련의 영향권을 인정할 것 ③ 이란과 페르시아 만에서 소련이 행동의 자유를 갖는다는 데 동의할 것 등을 요구했다.

이런 엄청난 요구에 놀란 히틀러는 리벤트로프에게 응답하지 말라고 명령했다. 히틀러는 그 대신 소련을 침공할 계획을 세우라고 지시했고, 12월 18일에는 바르바로사 작전(Operation Barbarossa) 계획에 서명했다. 바르바로사는 '붉은 수염'이라는 뜻으로, 1189년에 시작된 3차 십자군 운동을 주도한 신성로마제국 황제 프리드리히 1세(1122~1190)의 별명이었다. 공격 시점은 1941년 5월 초로 잡았다.

바르바로사 작전의 주요 내용은 대략 두 가지였다. 첫째는 국경지대에 배치돼있는 소련군의 주력이 내륙으로 철수하여 지구전을 펴지 못하도록 빠른 진격과 포위를 통해 소련군을 조기에 섬멸하는 것이었고, 둘째는 급속한 진격으로 소련군을 밀어붙여 소련 공군이 독일 본토에 대한 폭격을 할 수 없는 곳까지 밀려나도록 독일군의 점령지역을 확장하는 것이었다. 독일 육군 참모총장인 할더(Franz Halder)는 이삼 개월이면 모스크바를 함락하고 작전을 완료할 수 있다고 보았다.

소련은 지형적으로 적이 쳐들어오기 어려운 조건을 가지고 있어 방어에 유리했다. 드네프르, 도네츠, 돈, 볼가 등 4개의 강이 서쪽으로부터의 침입에 대해 폭이 넓은 연속방벽을 형성하고 있었고, 모스크바에서부터 서쪽의 민스크와 북서쪽의 레닌그라드까지 이르는 지역이 울창한 타이가 삼림으로 덮여 있어 기갑부대가 이동하는 데 커다란 장애가 되었다.

그러나 내륙 중심지역으로 적이 쳐들어올 수 있는 자연통로가 두 갈래 있었다. 하나는 1812년에 나폴레옹이 이용한 약간 고지대인 통로, 즉 바르샤바—민스크—스몰렌스크—모스크바로 연결되는 직통로였다. 다른 하나는 스웨덴의 국왕 카를 12세(재위 1697~1718)가 대북방전쟁(The Great Northern War, 1700~1721) 때 러시아를 침공하기 위해 택했던 통로, 즉 폴란드의 르보프 동남쪽 지점에서 출발해 부크 강과 드네프르 강의 분수계(分水界)를 따라 전진하다가 동북쪽으로 돌아 드네프르 강을 건너서 우크라이나 중앙에 이르는 통로였다. 그러나 중무장한 기갑부대가 이렇게 대륙을 횡단하여 이동한다는 것은 결코 쉬운 일이 아니었다.

일본은 독일과 소련의 교섭과정에 민감한 반응을 보이면서 두 나라 사이의 조정자 역할을 자청했다. 그리하여 1941년 3월에 마쓰오카가 유럽 방문길에 올랐다. 그는 먼저 모스크바에 가서 스탈린, 몰로토프 등과 회견한 자리에서 불가침조약 체결을 제의했다. 이어 그는 베를린으로 가서 히틀러, 리벤트로프 등과 만났는데, 이 자리에서 독일 측은 소련과 협력할 수 없으며 일본—소련간 관계정상화에도 반대한다는 입장을 밝혔다.

(이 달에 미국에서 무기대여법이 의회를 통과했다. 이 법은 필요하다고 인정될 경우에는 다른 모든 법률 규정에 관계없이 무기를 외국에 대여해주고

그 조건도 결정할 수 있는 권한을 대통령에게 부여했다. 이에 따라 2차대전 중에 미국은 500억 달러어치에 이르는 군수물자를 연합국 측에 제공했다. 가장 큰 수혜국은 소련이었다.)

마쓰오카는 다시 모스크바로 가서 4월 13일에 일본과 소련 사이의 불가침 조약에 서명했다. 그 내용은 다음과 같다.

(1) 양국은 서로 평화와 우호의 관계를 유지하고 영토보전과 불가침 약속을 존중한다.
(2) 양국 중 어느 한 나라가 제3국과 전쟁을 하게 되는 경우에 다른 한 나라는 전쟁기간 동안 중립을 지킨다.
(3) 이 조약의 유효기간은 5년으로 한다.

4월 16일에 미국의 코넬 헐(Cordell Hull) 국무장관이 새로 부임한 미국 주재 일본 대사인 노무라 기치사부로(野村吉三郎)에게 미일 양해안을 건넸다. 7개항으로 된 이 제안은 일본군이 중국 본토에서 철수하는 것을 조건으로 미국이 만주국을 승인하는 내용이 들어 있는 등 미국에서 크게 양보한 것이었다. 일본 대본영 정부연락회의는 약간의 수정만 가하여 이것을 받아들이기로 결정했다. 그러나 4월 22일 일본으로 귀국한 마쓰오카는 뜻밖에도 이것을 거절해야 한다고 주장했고, 2주일 뒤에 미국이 받아들일 수 없는 강경한 내용의 대안을 내놓았다. 이로 인해 미국과 일본 사이의 교섭이 중단됐다.

독일은 바르바로사 작전을 1941년 5월 15일 개시할 예정이었지만, 그리스와 유고슬라비아를 침공하느라 그 일정을 늦추었다. 이탈리아군이 그리스군을 상대로 고전하는 것을 본 히틀러는 그리스를 침공하기로 결정했다.

3월 2일 독일 제12군이 다뉴브 강을 건너 불가리아로 들어가자 영국은 2월 21일에 체결된 그리스—영국 협정에 따라 3월 7일 영국군 5만 8천 명을 이

집트로부터 그리스로 파병했다.

3월 27일에는 유고슬라비아에서 군사쿠데타가 일어났고, 새로 들어선 정권은 전 정권의 친독일 정책을 버렸다. 히틀러는 그리스와 유고슬라비아를 동시에 공격하기로 결심했다. 독일 국방군 총사령부는 대소련 작전을 세우느라 분주한 가운데서도 불과 10일 만에 유고슬라비아 침공 계획을 작성해내어 독일군 참모부의 탁월한 능력을 다시 한 번 과시했다.

4월 6일 독일군의 24개 사단 병력과 전차 1200대가 그리스와 유고슬라비아를 침공했다. 그리스는 15개 사단, 유고슬라비아는 32개 사단의 병력을 보유하고 있었다.

이번에도 독일군은 눈부신 전격전을 펼쳐 12일에 유고슬라비아의 수도 베오그라드를 점령했고, 17일에는 유고슬라비아군의 항복을 받았다. 이어 22일에 그리스군의 항복을 받아냈고, 27일에 아테네에 입성했다. 5월 11일에 이르면 독일군은 그리스의 본토 전부와 크레타 섬을 제외한 그리스의 모든 섬을 점령하게 된다. 그리스를 도우러 왔던 영국군 가운데 5만 명의 병력은 탱크 등 중장비를 모두 버리고 황급히 철수했다. 덩케르크 철수의 재판이었다. 독일군은 유고슬라비아군 34만 명, 그리스군 22만 명, 영국군 2만 명을 포로로 잡았다. 독일군의 손실은 전사 2500명, 부상 6000명, 실종 3000명에 불과했다.

5월 20일 아침에 독일군이 지중해의 요충지인 크레타 섬을 침공하기 시작했다. 공군이 크레타 섬의 말레메 비행장을 맹렬히 폭격했고, 8시경에는 공수부대가 대규모로 낙하했다. 크레타 섬의 영국군 방비는 미약한 상태였다. 총 2만 8천여 명의 영국군 병사가 있었지만 항공기는 없었다. 31일까지 치열한 전투를 벌인 끝에 독일군이 크레타 섬 전체를 장악했다. 영국군은 28일부터 철수 작전을 시작하여 31일까지 1만 8천여 명의 병력이 철수하는 데 성공했다. 포로로 잡힌 영국군과 영연방군은 모두 1만 5천 명이었다.

5월 27일 루스벨트 미국 대통령은 "전쟁이 우리 땅에 바짝 다가오고 있다”면서 “무기한 국가비상사태(Unlimited National Emergency)”를 선포했다. 미국은 대서양을 통해 영국에 군수물자를 보급하고 있었는데, 독일은 이미 1월 말에 영국으로 원조물자를 수송하는 선박은 어떤 국적의 선박이든 격침시키겠다고 선언한 바 있었다. 미국과 독일은 서로 선전포고도 하지 않았지만 이미 교전상태에 들어가 있었다.

1941년 6월 22일 오전 3시 30분부터 독일군이 120개 사단 240만 명의 병력과 3600대의 전차, 7천 문의 각종 대포, 2700대의 항공기, 60만 대의 차량을 동원하여 소련을 침공했다(물자수송을 위해 말도 70만 마리가 동원됐다). 이는 독일 육군의 75%와 독일 공군의 60%에 해당하는 전력이었다. 이와 함께 핀란드군, 루마니아군, 헝가리군, 체코슬로바키아군, 이탈리아군도 참전했다.

독일군은 프랑스를 침공했을 때와 같이 3개 집단군으로 편제됐고, 그 사령관들도 같았다. 레프 원수가 지휘하는 북부집단군(Army Group North; 29개 사단으로 구성됨. 3개의 기갑사단과 5개의 기계화사단 포함)은 동프로이센 지역에서 발트 해를 거쳐 레닌그라드로, 룬트슈테트 원수가 지휘하는 남부집단군(Army Group South; 41개 사단으로 구성됨. 3개 기갑사단과 3개 기계화사단 포함)은 폴란드 남부에서 우크라이나의 수도 키에프로, 보크 원수가 지휘하는 중앙집단군(Army Group Center; 50개 사단으로 구성됨. 9개 기갑사단과 6개 기계화사단 포함)은 민스크, 스몰렌스크, 모스크바로 각각 진격했다.

소련은 158개 보병사단과 40개 전차여단을 동원해 맞섰다. 소련군의 항공기는 약 7500대로 독일군에 비해 거의 3배나 되는 수적 우위를 차지하고 있었으나 그 대부분이 구식이었고 조종사도 부족했다. 소련군은 전자노 2만 대나 보유하고 있었으나, 그 대부분이 보병지원용이어서 소부대로 나뉘어 배치돼있었다. 그러나 소련이 동원할 수 있는 예비군 병력은 1200만 명이 넘어, 인적자원 면에서 소련이 독일을 압도했다. 공업생산 능력에서도 소련은 독일에 뒤지지 않았다. 다시 말해 전쟁이 지구전으로 가게 되면 소련이 승리할 가능성이 높았다.

독일의 바르바로사 작전은 주요 공격방향도 정하지 못한 채 시작됐다는 점에서 커다란 결함이 있었다. 독일군 수뇌부는 소련의 수도이자 군수공업과 철도망의 중심지인 모스크바를 주요 공격목표로 삼으려고 했으나, 히틀러는 북부 공업지대이자 광대한 곡창지대와 도네츠 공업지대를 품고 있는 우크라이나와 300년간 러시아의 수도였던 레닌그라드에 더 큰 관심을 가지고 있었다. 결국 독일군은 주요 공격방향을 결정짓지 못하고 전쟁에 들어갔고, 국경지역의 전투가 끝나는 대로 주요 공격방향을 결정하기로 했다. 그래도 병력배치 상황을 보면 중앙집단군이 가장 강력해서 독일군 수뇌부의 견해가 어느 정도 반영된 상태였다.

이처럼 주요 공격방향은 미리 결정되지 않았으나 세부 작전계획은 대단히 우수하고 치밀했다. 독일군은 소련을 침공하기 위해 '쐐기와 함정(Keil und Kessel; Wedge and Trap)' 이라는 새로운 전법을 창안했다. 이것은 한마디로 폴란드와 프랑스 전역에서 위력을 발휘한 전격전 전술을 소련의 지리적 특징과 소련군의 배치상황에 맞게 발전시킨 전법이었다. 이 전법의 구체적인 내용은 다음과 같았다.

(1) 먼저 정면의 적을 묶어두기 위해 보조 공격부대인 보병이 견제공격을 실시하고, 그 양 측방에 각각 주공(主攻)을 둔다.

(2) 양익에 위치한 주공의 첨단에 보병을 배치해 돌파구를 열고, 그 돌파구로 기갑부대가 깊숙이 침투해 적의 후방을 유린함과 동시에 포위망의 바깥쪽 고리를 형성한다.

(3) 차량화 보병부대가 기갑부대와 붙어 전진하면서 기갑부대의 측방을 엄호함과 동시에 포위망의 안쪽 고리를 형성한다.

(4) 차량화 보병부대는 정면에서 견제공격을 하던 보병부대와 협조해 포위망 안의 적을 소탕한다.

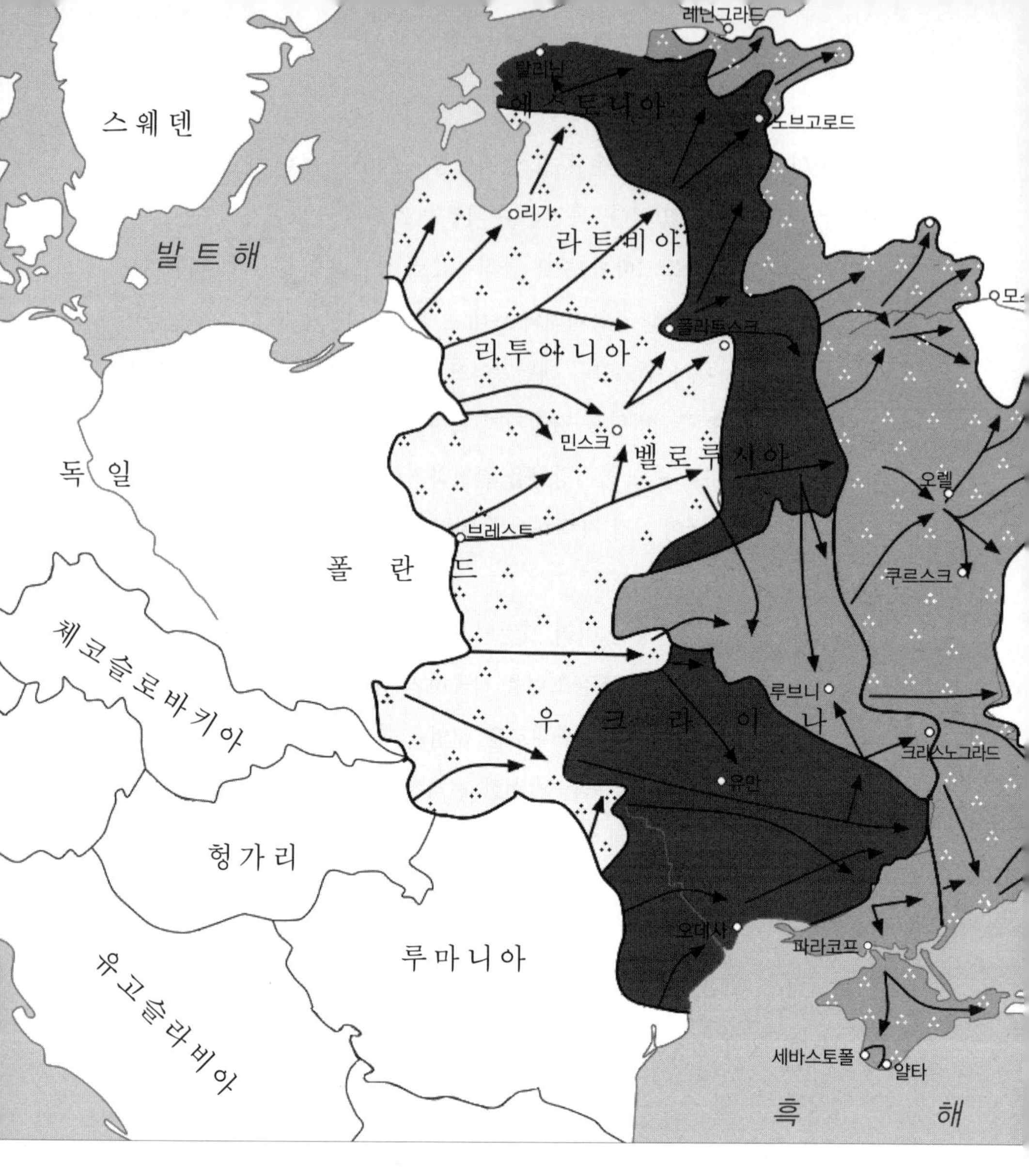

개전 후 몇 주 동안 독일군은 소련의 방어선을 무너뜨리고 경이적인 속도
로 진격했다. 레프 원수가 지휘하는 북부집단군은 동프로이센에서 진격을 시
작해 소련군의 완강한 저항과 울창한 삼림, 허다한 소택지를 뚫고 예정대로 에
스토니아, 라트비아, 리투아니아를 점령했다. 그러는 동안에 드비나 강 서안의

소련군 약 12개 내지 15개 사단이 격파됐다.

중앙집단군의 진격이 특히 놀라운 성공을 거두었다. 중앙집단군 예하 제2기갑군(사령관 구데리안)은 6월 22일 하루에 80km를 진격했고, 27일에 민스크에 이르렀다. 제3기갑군(사령관 헤르만 호트)은 제2기갑군과 더불어 '쐐기와 함정' 전법을 사용해 공격을 시작한 뒤 첫 주에 비알리스토크와 민스크 부근에서 소련군 100만 명을 가두어버리는 거대한 포위망을 형성했다. 그러나 보병의 진격이 기갑부대를 따르지 못해 이 포위망은 불완전했다. 이 과정에서 독일군은 탱크 1500대, 야포 1400문을 노획하고 소련군 30만 명을 포로로 잡았으나, 그 밖의 소련군 다수는 동쪽으로 탈출하는 데 성공했다.

제2기갑군은 7월 10일 드네프르 강을 건넜고, 16일에는 스몰렌스크에 진입했다. 제2기갑군은 다시 제3기갑군과 더불어 포위망을 완성했고, 19일에는 스몰렌스크 주위의 포위망을 좁혀 소련군 20만 명을 생포하고 탱크 2000대와 야포 1900문을 노획했다. 이로 인해 이 지역의 소련군은 완전히 지리멸렬한 상태에 빠져 모스크바로 통하는 직통로가 사실상 열린 것이나 다름없었다. 7월 중순 무렵에 이르면 독일의 중앙집단군은 640km를 진격함으로써 모스크바까지 320km를 남겨놓게 된다. 7월 21일부터는 독일군의 폭격기들이 모스크바를 폭격하기 시작했다.

룬트슈테트 원수의 남부집단군은 소련군의 효과적인 지연전과 때마침 내린 비로 인해 진격을 예상했던 것만큼 순조롭게 하지 못했다. 그럼에도 불구하고 클라이스트 장군이 지휘하는 제1기갑군은 착실히 진격해 7월 중순경에 키예프 외각에 도달했다. 키예프 방면의 소련군은 사력을 다해 저항했고, 주력부대를 드네프르 강 이동으로 철수시키는 데 성공했다. 이후 독일 남부집단군은 우만 부근에서 미처 철수하지 못한 소련군 약 16~20개 사단을 격파하는 등 우크라이나를 휩쓸었지만, 키예프는 여전히 소련군이 버티면서 장악하고 있었다.

소련군은 포위된 가운데서도 완강히 저항해 독일군을 놀라게 했다. 7월 20일에 독일과의 국경선 바로 위쪽에 있는 브레스트리토프스크 요새가 한 달 가까이 버틴 끝에 비로소 함락됐다. 이 요새가 함락되기 직전에 한 소련군 병사가 벽에 "나는 죽어가지만 항복은 하지 않는다! 조국이여 안녕. 1941년 7월 20일"이라는 낙서를 남겼다.

15장

진주만 공습과 소련의 모스크바 방어

독일이 소련을 침공하자 일본은 독일 편에 서서 소련과 전쟁을 해야 하느냐, 아니면 남진을 계속해야 하느냐에 대한 중대 결정을 내려야 했다. 마쓰오카는 즉각 대소련 전쟁을 개시할 것을 주장했으나 육군의 주류는 이에 반대했다. 7월 2일 어전회의에서 다음과 같은 3대 기본원칙이 결정됐다.

(1) 일본은 당분간 소련에 대한 공격에 참가하지 않기로 하되 전쟁의 추이에 따라 무력을 행사해서 북방문제를 해결한다.
(2) 미국의 참전을 적극 저지하되 만일 미국이 참전하는 경우에 일본은 3국동맹에 기초해 행동한다.
(3) 일본은 인도차이나 전역에 대한 지배권을 확보하고 남방진출을 계속한다.

이 결정에 따라 일본 육군은 관동군을 크게 강화하여 소련과의 전쟁에 대비했다. 관동군의 병력은 70만 명으로 늘어났다. 소련은 일본의 침공에 대비해 극동지역 소련군을 유럽의 대독일 전선으로 이동시키지 않고 그대로 유지시켰다.

7월 18일에 3차 고노에 내각이 구성됐다. 이 새로운 내각구성의 목적은 오직 하나였다. 그것은 미국과의 전쟁을 결사반대하는 외무대신 마쓰오카를 제거하는 것이었다. 마쓰오카는 미국과 전쟁을 하는 것은 일본이 파멸로 가는 길이라고 주장했고, 자신의 예언은 적중하지 않은 적이 없다고도 말한 바 있었다.

7월 22일 일본군이 인도차이나 반도에 진입했다. 26일 일본 정부는 프랑스의 비시 정권을 압박해 일본군의 남부 인도차이나 진주를 프랑스가 용인하는 내용의 공동방위의정서를 체결했다. 미국은 바로 그날 미국 내의 모든 일본인 재산을 동결시켰고, 8월 1일에는 일본에 대한 석유 수출을 금지했다.

8월 초 만주의 심양에서 일본 관동군 참모부와 만주철도회사 조사부 등의 요인들이 참석한 가운데 전시경제조사 중간보고 회의가 열렸다. 명목은 그랬지만 실제로는 '북진인가, 남진인가(즉 소련과의 전쟁인가, 미국과의 전쟁인가)' 라는 중대한 문제에 대해 결정을 하기 위한 회의였다. 이 회의에는 비밀 공산주의자들도 다수 참석해 그들의 이념적 조국인 소련에 대한 전쟁을 반대했다. 그중에는 고노에 수상의 측근인 내각촉탁 오자키 호쓰미(尾崎秀實)도 있었다. 오자키는 다음과 같이 역설했다.

시베리아로 북진한다 해도 풍부한 자원이 곧 손에 들어오는 것이 아니다. 오히려 시베리아 작전으로 국력을 소모하면 배후에서 미국이 쳐들어올 가능성이 있다. 이에 비하면 남방에는 일본이 전쟁을 수행하는 데 필요한 자원이 풍부하게 있다. 따라서 우리는 지금 단호히 미국과 영국을 치고 남방으로 나아가야 한다. 게다가 독일이 소련을 타도할 것이 명백한데 그렇게 되면 수고하지 않아도 시베리아는 우리의 손아귀에 굴러 들어온다. 따라서 지금 조급하게 시베리아로 진공할 필요가 없다.

8월 9일 일본 대본영의 육군본부는 연내에는 대소련 개전을 단념하고 남방으로의 진출에 전념한다는 내용의 '제국육군 작전요강'을 결정했다.

8월 12일 루스벨트 미국 대통령과 처칠 영국 수상이 8개조로 구성된 '대서양 헌장(Atlantic Charter)'을 발표했다. 여기서 양국 정상은 미래의 새로운 세계질서는 다음과 같은 8개 원칙에 입각해야 한다고 천명했다.

(1) 영토의 확장을 포함해 어떤 형태의 확장도 추구하지 않는다.
(2) 주민의 의사에 반대되는 영토 변경을 추구하지 않는다.
(3) 모든 국민의 정부형태 선택권은 존중되며, 박탈당한 주권을 회복하게 한다.
(4) 현존하는 의무들을 준수하며, 모든 국가가 무역과 천연자원을 획득하는 데서 균등한 대우를 받는다.
(5) 경제 분야에서 모든 국가는 서로 최대한으로 협력한다.
(6) 나치가 멸망한 후 평화로운 세계를 건설한다.
(7) 공해(公海)의 자유를 지킨다.
(8) 침략국가의 무장을 해제시키고, 힘의 사용을 배제한다.

미국은 아직 중립국이었으나 이 대서양 헌장에서 참전을 기정사실화했다. 대서양 헌장은 미국 대통령과 영국 수상이 각각 군 수뇌부를 동반하고 캐나다의 뉴펀들랜드(Newfoundland) 섬에 있는 마을 아젠서(Argentia)의 앞바다에 띄워놓은 군함 '프린스 오브 웨일스'에서 만나 수차례 정상회담을 가진 끝에 작성한 것이었다.

이 회담에서 영국 수뇌부는 미국이 엄청난 공업생산력을 갖고 있는 데 비해 전쟁준비는 너무나 미비한 것에 크게 놀랐다. 미국의 중전차 생산량은 월 40대에 불과했다. 영국 공군의 부원수인 프리먼(Freeman)이 6천 대의 중폭격기를 공급해줄 것을 요구했는데, 이는 미국에서는 1년치의 생산량에 해당된다

프랭클린 루스벨트 미국 대통령과 윈스턴 처칠 영국 수상이 프린스 오브 웨일스 함상에서 협상을 하던 중에 함께 예배에 참여하고 있다.

는 답변을 듣고 할 말을 잃었다. 영국 측은 미국이 1940년까지는 항공기의 부품과 연료를 일본에 판매하기까지 했다는 사실을 알고는 더욱 놀랐다. 미국 고립주의자들의 영향력을 영국 측에서는 이해하기 어려웠던 것이다.

7월 중순경 모스크바로 향하는 통로가 열렸음에도 불구하고 독일의 중앙집단군은 9월 초까지 약 6주 동안 스몰렌스크 지역에 그냥 머무르고 있었다. 너무 신속하게 진격한 나머지 보급이 뒤따르지 못해서 병참사정이 악화됐고, 그동안의 전투로 인해 기계화부대의 약 50%와 보병부대의 약 65%가 정비와 장비보충을 필요로 했기 때문이었다. 이보다 더 큰 이유는 국경지역의 작전이 끝나고 나서 결정하기로 한 주공(主攻) 방향이 아직 미결정 상태로 남아있기 때문이었다.

국경지역의 전투가 끝난 뒤 주공 방향을 결정해야 할 때가 되자 독일군 참모부의 의견과 히틀러의 의견이 또다시 엇갈렸다. 대부분의 독일군 고위 장성들은 모스크바를 점령하기만 하면 자동적으로 볼가 강 서쪽 지역에서는 소련군의 저항이 종식되리라고 보았다. 총사령관 브라우히치(Werner von Brauchitsch) 원수와 할더 참모총장이 이끄는 육군 총사령부는 모스크바가 군수물자 생산의 중심인데다가 운수교통의 중심이기도 하다는 점을 히틀러에게 지적했다. 모스크바를 함락시키면 소련은 멀리 떨어져 있는 전선에 군대나 보급물자를 수송할 수 없게 되어 여타 방면의 소련군은 자동적으로 붕괴할 것이라고 그들은 주장했다.

보고되는 모든 첩보도 모스크바 직공을 택해야 한다는 주장을 뒷받침했다. 소련군은 수도 모스크바를 방위하기 위해 모스크바의 전면에 집결하고 있었다. 또한 7월에 독일 중앙집단군에 의해 2중으로 포위된 상태에서 탈출한 소련군 50만 명이 스몰렌스크의 바로 동쪽에 참호를 파고 독일군의 모스크바 진격을 저지할 준비를 하고 있었다.

그런데 히틀러는 레닌그라드와 우크라이나 쪽으로 진격할 것을 고집했다. 키예프의 돌출전선에서 항전하고 있는 소련군을 격멸하면 풍부한 곡창과 도네츠 광공업 지대를 품고 있는 우크라이나가 손아귀에 들어오게 된다는 것이었다. 더 나아가 소련군의 카프카스 유전지대를 차단할 수 있고, 크림 반도에서 출격하여 독일군의 루마니아 유전지대를 위협해온 소련 공군기지도 제거할 수 있다는 것이었다.

이리하여 히틀러는 참모부의 반대를 물리치고 8월 21일 레닌그라드와 키예프를 포위하라고 명령했다. 키예프 포위전을 위해 중앙집단군은 기존의 전선을 유지하면서 예하부대 가운데 가장 강력한 구데리안 상급대장의 제2기갑군과 바이크스 장군이 지휘하는 제2군을 남방으로 보내야 했다.

8월 25일 구데리안이 총통 본부에 도착하여 히틀러에게 즉시 모스크바 공격을 시행할 것을 강력히 건의했다. 그러나 히틀러는 요지부동이었다.

8월 25일 제2기갑군과 제2군이 남방으로 이동하기 시작했고, 8월 31일 북부집단군이 레닌그라드와 16km 떨어진 지점까지 진격했다. 9월 16일에는 제2기갑군과 제2군이 키예프에서 동쪽으로 264km 떨어진 루브느이 부근에서 남부집단군의 제1기갑군과 합류해 포위망을 완성했다. 키예프는 9월 19일 함락됐고, 포위된 소련군은 26일 항복했다. 이로써 독일군은 중앙집단군과 남부집단군 사이에 쐐기처럼 박혀 있던 키예프 돌출전선을 제거하고 포로 65만 명, 탱크 890대, 야포 3700문을 포획했다.

이는 단일 전투로는 역사상 최대 규모의 승리였다. 히틀러는 이로써 소련의 붕괴가 확실해졌다고 믿었으나 독일군 참모부는 이 승리의 전략적 가치에 대해 회의를 품었다. 소련군은 키예프에서 피를 흘린 것을 대가로 독일군의 공격을 1개월이나 이 지역에 묶어둠으로써 그 사이에 모스크바 전면의 방어진지를 강화하고 대부분의 공업시설을 우랄산맥 이동 지역으로 철수시킬 수 있었다. 소련군의 병력손실 규모가 엄청나게 크기는 했어도 무진장하다고 할 수 있는 소련의 인적 자원 전체에 비추어보면 치명적인 손실은 아니었다. (1941년 말까지 독일군에 포로로 잡힌 소련군 병사는 335만 명이었고, 전사자는 266만 3천 명이었다. 스탈린의 아들 야콥 스탈린도 중위로 참전했다가 7월에 독일군의 포로가 됐다. 독일군이 1명 전사할 때 소련군은 20명이 죽은 셈이다.)

한편 9월 6일 일본의 어전회의에서 다음과 같은 요지의 '제국국책 수행요강'이 결정됐다.

(1) 미국, 영국과의 전쟁을 불사한다는 각오로 10월 하순까지 전쟁준비를 완료한다.

(2) 전쟁 준비와 더불어 외교적 수단으로 일본의 요구를 관철하는 노력을 기울인다.

(3) 10월 초순까지 외교적 수단에 의해 요구가 관철되지 않으면 미국, 영국과

의 전쟁을 결정한다.

외교적 타결의 가능성은 거의 없다는 것이 일본의 판단이었으므로 이것은 실제로는 개전을 결정한 것이었다. 독일인 신문기자의 신분으로 일본에서 활동하고 있었던 소련 간첩 조르게(Richard Sorge)는 이에 관한 정보를 오자키를 통해 입수해 소련 정부에 알렸다. 조르게는 6월에 독일의 소련 침공에 대해서도 정확한 정보를 입수해 보고한 바 있었다. 조르게를 의심하던 스탈린은 그 뒤로 조르게의 정보를 믿게 됐다. 만주 국경에 배치돼있던 극동소련군은 시베리아 횡단열차를 타고 독소 전선으로 이동하기 시작했다. (조르게 일당은 10월에 체포되어 11월에 사형이 집행됐다. 조르게는 아버지가 독일인, 어머니가 러시아인이었다. 1964년에 소련 정부는 조르게에게 레닌 훈장을 수여했다.)

키예프 포위전이 끝나자 히틀러는 모스크바 진격을 명령했다. 제2기갑군과 제2군이 중앙집단군에 다시 편입됐고, 북부집단군 소속의 제4기갑군(회프너 사령관이 지휘)도 중앙집단군에 배속됐다. 중앙집단군은 모두 69개 사단으로 늘어났다.

히틀러는 모스크바를 점령하는 것만으로는 만족할 수 없었다. 그는 북부집단군을 지휘하는 레프 원수에게 레닌그라드를 포위하고, 북진해서 핀란드군과 합류하고, 다시 진격해 무르만스크 철도를 차단하라고 명령했다. 그리고 남부집단군을 지휘하는 룬트슈테트 원수에게는 흑해 연안을 소탕하고, 로스토프를 점령하고, 볼가 강을 따라 스탈린그라드로 진격하라고 했다.

북부집단군은 9월 26일 레닌그라드 근처의 라도가 호수에 이르렀고, 이때부터 900일 간 계속되는 레닌그라드 포위에 들어갔다.

10월 2일 모스크바를 향한 독일군 중앙집단군의 공격이 재개됐다. 중앙집단군의 기습이 성공함에 따라 소련의 수비망은 1주일 만에 무너졌다. 남부 우크라이나 방면에 투입됐던 구데리안의 제2기갑군은 중앙집단군으로부터

240km나 떨어져 있었는데, 9월 30일에 이동을 시작하여 당일로 80km 거리를 주파했다.

10월 5일 레닌그라드를 지키던 주코프 장군은 즉시 모스크바로 돌아와 그곳의 전선을 안정시키라는 스탈린의 전신 명령서를 받았다. 그는 10일부터 모스크바 전방의 모든 소련군을 지휘하게 됐다. 그는 모스크바에서 64km 떨어진 모즈하이스크에 방어선을 구축했다.

독일 중앙집단군은 10월 초반의 2주간에 세 개의 거대한 포위망을 형성했다. 그중 두 개의 포위망은 브리얀스크 부근에, 다른 하나의 포위망은 비아즈마의 서쪽에 쳐졌다. 이 포위작전에서 중앙집단군은 소련군 66만 3천 명을 포로로 잡고 야포 5천 문과 전차 1200대를 포획했다.

독일 기갑부대는 10월 18일까지 모스크바 북쪽의 칼리닌과 모스크바 남쪽의 칼루가 등 두 도시를 장악해서 또 한 번 포위전을 벌이려고 했다. 측면 공격을 받게 되자 주코프 장군은 어쩔 수 없이 후퇴해야 했다. 이 와중에 국지적인 승리와 국지적인 재앙이 있었다. 몽고 기병사단 2천 명이 눈이 쌓인 확 트인 벌판을 가로질러 독일군을 향해 돌격하다가 기관총 사격을 받아 전멸했다. 20세기의 최신식 무기를 갖춘 소련군은 잘 싸웠다. 가장 우수한 독일 탱크보다 성능이 앞서는 신형 T-34 탱크를 사용할 수 있었던 곳에서는 소련군이 독일군을 저지할 수 있었다. 그러나 1941년에는 T-34 탱크의 생산량이 너무 적었다.

10월 19일 모스크바에 계엄령이 선포됐고, 20일에는 독일 기갑부대의 선봉부대가 모즈하이스크를 점령했다. 소련 정부와 모스크바의 외국 대사관들은 황급히 볼가 강 유역의 쿠이비세프로 철퇴했다. 스탈린도 모스크바를 떠나기 위해 특별열차와 비행기를 대기시켜 놓았으나 마지막 순간에 모스크바에 남기로 결심했다. 이는 모스크바를 방어하는 소련군과 모스크바 시민의 사기를 끌어올렸다. 냉철하기로 유명한 할더 참모총장도 이제는 좋은 날씨만 갖춰지면 대담한 지휘로 혹독한 러시아의 추위가 오기 전에 모스크바를 점령할 수 있다

1941년 11월. 모스크바로 들어가는 길이 온통 진흙투성이다.

고 믿게 됐다. 미국, 영국, 일본도 모두 소련의 붕괴가 임박했다고 보았다.

그러나 10월 중순부터 가을비가 억수같이 내리기 시작하면서 도로가 진흙탕으로 바뀌었고, 비가 그친 뒤에는 기온이 급강하했다. 이로 말미암아 겨울이 오기 전에 전쟁을 끝내려고 했던 독일군이 월동장비도 없이 동장군(General Winter)과 진흙장군(General Mud)을 상대하게 됐다.

겨울이 오기 전에 소련을 붕괴시킨다는 계획에 따라 진격에 나선 독일군은 방한복이 없었기에 추위에 떨어야 했다. 보병은 발이 푹푹 빠지는 진흙길을 걸어가야 했고, 대포 1문을 끌고 가는 데도 몇 마리의 말이 필요했다. 중포(重砲)의 태반은 움직일 수도 없었다. 더구나 병참선이 길어지면서 보급이 악화됐다. 인적 자원이 무진장한 소련은 피로해진 독일군의 정면에 새로운 부대를 끊임없이 투입했다. 러시아 특유의 빨치산 부대도 독일군을 후방에서 기습했다. 독일군의 진격속도는 급격히 떨어졌다.

사태가 이렇게 되자 독일 육군의 총사령관인 브라우히치 원수와 할더 참모총장은 군대를 철수하든가, 아니면 봄이 올 때까지 공격을 중지하자고 건의했다. 그러나 히틀러는 겨울이 오기 전에 전쟁을 끝낼 결심으로 모스크바를 향한 최종 공세를 명령했다.

모스크바에 대한 독일군의 최종 공세는 '태풍작전(Operation Teifun)' 으로 명명됐다. 제4군 사령관인 클루게(Hans Günter von Kluge) 원수가 총지휘하는 가운데 제4군은 모스크바의 정면을 공격했고, 제4기갑군과 제3기갑군은 모스크바의 북방을, 제2기갑군은 모스크바의 남방을 각각 공격했다.

일본에서는 10월 16일 고노에 수상이 사직하고 육군장관인 도조 히데키(東條英機)가 후임으로 수상에 취임했다. 도조 내각은 '제국국책 수행요강' 을 수정해 11월 5일 '제국국책 수행요령' 과 '대미 교섭 갑안(甲案)과 을안(乙案)' 을 결정했다. 제국국책 수행요령과 대미 교섭 갑안과 을안의 내용은 다음과 같다.

(1) 일본은 미국, 영국과의 전쟁을 결정하고 다음의 조치를 취한다.
　① 무력발동의 시기를 12월 초순으로 정하고 육해군은 작전준비를 완료한다.

도조 히데키

② 미국과의 교섭은 별지 갑, 을의 요령에 따라 행한다.

③ 독일, 이탈리아와의 제휴를 강화한다.

④ 무력발동 직전에 태국과 긴밀한 군사관계를 수립한다.

(2) 미국과의 교섭이 12월 1일 오전 0시까지 성공하면 무력발동을 중지한다.

〈대미 교섭 갑안〉

(1) 통상무차별 문제: 통상무차별 원칙이 전세계적으로 적용된다는 전제 아래 중국을 비롯해 태평양 전역에도 이 원칙을 적용한다.

(2) 3국동맹 문제: 자위권의 해석을 무리하게 확장하지 않는다. 그러나 3국동맹 조약의 해석은 일본 스스로 결정한다.

(3) 철병 문제: 중국의 화북, 몽고 및 신강 지역의 일정 지역, 그리고 해남도의 일본군은 중일평화 수립 이후 필요한 기간 동안 주둔한다. 필요한 기간은 25년을 목표로 한다. 그 외의 지역에 주둔한 일본군은 중일평화 수립 이후 2년 이내에 철병을 완료한다. 프랑스령 인도차이나에 주둔하고 있는 일본군은 중일 문제가 해결되거나 극동에서 평화가 확립되면 철병한다.

〈대미 교섭 을안〉

(1) 미국과 일본 양국은 프랑스령 인도차이나 이외의 동남아시아 및 남태평양 지역에 무력으로 진출하지 않는다.

(2) 양국은 네덜란드령 인도차이나의 물자를 획득하는 데 서로 협력한다.

(3) 양국은 통상관계를 자산동결 이전의 상태로 복원한다. 미국은 일본에 필요한 석유를 공급한다.

(4) 미국은 중일평화 성립을 방해하지 않는다.

참고사항: 이 교섭이 성공하면 남부 프랑스령 인도차이나 주둔 일본군은 북

부로 이동할 용의가 있음. 또 중일평화가 성립되거나 극동평화가 확립되면 북부의 군대도 철병할 것을 약속해도 좋음. 필요에 따라서는 갑안 가운데 통상무차별 대우에 관한 규정과 3국동맹 조약의 해석과 이행에 관한 규정을 추가해도 좋음.

또한 일본의 대본영 정부연락회의는 '대미영란 전쟁에 있어서 초기 및 수년간의 작전적 예상'이라는 문건이 채택됐는데, 그 결론은 다음과 같았다.

(1) **육군 작전**: 남방에 대한 초기의 육군 작전은 분명히 상당한 곤란이 예상된다. 이후에는 해군의 해상교통 확보와 더불어 필요지역을 확보할 수 있게 될 것이다.

(2) **해군 작전**: 초기 작전의 수행 및 현 병력으로 실시하는 요격 작전에는 승산이 있다. 초기 작전이 적절하게 시행될 것이므로 우리는 남서태평양에서 전략 요충을 확보하고 장기 작전에 대응할 태세를 확보하는 것이 가능하게 될 것이다. 그와 동시에 대미 작전은 무력으로 적을 굴복시키는 수단이 아니라 장기전이 될 각오를 요하며, 장기전은 미국의 군비 확장에 대응하여 우리 해군 전력을 적절히 유지하는 데 달려 있고, 전황은 유형무형의 각종 요소를 포함한 국가 총력의 여하 및 세계정세의 추이 여하에 따라 크게 좌우될 것이다.

이처럼 일본은 육군과 해군 모두의 초기 작전에 대해서만 예상이 서 있었고, 그 뒤의 전망은 불투명했다.

당시 미국은 병력 150만 명(이중 100만 명은 훈련 미필), 항공기 1157대, 항공모함 7척을 비롯해 군함 347척을 보유하고 있었고, 수송선은 톤수로 1천만 톤이나 되었다. 그러나 전시체제로 전환하지 못하고 있었다. 동남아시아와 서

태평양에 주둔하고 있는 미국, 영국, 네덜란드 3국군의 병력은 모두 합해 35만 명에 불과했고, 질적으로도 열악했다.

이에 비해 일본은 240만 명의 정규군과 300만 명의 예비군, 7500대의 항공기와 235척의 군함(항공모함 10척, 전함 10척, 중순양함 18척, 경순양함 20척, 구축함 112척, 잠수함 65척)을 보유하고 있었으며, 수송선단도 톤수로 600만톤 규모였다.

뿐만 아니라 일본군은 그 전략적 배치에서 대단히 유리했다. 태평양 중부에 있는 일본의 위임통치령(팔라우 제도, 캐롤라인 제도, 마리아나 제도, 마셜 제도 등)은 동쪽으로 하와이, 미드웨이, 웨이크, 서쪽으로 필리핀, 남쪽으로 비스마르크, 솔로몬, 뉴기니, 오스트레일리아를 겨냥한 공격기지가 될 수 있었다. 또한 대만, 오키나와, 해남도(海南島)와 중국 해안지역의 각 기지는 남진하는 일본군을 보호하는 역할을 할 수 있었고, 프랑스령 인도차이나에서 출격하는 항공기는 말레이 반도와 싱가포르를 제압하기에 유리했다.

개전 초기에는 일본군의 승리를 쉽게 예상할 수 있었으나, 최종적인 승리에 대한 전망은 불투명했다. 공업생산력과 물적 자원에서는 미국과 일본의 격차가 너무나 컸기 때문이다.

1941년 8월 15일 미국에 파견됐던 이와쿠로 히데오(岩畔豪雄) 대령이 미국의 전력(戰力)과 관련된 중요한 자료를 가지고 일본으로 돌아왔다. 일본과 미국의 생산능력을 비교하면 강철 생산은 1 대 20, 석탄 생산은 1 대 10, 알루미늄 생산은 1 대 6, 항공기 생산은 1 대 5, 석유는 1 대 500, 자동차는 1 대 45였고, 공업 노동력은 1 대 5였다. 그의 결론은 일본과 미국의 전쟁이 장기화되면 일본에 승산이 없으니 감정이 어떻든 간에 전쟁을 시작해서는 안 된다는 것이었다.

그럼에도 불구하고 일본 정부가 미국과 전쟁을 하기로 결정한 것은 독일이 소련을 연내에 붕괴시킬 것이라는 전망 때문이었다. 모스크바 주재 일본 대사관은 매일 독일군의 진격상황을 본국에 타전하면서 소련의 붕괴가 확실하다고 보고했다. 미국과 영국도 소련이 패배할 것으로 예상했다. 일본 육군은 독일군의 승전이 마치 자신의 승전이라도 되는 듯이 기뻐했다. 독일군이 소련을 무너뜨린 다음에는 3국동맹에 따라 독일이 미국에 선전포고할 것이고, 일본과 독일 두 나라를 상대로 해서는 미국도 이길 수 없다고 일본 정부는 보았다.

11월 7일 미국 주재 일본대사 노무라는 갑안을 코델 헐 미 국무장관에게 제시했다. 15일에는 일본 대본영 정부연락회의가 '대미영란 전쟁 종말 촉진에 관한 복안'이라는 문서를 작성했는데, 이 역시 희망적인 조건들을 열거한 '작문'이었다. 그 주요 내용은 다음과 같다.

(1) 조속히 극동에서 미국, 영국, 네덜란드의 근거를 궤멸시켜 자존자위를 확립함과 더불어 적극적인 조치로 장개석 정권의 굴복을 촉진하고 독일, 이탈리아와 제휴하여 우선 영국의 굴복을 도모하며, 미국이 전쟁지속 의지를 상실하게 한다.

(2) 적극적으로 전쟁상대의 확대를 방지하고 제3국의 도움으로 이익을 얻도록 힘쓴다.

11월 20일 일본 정부가 미국 정부에 을안을 제시했다. 헐 장관은 이것이 일본의 최종안이라는 것을 알고 있었다. 을안도 중국과 인도차이나에서 일본군이 철수해야 한다는 미국의 요구를 거부하는 내용이었다. 미국 정부는 우방국들과 협의한 뒤 11월 26일 일본 대사 노무라에게 최후통첩과 같은 3통의 문서를 수교했다. 그 주요 내용은 다음과 같았다.

(1) 미국, 일본, 영국, 네덜란드, 태국, 소련 간에 불가침조약을 체결한다.

(2) 미국, 일본, 영국, 중국, 네덜란드, 태국은 프랑스령 인도차이나의 주권을

존중한다.

(3) 중국과 프랑스령 인도차이나의 일본군은 완전히 철수한다.

(4) 일본은 3국동맹에서 탈퇴한다.

이것은 일본에 만주사변 이전으로 돌아가라고 요구한 것으로서 일본 정부로서는 도저히 받아들일 수 없는 것이었다.

12월 1일 일본 정부는 개전을 결정했다. 이에 앞서 이미 11월 26일에 항공모함 6척, 전함 2척, 중순양함 2척, 경순양함 1척, 구축함 11척, 잠수함 3척, 유조선 8척으로 구성된 일본의 특별 기동함대가 하와이를 향해 발진했다(해군제독 야마모토가 제안한 하와이 기습공격 계획은 10월 20일 '제국해군 작전방침'으로 채택됐다).

11월 15일 독일군의 태풍작전이 시작됐다. 제4기갑군은 11월 25일 모스크바에서 볼가 강으로 통하는 운하선(運河線)에 도달했고, 제2기갑군은 툴라 시를 우회해 남쪽으로부터 압력을 가했으며, 제4군은 모스크바 방어선의 최종 관문인 나라 강까지 진출했다. 이제 모스크바는 세 방면의 독일군으로부터 50km 거리에 위치하게 됐다.

그러나 월동준비를 갖추지 못한 독일군은 강추위에 시달렸다. 13만 3천 명이 넘는 동상 환자가 발생했고, 잠을 제대로 자지 못해 피로가 가중됐다. 더구나 부동액이 모자라 운용할 수 있는 전차와 트럭의 수가 크게 줄어들었다. 날씨는 갈수록 더욱 나빠졌다. 대낮에도 몇 미터 앞을 볼 수 없을 만큼 안개가 심하게 끼었고, 오후 3시만 되면 해가 저물어 이내 사방이 캄캄해졌다. 반면에 소련군은 점점 더 증강됐다.

11월 21일 구데리안 제2기갑군 사령관은 할더 참모총장에게 전화를 걸어 자신의 기갑부대가 "능력의 한계에 달했다"고 말했다. 구데리안은 이날 깊은 시름에 잠겨 이렇게 상황을 기록했다.

항공모함(Aircraft Carrier)

항공기를 탑재하고 발착시키는 동시에 함상에서 정비와 보급까지 할 수 있어 바다에 떠있는 비행장의 역할을 하는 군함이다. 1918년에 영국에서 처음으로 건조됐고, 2차대전 때에는 전함을 대신해 각국 해군의 중심전력으로 자리 잡았다.

항공모함의 규모는 배수량(排水量; 함정을 물 위에 띄웠을 때 그로 인해 밀려나는 물의 무게. 이것은 함정 자체의 무게를 뜻하는 총중량과 달리 함정의 크기와 무게를 함께 측정할 수 있다는 장점이 있어 군함의 규모를 측정할 때 주로 사용된다) 기준으로 3~4만 톤이 일반적이지만 현재 미국은 8만 톤이 넘는 항공모함을 다수 보유하고 있다. 2차대전 당시 독일 해군은 단 1척의 항공모함도 보유하고 있지 않았다.

전함(Battle Ship)

지름이 30cm 이상인 포탄을 쏠 수 있는 대구경 함포를 최소한 4문 이상 장착하고 선체는 두터운 강철장갑으로 둘러싸인 군함으로, 배수량이 3만 톤이 넘는 경우가 많다. 1차대전 이후에 런던 군비축소 조약에 따라 대형 전함의 건조가 잠시 주춤했으나, 독일의 재무장 선언과 일본의 조약 탈퇴 등으로 인해 다시 거대전함 제조경쟁이 불붙어 일본의 야마토와 무사시, 미국의 아이오와 같이 주력 항공모함과 비슷한 정도의 배수량을 가진 전함이 출현했다.

순양함(Cruiser)

대체로 배수량 1만 톤 이하의 군함으로, 전함보다 빠른 속도로 움직일 수 있는 고속 기동함정이다. 보통 구경 6.1인치(약 15cm) 이하의 주포를 탑재한 것을 경순양함이라고 하고, 구경 6.1~8.1인치의 주포를 탑재한 것을 중순양함이라고 한다.

구축함(Destroyer)

원래는 어뢰정(Torpedo Boat)을 파괴할 목적으로 만들어진 군함이다. 어뢰정은 눈에 잘 띄지 않는 소형이면서도 선함까지 위협했다. 이에 따라 함포와 어뢰를 사용해 적의 어뢰정을 전문적으로 격퇴시키는 함정이 개발됐는데 이것이 구축함의 기원이다. 그 뒤로 대형화된 원양 구축함이 등장했고, 그 임무도 적의 항공기나 잠수함으로부터 아군의 함대를 방호하거나 적함에 대해 어뢰로 공격하거나 포격하는 것 등으로 넓어졌다. 이밖에 기뢰 부설과 해상 초계, 함포 사격에 때로는 병력 수송 임무까지도 맡아 하게 되는 등 군함 가운데 가장 다양하고 광범위하게 사용되기에 이르렀다. 배수량은 대체로 3천~4천 톤으로 순양함의 절반 정도다.

"얼음 같은 추위, 덮을 것 하나 없는 병력, 장비의 큰 손실, 참담한 연료보급 현실…. 이러한 모든 조건이 지휘관의 임무를 맡은 나를 처참한 꼴로 만들고 있다. 계속하면 계속할수록 나는 짊어져야 할 엄청나게 큰 중책에 압도되고 있다."

남부집단군은 추위에 시달리지는 않았으나 진흙 수렁으로 인해 진격이 원활하지 못했다. 11월 21일 클라이스트의 제1기갑군이 돈 강 입구에 있는 로스토프 시에 돌입했으나 소련군의 거센 반격을 받았다. 남북으로 협공을 받은 독일 남부집단군은 26일까지 80km를 퇴각했다. 30일 더 이상의 퇴각을 허용하지 않는다는 히틀러의 명령에 룬트슈테트 원수는 "이 명령을 철회해줄 것을 거듭 요청한다. 그렇지 않으면 누구든 나대신 지휘자가 될 사람을 찾기 바란다"는 전문을 보냈다. 히틀러는 "귀하의 요청을 수락한다. 지휘권을 반환하라"고 회답했다.

이때까지 소련을 침공하는 과정에서 독일군은 73만 명의 사상자를 냈다. 12월 5일 모스크바를 함락시키기 위한 독일 중앙집단군의 최후 공세가 중단됐다. 영하 36도의 추위 속에서 전차는 행동의 자유를 잃었고, 기관총은 발사불능 상태가 됐다. 이때 모스크바에 가장 근접한 제4기갑군과 제3기갑군은 모스크바 시가지를 24km 앞두고 있었다.

모스크바를 향한 독일군의 최후 공세에 맞서 방어만 하고 있던 주코프 장군 휘하의 소련군이 12월 6일 아침에 100개 사단을 동원해 반격에 나섰다. 200만 명이 넘는 병력이었다. 추위에 강한 극동소련군이 이 반격의 주축이었다. 독일군은 소련군 포로가 그토록 많이 잡힌 뒤에 소련이 그 정도의 규모로 병력을 동원할 수 있으리라고는 전혀 예상하지 못했다. 독일군은 후퇴해야 했다(이날 루스벨트 미국 대통령은 원자폭탄 개발계획을 최종 승인했다).

12월 7일 일요일 오전 8시를 몇 분 남겨둔 시간(미국 하와이 현지 시간). 하와이의 오아후 섬 상공이 일본군 항공기로 가득 찼다. 183대의 전투기와 급

공습 당한 웨스트
버지니아 호가 불
타고 있는 가운데
미국 해군이 생존
자 구조작업을 벌
이고 있다.

강하폭격기 등으로 구성된 일본군 항공기 편대는 몇 분 뒤부터 오아후 섬의 비행장과 진주만(Pearl Harbor)에 정박 중이던 미군의 태평양 함대를 공격하기 시작했다.

8시 25분에 그들이 물러갔지만, 8시 50분에 167대의 제2차 항공기 공격대가 나타나 9시 45분까지 치열하게 폭격을 가했다. 2시간도 채 안 되는 시간 동안 일본의 특별 기동함대는 미군에 7척의 전함, 3척의 순양함, 3척의 구축함, 4척의 보조함이 격침 또는 대파되는 피해를 입혔다. 미군 항공기도 180여 대가 파괴됐다. 이때 2403명의 미군과 민간인이 목숨을 잃었고, 1178명이 부상을 당했다. 일본은 항공기 29대, 소형 잠수함 5척, 대형 잠수함 1척만을 잃었을 뿐이다. 그러나 일본군의 특별 기동함대는 선박수리소와 450만 배럴의 석유를 저장하고 있던 석유저장고를 파괴하지 못했으므로 미국의 진주만 기지는 빠른 속도로 회복할 수 있었다.

진주만 공격이 있은 지 몇 시간 뒤에 일본 군용기들이 미국령인 필리핀 루

216

손 섬에 있는 클라크 기지와 태평양의 미드웨이, 웨이크, 괌 등 3곳에 있는 미국의 태평양 기지를 폭격했다. 홍콩에 있던 영국 공군도 일본군의 폭격으로 전력을 상실했다. 야마시타 도모유키(山下奉文) 중장이 지휘하는 일본 제25군(4개 사단 규모)은 말레이 반도에 상륙했다.

워싱턴 주재 일본 대사 노무라가 일본군의 진주만 공습이 시작된 지 50분 뒤에야 일본 정부의 선전포고를 헐 미국 국무장관에게 전달했다. 이때 헐 국무장관은 다음과 같은 말로 분노를 표시했다.

"나는 과거 9개월 동안 당신들과 회담했다. 그동안 나는 단 한 마디도 진실이 아닌 말을 한 적이 없고, 이는 모든 기록으로 입증될 것이다. 그리고 나는 지난 50년 동안의 공직생활을 통해 이처럼 수치를 모르고 허위와 왜곡으로 가득 찬 문서를 본 일이 없다. 나는 오늘날까지 지구상에서 어떠한 정부도 이처럼 거대하고 악의에 찬 수치스러운 허위를 조작해낼 수 있다고 생각해본 일이 없다."

분노한 프랭클린 루즈벨트 미국 대통령은 그 다음날 미국 의회에 대해 일본에 대한 선전포고를 결의해줄 것을 요구하는 연설을 했다. 다음은 그 전문이다.

부통령, 하원의장, 상원의원과 하원의원 여러분.

어제, 1941년 12월 7일, 이날은 치욕의 날로 남을 것입니다. 미합중국은 일본제국의 해군과 공군에 의해 의도적인 기습공격을 당했습니다.

합중국은 일본과의 평화를 유지했고, 일본의 간청에 따라 태평양 지역의 평화가 유지되기를 기대하면서 그 나라 정부 및 그 나라 황제와 여전히 협상하고 있었습니다.

일본 항공편대가 오아후 섬을 폭격하기 시작한 지 한 시간이 지나서 합중국 주재 일본 대사 일행이 우리 국무장관에게 최근 미국이 보낸 메시지에 대한 공식 답변서를 전달했습니다. 이 답변서에는 현재의 외교협상을 계속하는 것은 소용없는 것 같다고 씌어있을 뿐 전쟁이나 무력공격을 암시하거나 위협하는 내용은 전혀 없었습니다.

일본에서 하와이까지의 거리가 그 공격이 여러 날 전, 또는 여러 주 전에 기획된 것임을 입증한다고 역사에 기록될 것입니다. 그동안 일본 정부는 지속적인 평화를 희망한다는 거짓된 성명과 표현으로 합중국을 의도적으로 기만했습니다.

하와이 제도에 대한 어제의 공격으로 미국의 해군과 군사력은 심대한 타격을 입었습니다. 매우 많은 미국인이 생명을 잃었습니다. 게다가 미국의 함선들이 샌프란시스코와 호놀룰루 사이의 공해에서 어뢰 공격을 받은 것으로 보고됐습니다.

어제 일본 정부는 또한 말레이 반도에 대한 공격을 시작했습니다. 어제 밤 일본군은 홍콩을 공격했습니다. 어제 밤 일본군은 괌을 공격했습니다. 어제 밤 일본군은 필리핀 제도를 공격했습니다. 어제 밤 일본군은 웨이크 섬을 공격했습니다. 오늘 아침 일본군은 미드웨이 섬을 공격했습니다.

그러므로 일본은 태평양 전역에 걸쳐 기습공격을 감행한 것입니다. 어제와 오늘의 사실이 스스로 말합니다. 합중국의 인민은 이미 나름대로 여론을 형성했고, 그러한 일이 우리 국민의 생명과 안전에 대해 어떤 의미를 가진 것인지를 잘 이해하고 있습니다.

육군과 해군의 최고사령관으로서 나는 방어를 위한 모든 조치를 취하라고 명령했습니다.

우리에게 가해진 이 습격의 성격을 우리는 언제나 기억할 것입니다. 이 계획적인 침공을 극복하는 데 아무리 오랜 시간이 걸리더라도 우리 미국인들은 정의로운 힘으로 절대적 승리를 거둘 때까지 이겨나갈 것입니다.

우리는 스스로를 최대한으로 방어할 뿐만 아니라 이러한 형태의 배신행위가 우리를 다시 위험에 빠뜨리는 일이 절대로 없게 할 것이라고 나는 단

언하며, 이렇게 단언하는 나는 의회와 국민의 의지를 제대로 읽고 있다고
믿습니다.

전투가 진행되고 있습니다. 우리 국민이, 우리 영토가, 그리고 우리의 이
익이 심각한 위험에 처해 있다는 사실을 모른 체할 수 없습니다.

우리의 군에 대한 믿음과 우리 국민의 무한한 결의로써 우리는 필연적으
로 승리할 것입니다. 그러니 하느님, 우리를 도와주소서.

나는 1941년 12월 7일 일요일에 정당한 이유가 없는 일본의 비열한 공격
이 시작된 이후 합중국과 일본제국이 전쟁상태에 들어갔다고 의회가 선
언해줄 것을 요청합니다.

미국 의회는 상하원 양원 합동회의에서 1표의 반대표를 제외하고 전원이
찬성표를 던져, 일본에 대해 선전포고를 해달라는 미국 행정부의 요구를 수락

1941년 12월 8일 대일본 선전포고문에 서명하고 있는 루스벨트 미국 대통령

했다.

이어 12월 9일에는 중국 국민당 정부가 독일, 일본, 이탈리아에 선전포고했고, 12월 11일에는 독일과 이탈리아가 3국동맹에 따라 미국에 선전포고했다.

12월 19일에는 소련군의 반격을 받고 철수를 주장하던 독일 육군 총사령관 브라우히치 원수가 해임되고 히틀러가 그 자리를 겸임했다. 이후 독일군은 히틀러의 이른바 '천재적 직관'에 따라 광대한 유럽의 지도 위를 여기저기 뛰어다니는 신세가 됐다. 히틀러의 터무니없는 작전명령에 많은 독일군 고위 장성들이 끊임없이 번민했는데, 그 가운데 대표적인 인물이 롬멜 원수였다(롬멜은 1942년 6월에 원수로 승진했다).

16장

일본의 동남아 석권

1946년 6월까지 필리핀을 독립시키기로 결정한 미국 정부는 퇴역한 맥아더 장군을 1941년 초에 현역으로 재소집해 필리핀에 파견했다. 필리핀군은 미군에 편입됐고, 6월 26일에 미국 극동지상군(USAFFE; United States Army Forces in the Far East)이 창설됐다. 극동지상군의 당시 병력은 약 13만 명이었고, 그 가운데 미군은 1만 3500명이었다. 항공기는 277대가 있었으나 전투가 가능한 것은 142대에 불과했다.

12월 8일 대만에서 출격한 일본 폭격기들이 필리핀 루손 섬의 비행장과 주요 미군기지에 폭격을 가해 미국 공군이 커다란 손실을 입었다. 혼마(本間) 중장이 지휘하는 일본군 제14군 예하 2개 사단과 1개 여단이 필리핀을 침공할 예정이었다.

맥아더 장군의 필리핀 방어계획은 증원군이 올 때까지 가능한 한 오래 루손 섬을 방어하되, 사태가 여의치 못하면 산악과 밀림으로 뒤덮인 바탄 반도로 철수해 마닐라 만을 끝까지 확보함으로써 증원군이 상륙할 발판을 유지한다는 것이었다. 그는 휘하의 병력을 북부 루손부대와 남부 루손부대, 그리고 자신이 직접 지휘하는 예비대로 편성하고 방어에 임했다.

12월 9일 일본군이 방콕을 점령했다. 10일에는 보조 공격부대가 루손 섬 북부에 상륙해 비행장 건설에 착수했다. 또한 일본군 5천여 명이 마리아나 제도에 소속된 미국령 괌 섬에 상륙했다. 괌에는 겨우 365명의 미국 해병대가 주둔하고 있었는데 당일로 항복했다.

이날 영국 동양함대의 주축인 전함 '프린스 오브 웨일스(Prince of Wales)' 호와 '리펄스(Repulse)' 호가 말레이 반도의 콴탄 앞바다에서 일본 폭격기의 공습으로 격침됐다. 이 두 전함은 말레이 반도에 상륙하는 일본군을 공격하기 위해 싱가포르에서 말레이 반도로 향하던 중에 일본 폭격기의 공습을 받은 것이었다. 이로써 적의 공습권 내에서 작전하는 함대는 반드시 공중엄호를 받아야 한다는 점이 입증됐다. 2천여 명의 영국 해군 병사들은 구조됐다. 그러나 필립스(Thomas Phillips) 제독은 퇴함하라는 참모들의 간청에도 불구하고 "고마운 말이지만, 그럴 수 없소(No, Thank you)!"라는 말을 남기고 침몰하는 프린스 오브 웨일스 호와 운명을 같이했다.

11일 새벽에 일본군이 웨이크 섬에 상륙했다. 웨이크 섬의 수비를 지휘한 데버루(Devereux) 해병대 소령은 5인치 포와 전투기 12대를 가지고 반격에 나서 일본군의 구축함 2척을 격침시키고 경순양함과 구축함 각 2척에 손상을 입혔다.

12일 일본군 제2진이 루손 섬 남부에 상륙했다. 17일 일본군이 보르네오 섬 서안의 미리에 상륙해 네덜란드의 식민지인 동인도 제도(오늘날의 인도네시아)를 침공하기 시작했다. 이 지역을 수비하는 네덜란드 군은 약 8만 5천 명이었는데, 장교를 제외하고는 거의 전부가 원주민이었다.

18일부터 일본 항공부대는 루손 기지를 이용해 작전을 수행하며 제공권을 장악했다. 20일에는 민다나오 섬의 다바오에 일본군이 상륙했다.

21일 일본군은 웨이크 섬에 대한 대대적인 2차 공략에 나섰다. 새로운 지원세력으로 중순양함 4척과 다수의 구축함이 가담했고, 진주만을 공격한 뒤 돌아오는 나구모(南雲) 함대에서 파견된 항공모함 2척과 중순양함 2척도 웨이크 공략을 지원했다.

23일 새벽에 루손 섬 서해안의 링가옌 만을 통해, 24일에는 루손 섬 동해안의 라몬 만을 통해 일본군의 주요 공격부대가 각각 상륙한 뒤 곧장 마닐라를 향해 진격했다.

23일에 웨이크 섬이, 크리스마스인 25일에는 홍콩이 잇달아 일본군에 의해 점령됐다.

이듬해인 1942년 1월 2일에 일본군은 마닐라를 점령했다. 1월 7일까지 맥아더 장군 휘하의 미군과 필리핀군은 협소한 바탄 반도로 퇴각했다. 9일부터 일본군 제16사단과 제65독립혼성여단이 바탄 반도를 공격했다.

1월 10일 일본군이 보르네오 동쪽의 타라칸 섬에 상륙했다. 14일에는 말레이 반도의 일본군이 영국군의 최후 저항선인 조호르까지 도달했다. 16일에는 일본 제15군이 태국에서 버마(미얀마)로 진격하기 시작했다. 버마에 주둔한 영국군은 금세 붕괴되어 뿔뿔이 흩어졌다.

21일 일본군은 바탄 반도의 서부해안 쪽을 돌파하는 데 성공했다. 그러나 미군은 질서정연하게 퇴각해 26일까지 예비진지로 들어갔다. 31일 조호르를 지키던 영국군이 싱가포르로 철수했다.

2월 8일과 9일에 걸쳐 일본군 3개 사단이 아시아에서 영국 세력을 상징하던 싱가포르에 상륙했다. 15일에 9만 명의 영국군과 오스트레일리아군이 항복해 싱가포르가 일본군에 점령됐다.

보르네오, 셀레베스, 수마트라 방면에서 남진하던 일본군은 19일 자바 동쪽의 발리 섬에 상륙했고, 이어 20일에는 티모르 섬에 상륙했다.

19일 밤부터 20일 새벽에 걸쳐 발리 섬 인근에서 일본 구축함 4척과 연합국 함대의 순양함 3척, 구축함 7척 사이에 해전이 벌어졌는데 일본이 완승을 거두었다.

　　2월 27일 일본 해군은 자바 해전에서 연합국 함대의 남은 전력을 사실상 전멸시켰다. 이로써 제공권과 제해권을 장악한 일본군은 그동안 점령한 전진 기지로부터 자바를 3방면으로 포위할 수 있게 됐다. 28일에는 일본군 제16군이 바타비아와 세마랑에 동시에 상륙했다.

　　3월 7일 영국군이 버마의 수도 랑군(양곤)에서 철수했다. 9일에는 네덜란드의 식민지 당국자들이 일본에 항복했다. 12일 맥아더가 남서 태평양에서 연합군을 지휘하기 위해 어뢰정으로 탈출했고, 대신 웨인라이트(Jonathan M. Wainwright) 중장이 지휘권을 맡았다.

　　3월 중순 미국의 중국 원조 루트인 '버마 로드'를 지키기 위해 중국 제5군과 6군이 스틸웰(Joseph Stilwell) 장군의 지휘 아래 버마 국경을 넘었다(스틸웰은 장개석이 일본에 선전포고하자 장개석의 참모장으로 임명되어 중국에 파견된 미국 군인이다). 그러나 3월이 다 가기도 전에 중국군은 중부 버마에서 일본군에 의해 거의 궤멸당했고, 잔존 병력이 인도의 임팔 방면으로 탈출했다. 버마에 주둔하고 있었던 영국군과 인도인 부대도 일본군에 밀려 퇴각했다.

　　바탄에서 미군의 저항이 완강하자 일본군은 병력을 증강시키는 등 총공세 준비에 착수했다. 이 무렵 바탄에서 버티고 있었던 미군은 식량사정이 나날이 악화되어 말과 나귀까지 잡아먹어야 할 정도였다. 병사들 대부분이 영양실조와 신경쇠약에 시달려 전투력이 점점 더 약해졌다.

　　3월 말까지 보병 3만 명, 야포 200문, 전차 50대, 항공기 100대를 바탄에 집중시킨 일본군은 31일부터 총공세를 시작했다. 4월 3일 미군 진지의 우측 중앙부가 무너지기 시작했고, 9일 미군과 필리핀 군 약 5만 4천 명이 일본군에 항복했다. 웨인라이트 중장은 코레히도르 섬으로 철수했다.

　　4월 18일 아침 7시 25분. 일본의 수도 도쿄에서 1068km 떨어진 곳까지 다가간 미국의 항공모함 '호넷(Hornet)' 호에서 둘리틀(James Harold Doolittle) 중령의 지휘 아래 미국의 B-25 폭격기 16대가 출격하기 시작했다. 각기 500파

일본 본토를 공격하기 위해 호넷 호에서 발진하고 있는 미국의 폭격기 B-25

운드짜리 폭탄 4개를 탑재한 이 폭격기들은 8시 24분까지 출격을 완료했다. 그 가운데 13대는 도쿄의 목표지점으로 날아갔고 나고야, 오사카, 고베로도 각기 1대씩 날아갔다. 이것은 미국 국민과 장병의 사기를 북돋기 위해 시도된 모험이었다.

정오 무렵 B-25 폭격기 13대가 도쿄 상공에 진입했을 때 도쿄에서는 모의 방공훈련이 끝나는 순간이었다. 아무도 미국 폭격기 편대에 주의를 기울이지 않았다. 13대 모두 폭격을 완료하고 무사히 도쿄 상공을 벗어났다. 다른 도시로 간 3대도 임무를 완수했다. 폭격기 15대는 예정대로 중국의 비행장에 착륙했고, 1대만 블라디보스토크에 착륙했다. 연이은 승전에 들떠있던 일본의 허를 찌른 이 폭격은 그 전과가 크지는 않았어도 미국 국민과 일본 국민의 사기에 상반된 영향을 크게 미쳤다.

4월 29일에 일본군이 버마 로드의 남쪽 끝에 있는 라시오를 점령함으로써 중국이 미국으로부터 보급을 받을 길을 끊었다(미국은 1943년에는 수송기로 인도의 아삼 지역에서 히말라야 산맥을 넘어 중국의 중경으로 군수물자를 공급했다).

일본이 진주만을 기습한 지 이틀 뒤인 1941년 12월 9일에 이승만은 미국 국무성에 서한을 보냈는데, 여기에는 "피할 수 없는 운명적 충돌이 드디어 일어났다(The inevitable clash has at last come)"라는 구절이 들어있다. 일본이 전쟁에서 패배해 한국에 해방과 독립의 기회가 오기를 기대하는 표현이었다. 그는 이 서한에서 한국인들은 미국에 전적으로 협조할 것이라고 다짐했다.

서울의 미국 총영사관이 폐쇄되고 서울에 주재하던 미국 외교관들이 본국으로 송환됨에 따라 한반도 국내 사태에 대한 그들의 보고가 중단됐다. 이제 미국에서 한국 문제에 대한 논의는 서울의 총영사관과 국무성의 지역담당 관리들 사이에서 이루어지던 수준에서 벗어나 전쟁과 관련된 모든 부처의 관심사가 됐고, 그 내용도 전후 세계질서 재편성의 맥락으로 격상됐다.

태평양전쟁이 발발하자 중국 국민당 정부는 대한민국 임시정부를 승인할 것을 적극 검토했고, 미국도 이에 대한 중국과 영국의 의향을 타진했다. 영국은 중국 내 한인 독립단체들 사이에 반목이 심하다는 이유로 부정적이었고, 중국 정부도 소련과의 관계를 고려해 임시정부에 대한 승인을 유보하는 결정을 내리고 이를 고스(Gauss) 미국 대사에게 전했다. 소련이 시베리아에서 2만 명 내지 5만 명에 이르는 한인부대를 보유하고 있으므로 소련과 일본 사이에 전쟁이 시작되면 소련이 그들을 한반도로 진격시켜 임시정부와는 별도의 정부를 세울 가능성이 있다는 것이 중국 국민당 정부의 판단이었다. 시베리아의 한인부대 병사들은 소련에 귀화한 한국인이므로 중국이 임시정부를 승인하게 되면 중국과 소련 사이에 미묘한 문제가 일어날 것을 우려한 것이었다.

1942년 4월에 미국과 중국이 다시 한국 문제에 대해 논의했다. 태평양전쟁협의회(The Pacific War Council; 미국, 영국, 영연방, 중국, 필리핀의 대표들로 구성)에 참석하기 위해 미국 워싱턴을 방문한 중국 외교부장 송자문(宋子文)은 루스벨트 대통령과 회담하는 자리에서 한국 문제를 토의대상으로 삼았다. 중국 측은 이 회담에 앞서 중국에 거주하는 한인들을 반일투쟁에 이용하는 방안을 주요 내용으로 하는 메모를 미국 국무성에 건넸다. 이 메모는 국민당 정부의 지원으로 조직된 소규모 한인부대가 중국 게릴라부대와 함께 화북에서 작전 중이긴 하지만 소련은 벌써 몇 년 전부터 한인들로 2~3개의 연대(regiment)를 조직해 소련 극동군에 배속시키고 있다고 지적했다. 그리고 한국인들의 독립운동을 촉진시키기 위한 2가지 방안을 제시했다.

첫 번째 방안은 서로 경쟁하는 여러 한인 독립단체들의 통합인데, 이는 중국이 그렇게 통합된 단체에 대해 지원을 하기로 약속하는 것으로 쉽게 달성될 수 있다는 것이었다. 중국은 이런 방안을 통해 약 5만 명에 이르는 한인 게릴라부대를 조직해서 화북 지방에 배치하겠다고 했다. 그리고 그 부대의 목표는 연합국들이 선택하는 적절한 시기에 한국 내에서 작전을 수행하는 것, 한국과 일본 내의 화약 공장과 중요한 통신 중심기관에서 일하는 한인 노동자들의 사보타지 활동에 대해 사령부의 역할을 하는 것, 그리고 한국, 화북, 일본에서 하위직으로 근무하는 한인 공무원 및 경찰과 연계해 정보수집을 하는 것이었다. 일본은 독일과 마찬가지로 노동력이 부족하므로 한반도, 만주, 일본에서 한인을 많이 고용하고 있고 특히 위험이 수반되는 화약공장에 이들을 동원하고 있으므로 그러한 작전의 전망은 밝다고 중국은 보았다.

두 번째 방안은 정치적인 조치로 태평양전쟁협의회가 종전 후 적절한 시기에 한국을 독립시킨다는 입장을 천명하는 것이었다. 임시정부에 대한 승인은 그와 동시에, 또는 그 뒤에 해도 된다는 것이 중국 정부의 입장이었다.

미국 국무성은 이 메모를 검토한 뒤 그중 일부만 받아들였다. 국무성은 거론된 정치적 조치는 전황이 일본에 유리하게 전개되고 있으므로 현실성이 없다고 보았으나, 한국인들로 비정규군을 조직하는 방안에 대해서는 동의했다.

루스벨트 대통령은 4월 15일 태평양전쟁협의회 제3차 회의에서 중국과 국무성의 메모를 모두 제출받아 읽어보았으나 구체적인 행동으로 이어질 결정은 내리지 않았다.

이때 미국 정부는 중국 문제와 한국 문제를 두루 논의한 끝에 한국 문제가 갖고 있는 복잡하고 미묘한 성격을 충분히 인식하게 됐다.

1942년 4월 말까지 일본군은 필리핀, 말레이시아, 네덜란드령 동인도제도 점령을 거의 완료하고 버마까지 점령해 일단 초기 작전목표를 달성했다. 또한 제4함대를 주축으로 한 해군이 육군과 협동으로 비스마르크 제도, 솔로몬 제도, 뉴기니 북부 연안의 요지를 점령했다. 5월 1일까지 파괴된 일본의 군함은 23척이었는데 모두 구축함급 이하의 소형 함정이었고, 총 톤수도 2만 6441톤에 지나지 않았다. 일본 육군의 손실도 전사 1만 명에 불과했다.

일본은 이어 2단계로 다음과 같은 외곽작전을 추진하기 시작했다.

(1) 뉴기니 동부의 요지인 모레스비 항과 솔로몬 제도 밑에 있는 툴라기 섬을 점령해 태평양 남동방면의 안전을 꾀하고 차기 진출의 발판으로 삼는다.

(2) 미드웨이와 알류산 열도의 서부를 확보해 태평양 중북부에서 일본의 방어권을 확장하는 동시에 미국 태평양 함대에 해상 결전을 강요한다.

(3) 뉴칼레도니아, 피지, 사모아를 점령해 미국과 오스트레일리아를 잇는 연합국 측의 해상교통을 차단한다.

야마모토 이소로쿠(山本五十六) 제독은 모레스비 항과 툴라기 섬을 점령하기 위한 'MO 작전' 을 계획해 제4함대에 맡겼다. 미국은 제17기동부대를 산호해(Coral Sea)에 파견해 일본의 작전을 저지하고자 했다.

5월 7일 새벽에 미국의 플레처(Frank Fletcher) 제독은 공동작전 중이던 오스트레일리아의 크레이스(John Gregory Crace) 제독에게 '조마드 수로

(Jomard Passage)'로 가서 모레스비를 침공하려는 일본 해군의 진로를 가로막
으라고 요구한 뒤 자신은 북쪽으로 향했다. 8시 15분에 정찰기로부터 적함이
발견됐다는 보고가 들어왔다.

미국의 항공모함 요크타운(Yorktown) 호와 렉싱턴(Lexington) 호에서 항
공기 93대가 발진했다. 렉싱턴 호에서 발진한 항공기들이 11시 직전에 일본의
항공모함 쇼호(祥鳳) 호를 집중 공격하기 시작했다. 11시 25분에는 요크타운
호에서 출격한 항공기들이 공격에 가세했다. 결국 11시 50분에 쇼호 호는 침몰
했다.

8일 동트기 전에 일본군과 미군의 정찰기들이 수색활동을 벌였고, 아침 8
시 24분쯤 거의 동시에 양쪽 정찰기들이 상대방 함대를 발견하고 보고했다. 양
측 함대의 세력은 막상막하였다. 플레처 제독이 지휘하는 미군 함대는 항공모
함 2척, 중순양함 5척, 구축함 7척, 항공기 121대를 가지고 있었고, 다카기 다케
오(高木武雄) 제독이 이끄는 일본군 함대는 항공모함 2척, 중순양함 2척, 구축
함 6척, 항공기 122대를 가지고 있었다.

먼저 일본의 항공모함 즈이카쿠(瑞鶴)와 쇼카쿠(翔鶴)에서 항공기 69대가
출격했다. 이어 미국의 항공모함 요크타운과 렉싱턴에서 항공기 84대가 출격
했다. 양측의 항공기들은 서로 400km 떨어져 있는 적의 함대를 향해 날아갔
다. 조종사의 기량과 경험뿐 아니라 어뢰의 성능에서도 일본이 미국보다 우세
했다.

10시 57분에 미군 폭격기가 일본 항공모함 쇼카쿠에 3발의 폭탄을 명중시
켰다. 그러나 미군 뇌격기(雷擊機, torpedo bomber, 어뢰로 적의 군함을 공격
하는 폭격기)는 한 발의 어뢰도 명중시키지 못했다. 쇼카쿠 호는 긴급수리를
받으러 투르크 섬으로 물러갔다.

미군 항공기들이 일본 항공모함을 공격하는 동안에 일본 항공기들도 미
국 항공모함과 격전을 치르고 있었다. 요크타운 호는 일본 뇌격기가 발사한 어

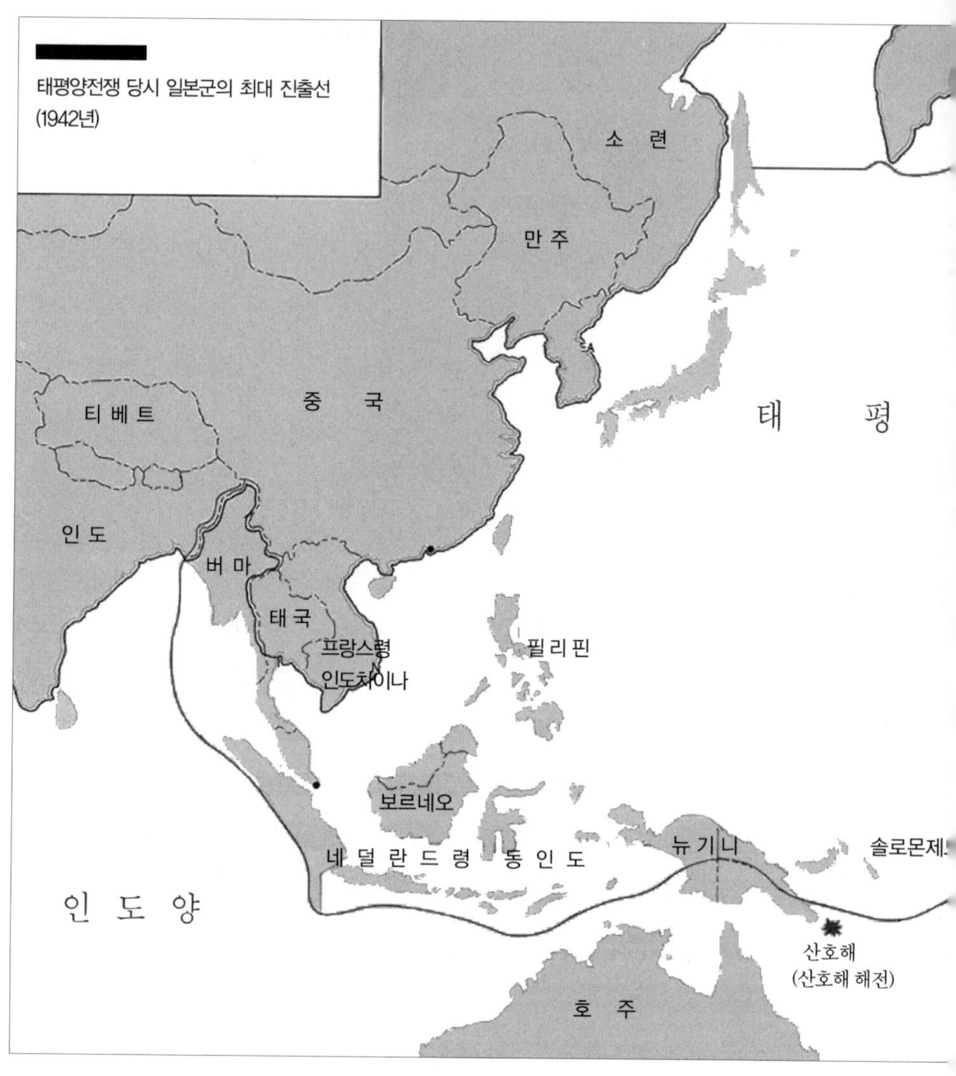

뢰는 피했지만 폭탄 1발을 맞아 화염에 휩싸였다. 그러나 곧 불을 끄고 전투를

계속했다. 렉싱턴 호는 어뢰 2발과 폭탄 2발을 맞고도 24노트의 속력으로 움직

이며 작전을 속행했다. 그러나 유출된 휘발유가 기화해 함체 내부에 축적됐다

가 12시 47분에 일차로 폭발하고 2시간 뒤에 다시 폭발하면서 렉싱턴은 화염에

휩싸였다. 결국 오후 7시 56분에 렉싱턴 호는 동료 구축함에 의해 침몰 처리됐다.

미국 함대와 일본 함대가 모두 물러나 산호해 해전은 끝났다. 이 해전으로 일본의 MO 작전은 연기됐다. 산호해 해전은 해전사상 최초로 함대간 항공전을 치른 전투였다. 이 해전은 항공모함 대 항공모함의 전투였고, 양측 함대는 직접으로는 1발의 포화도 쏘지 않은 채 서로 400km 떨어진 해상에 있으면서 항공기로만 싸웠다.

전과를 비교해보면 미국 해군은 항공모함 1척, 유조선 1척, 구축함 1척, 항공기 66대를 잃었고, 일본 해군은 항공모함 1척, 구축함 1척, 소형함정 3척, 항공기 38대를 잃어 일본의 손실이 약간 적었다. 그러나 산호해 해전은 미국 해군이 전략적 승리를 거둔 전투로 평가된다. 일본이 태평양전쟁 개전이래 모든 작전에서 성공하다가 산호해 해전에서 처음으로 뜻을 이루지 못했기 때문이다.

한편 5월 6일에 코레히도르 섬이 일본군에 의해 함락됐고, 9일에는 필리핀 남부의 필리핀군도 일본군에 항복함으로써 일본이 필리핀을 완전히 점령했다.

17장

미드웨이 해전

하와이에서 북서쪽으로 1800여km 지점에 위치한 미드웨이 섬은 지름이 약 9.6km에 불과한 작은 섬이지만 일본의 입장에서는 북태평양을 지배하는 데 반드시 필요한 요충지였다. 일본의 해군제독 야마모토는 두 가지 목적으로 미드웨이 공략을 추진했다. 첫째 목적은 미드웨이를 점령해서 공군기지로 이용함으로써 미국 함대의 기동작전을 저지하는 것이었고, 둘째 목적은 미드웨이 공략에 착수하면 미국 태평양 함대가 반격해올 것이므로 일본 연합함대의 모든 전력을 투입해 미드웨이에서 미국 함대를 섬멸하는 것이었다.

일본 연합함대는 미드웨이 공략 예정일을 6월 6일로 잡고 항공모함 7척, 전함 11척, 순양함 15척, 구축함 44척, 잠수함 15척을 동원했다. 이 가운데 나구모 쥬이치(南雲忠一) 중장이 지휘를 맡고 항공모함 4척, 전함 2척, 순양함 3척, 구축함 12척으로 구성된 기동함대가 미드웨이의 미국 공군을 제압하고, 반격해올 미국 태평양 함대를 격멸하는 임무를 띠고 있었다.

이때 미국 태평양 함대는 항공모함 3척, 순양함 8척, 구축함 18척, 잠수함 19척을 갖고 있을 뿐이었다. 전함은 하나도 없었다. 미국 해군은 진주만을 기습당할 당시에는 8척의 전함을 보유하고 있었다. 그러나 그 가운데 4척은 공격을 받아 침몰했고, 4척은 파손되어 수리 중이었다. 양적으로는 일본 함대가 3대 1로 우세한 셈이었고, 일본군이 항공기의 성능과 조종사의 훈련상태가 나았으므로 실제 전력차이는 더 컸다. 오직 정보수집에서만 미군이 우위를 점하고 있었다(이때 미국은 일본의 암호를 해독하고 있었다).

태평양 함대 사령관인 니미츠(Chester William Nimitz) 제독은 항공모함으로만 작전을 수행하기로 결심했다. 스프루언스(Raymond Spruance) 해군 소장이 항공모함 호넷 호와 엔터프라이즈 호를 주축으로 편성된 제16기동부대의 지휘권을 맡았다. 플레처 해군 소장은 항공모함 요크타운 호를 중심으로 구성된 제17기동부대를 지휘했다.

5월 27일 나구모 제독 휘하의 일본군 기동함대가 히로시마에서 출격했고, 28일에는 해군 특별육전대 2개 대대와 육군 1개 연대로 편성된 미드웨이 점령대가 수송선 12척에 분승하여 사이판에서 출발했다. 18척으로 구성된 미드웨이 공략 주력부대는 야마모토가 직접 지휘했다. 이 주력부대는 미드웨이 섬의 북서쪽 960km 지점에 있다가 미국 태평양 함대가 출격하면 그 격멸에 나설 계획이었다.

6월 4일 새벽 4시 30분에 미드웨이 북서쪽 368km 지점에서 나구모 제독이 제1차 공격대를 출격시켰다. 항공모함 아카기(赤城), 가가(加賀), 히류(飛龍), 소류(蒼龍)(이 4척은 모두 진주만 기습에 참가했던 항공모함이었다)에서 발진한 제1차 공격대는 수평폭격기 36대, 급강하폭격기 36대, 전투기 36대 등 모두 108대의 항공기로 편성됐다.

미국 쪽에서는 정찰기들이 일본 함대를 발견하여 5시 35분에 미드웨이 기지에서 항공대가 모두 이륙했다. 이에 따라 미드웨이 섬에서 320도 방향으로 48km 떨어진 곳의 상공에서 미군 전투기들과 일본군 전투기들 사이에 15분 간 치열한 공중전이 벌어졌다. 50여 대의 미군 전투기 가운데 40대 이상이 격추됐다. 반면에 일본 전투기의 피해는 전무했다.

일본 항공모함 아카기

　　일본의 1차 공격대는 이처럼 미군의 요격 전투기들을 쉽게 제압하고 미드웨이 공습을 수행했다. 그러나 미드웨이의 방공망이 튼튼해서 일본군이 이 공습에서 거둔 성과는 미미했다. 1차 공격대는 나구모 제독에게 2차 공격이 필요하다는 보고를 하고 복귀했다. 1차 공격대는 미드웨이 공습에서 전투기 3대와 폭격기 1대를 상실하는 경미한 피해를 입었다.

　　일본의 1차 공격대가 미드웨이 공습을 감행하는 동안에 미드웨이에서 출격한 미군 폭격기들이 수차례 일본 항공모함을 공격했다. 7시가 조금 지난 시각에 미군의 B-26 폭격기 4대와 TBF 뇌격기 6대가 일본 항공모함에 폭탄과 어뢰를 퍼부었다. 그러나 성능이 우수한 일본 전투기의 요격과 대공포화로 인해 1발도 명중시키지 못했고, B-26 폭격기 2대와 TBF 뇌격기 5대가 격추됐다. 얼마 후 미군 폭격기 16대가 다시 일본 항공모함을 공격했으나 아무런 피해도 입히지 못한 채 8대가 격추되고 6대가 손상을 입었다. 다시 약 15분 후에 '하늘의 요새'로 알려진 B-17 폭격기가 고공에서 폭격했으나 역시 아무런 전과도 올리지 못했다. 뒤이어 날아온 미군 폭격기 11대는 나구모 함대의 맹렬한 반격을 받게 되자 항공모함 공격을 포기하고 목표를 전함으로 수정했다. 전함을 공격하던 폭격기 11대 가운데 2대가 격추됐다.

먼동이 틀 무렵 미군 정찰기가 일본 항공모함 2척이 미드웨이 북서쪽 370km 해상에 있다고 플레처 소장에게 보고했다. 이때 미국 함대는 일본 함대에서 북동쪽으로 320km 떨어진 곳에 있었다. 플레처 소장은 스프루언스 소장에게 적의 확실한 위치를 파악하게 되면 즉시 공격하라고 지시했다. 스프루언스 소장은 일본 항공모함의 정확한 위치를 확인하는 한편 휘하 뇌격기의 행동권인 280km까지 거리를 좁히기 위해 약 1시간 동안 전진했다.

스프루언스 소장은 일본의 1차 미드웨이 공격대가 항공모함으로 돌아가 보급을 받고 다시 발진하기 전에 항공모함을 공격하려고 했다. 때가 왔다고 판단한 스프루언스 소장은 항공모함 2척에 대기하고 있던 급강하폭격기와 뇌격기들에 출격 명령을 내렸다. 7시 2분 첫 항공기가 항공모함에서 발진했다. 미국 항공모함 호넷 호와 엔터프라이즈 호에서 급강하폭격기 67대, 뇌격기 29대, 전투기 20대가 잇달아 발진했다. 이들은 발진시간과 비행고도의 차이에 따라 4개 편대로 나뉘어 공격에 임했다.

요크타운 호를 지휘하고 있었던 플레처 소장은 일본 항공모함이 2척이라는 처음의 정찰보고에 의문을 품었다. 그는 일본 항공모함이 더 많이 있으리라고 짐작하고 공격을 유보했다. 그러나 엔터프라이즈 호에서 발진한 항공기로부터 적 함대가 공격거리 안에 있다는 보고가 들어오자 그는 8시 30분부터 탑재된 항공기의 절반인 급강하 폭격기 17대, 뇌격기 12대, 전투기 6대를 출격시켜 공격에 임하게 하는 한편 수색정찰도 계속하게 했다. 또한 산호해 해전에서의 경험을 살려 스프루언스 함대와 거리를 두고 움직였다.

호넷 호에서 발진한 미군 뇌격기 15대가 나구모 함대에 접근하자 함대 상공에서 경계비행을 하던 일본 제로센(레이센, 零戰) 전투기들이 날렵하게 내려와 뇌격기를 격추시키기 시작했다. 9시 30분쯤 살아남은 미군 뇌격기들이 일본 항공모함으로 돌진하자 나구모 함대는 대공포를 쏘았고, 항공모함은 뇌격기에서 발사된 어뢰를 피하려고 선회했다.

뇌격기가 투하하는 항공어뢰는 뇌격기가 함선에 가까이 다가가서 바다에 떨어뜨리므로 명중률이 높지만, 상대방의 대공포화를 뚫고 들어가서 투하해야 하는 것이어서 조종사의 강인한 정신력을 요구하는 무기다. 태평양 전쟁 초기에 일본의 항공어뢰는 240kg의 폭약을 장착했고, 속도는 42노트였다. 이에 비해 미국의 항공어뢰는 180kg의 폭약을 장착했고, 속도가 33노트에 불과했다. 따라서 시속 30노트로 움직일 수 있는 일본 항공모함은 미국 뇌격기가 퍼붓는 항공어뢰를 쉽게 피할 수 있었다. 이때 미군 뇌격기 15대가 모두 격추된 반면에 나구모 함대는 전혀 피해를 입지 않았다.

잠시 후 엔터프라이즈에서 발진한 미군 뇌격기 14대가 나구모 함대 근처에 모습을 드러냈고, 뒤이어 요크타운에서 발진한 미군 뇌격기 12대도 나타났다. 미국 전투기들은 뇌격기들을 엄호해야 했지만 신호 수신에서 혼동이 빚어져 그때까지도 아무런 도움도 주지 못하고 6천 미터 상공에서 헛되이 선회만 계속하고 있었다. 저공으로 공격해오는 미국 뇌격기 편대에 대해 일본 제로센 전투기들이 먹이에 달려드는 매처럼 날카로운 공격을 퍼부었다. 속도가 느린 뇌격기들은 전투기의 호위를 받지 못하고 완전히 일본 전투기에 노출됐다.

미국 뇌격기 편대가 나구모 함대에 접근하자 함대의 대공포가 맹렬히 불을 뿜어댔다. 나구모 함대는 요격, 대공포화, 회피 등의 전투기술을 잘 구사해 한 발의 어뢰도 맞지 않았다. 미국 항공모함 3척에서 날아온 41대의 뇌격기 가운데 6대만이 생환했고, 나머지는 모두 일본 전투기와 대공포화에 의해 격추됐

위) B-17
(아래) 제로센

다. 그러나 저공으로 돌진해오는 미국 뇌격기들을 요격하려고 일본 전투기들
이 모두 저공으로 내려오는 바람에 상공의 경계에는 구멍이 뚫렸다.

미드웨이 해전이 시작된 뒤로 수많은 미군기가 나구모 함대를 공격했으
나 나구모 함대는 거의 피해를 입지 않았다. 나구모 중장을 비롯한 일본군은
미드웨이 전투의 승리를 확신했다. 나구모 함대는 미국 뇌격기를 격추시키면
서 항로를 변경하여 달렸다.

항공모함 호넷에서 발진한 미국의 급강하폭격기 35대가 정찰기가 알려준
지점에 도착했으나 나구모 함대가 보이지 않았다. 이들은 연료가 다할 때까지

나구모 함대를 찾으려고 주위를 비행하였으나 결국 발견하지 못해 21대는 항공모함으로 귀환하고 14대는 가까운 미드웨이 기지로 돌아갔다. 급강하폭격기를 호위하던 전투기들은 연료가 떨어지자 모두 해상에 착수(着水)했다.

이어 엔터프라이즈 호에서 출격한 급강하폭격기들이 같은 지점에 도착했으나 이번에도 역시 일본 함대가 보이지 않았다. 엔터프라이즈 호의 폭격대장인 매클러스키(Clarence Wade McClusky) 해군 소령은 잠시 생각에 잠겼다. 맥클러스키 소령은 정찰기의 보고가 잘못된 것이 아니라 나구모 함대가 항로변경을 했다고 판단했다. 그는 나구모 함대가 북쪽으로 이동하고 있으리라고 확신하고, 폭격편대에 북으로 방향을 돌리라고 명령했다. 폭격편대의 연료가 절반밖에 남지 않은 상황이었으므로 이것은 모험이었다. 만일 나구모 함대를 발견하지 못한다면 그의 폭격편대는 항공모함으로 돌아가지 못하고 바다에 떨어질 수밖에 없었다.

10시가 조금 지나서 폭격편대는 다이아몬드 진형을 펴고 항진하는 일본 항공모함 3척을 구름 사이로 발견했다. 일본 전투기들이 아직 남아있는 미군 뇌격기들을 격추시키는 모습이 보였다. 함상에서는 일본 폭격기와 뇌격기들이 연료공급과 어뢰정착을 마치고 발진하려는 순간이었고, 일본 전투기들은 모두 미군 뇌격기를 격추시키려고 저공으로 날고 있었다. 매클러스키 해군 소령은 폭격편대를 둘로 나누어 각각 아카기 호와 가가 호를 공격하게 했다.

10시 23분에 미국의 급강하폭격기 9대가 가가 호에 4발의 폭탄을 명중시켰다. 1분 뒤에는 급강하폭격기 3대가 아카기 호를 향해 내리꽂히듯 급강하해 폭탄 세 발을 500m 상공에서 떨어뜨렸다. 그중 2발이 비행갑판에 명중되어 연료를 만재하고 대기하던 일본 항공기들이 화염에 휩싸였고, 그 항공기들에 실려있던 어뢰와 폭탄이 연쇄 폭발했다. 다시 1분 뒤에는 요크타운 호에서 출격한 급강하폭격기 12대가 태양을 등지고 소류 호에 돌진해 폭탄 3발을 명중시켰다.

기함(旗艦)인 아카기 호는 항공모함으로서의 기능을 잃고 통신마저 불통되어 기함의 역할을 할 수 없게 됐다. 이에 따라 차석 지휘관인 아베(阿部) 해군 소장이 순양함 도네(利根) 호에서 지휘권을 행사했다. 이때까지 무사한 항공모함 히류 호는 전투를 계속하기 위해 북쪽으로 항진했다. 일본 함대는 히류 호를 중심으로 원을 그리며 집결하면서 전투준비에 들어갔다.

10시 40분 히류 호를 지휘하는 야마구치 다몬(山口多聞) 해군 소장이 미국 항공모함을 공격하기 위해 급강하폭격기 18대와 제로센 전투기 6대를 출격시켰다.

11시에 전함 야마토의 작전실에 일본 항공모함 3척이 불타고 있다는 소식이 들어왔다. 항공모함 3척이 사용 불가능하게 됐다는 충격적인 보고에 야마토는 전장을 향해 급히 항진했다.

낮 12시경 소류 호를 공격하고 돌아온 미국의 급강하폭격기들이 요크타운 호에 내려앉는 동안에 요크타운 호의 레이더가 히류 호에서 출격한 일본 항공기들이 90km 떨어진 거리까지 다가온 것을 탐지했다.

이에 요크타운 호에 탑재돼 있던 전투기들이 모두 출격했고, 귀함한 항공기는 다른 항공모함으로 갔다. 엔터프라이즈 호와 호넷 호에서 발진한 전투기 28대가 요크타운 호를 도우러 날아왔다. 히류 호의 폭격기들 가운데 13대는 미국의 전투기와 대공포화에 의해 격추됐으나 5대는 미국 전투기의 요격을 뚫고 요크타운 호에 3발의 폭탄을 명중시켰다.

그동안 소류 호에서 출격한 일본 정찰기가 귀환하다가 소류 호가 불타고 있는 것을 보고 히류 호에 착륙하여 미국 항공모함이 3척이라고 보고했다. 야마구치는 즉시 남아있는 항공기의 전부인 뇌격기 10대와 전투기 6대에 출격을 명령했다. 제1차 미드웨이 공격대를 이끌었던 해군 대위 도모나가 죠이치(友永丈市)가 지휘관이었다. 도모나가는 왼쪽 연료탱크가 파괴된 뇌격기에 올라탔다.

응급수리를 끝낸 요크타운 호의 레이더가 일본 뇌격기의 접근을 알렸다. 요크타운 호에서 발진한 전투기 6대는 3천 미터 상공에서 대기하고 있었으므로 1500미터 고도로 날아온 도모나가의 뇌격기를 놓쳤다.

도모나가는 어뢰를 발사하고는 돌아가지 못할 것을 각오한 듯 자신의 뇌격기를 몰고 요크타운 호의 갑판으로 돌진했다(이것이 일본군 최초의 자살공격이었다). 그 모습을 보고 분발한 다른 일본 뇌격기 조종사들이 수면 위 15m로 저공비행해서 요크타운 호에 접근해 어뢰 5발을 발사해 2발을 명중시켰다. 요크타운 호의 선체는 흰 연기를 내뿜으며 천천히 기울어졌다. 오후 3시에 요크타운 호의 함장이 승무원들에게 퇴함을 명령했다.

요크타운 호가 공격을 받고 있을 때 요크타운 호에서 발진한 정찰기가 일본 항공모함 히류 호가 북서쪽 160km 지점에 있다고 보고했다. 플레처 소장은 즉시 공격명령을 내렸다. 오후 4시에 엔터프라이즈 호에서 급강하폭격기 20대(그중 10대는 요크타운 호에서 옮겨온 것이었다)가 출격했고, 이어 호넷 호에서도 16대의 급강하폭격기가 출격했다.

엔터프라이즈 호에서 출격한 폭격기들이 히류 호를 발견한 것은 오후 5시였다. 이들은 서남방으로부터 태양을 등지고 육박해 폭탄 4발을 히류 호의 비행갑판에 명중시켰다. 히류 호에 남아있던 급강하폭격기 5대, 뇌격기 4대, 전투기 6대가 출격준비를 하느라 비행갑판에 있다가 연쇄폭발을 일으켰다. 30분 뒤에 현장에 도착한 호넷 호의 폭격기 16대는 생존 가능성이 없는 히류 호를 공격하는 대신에 근처에 있는 전함 하루나 호와 순양함 지쿠마 호를 공격했다.

오후 5시 55분에 히류 호마저 폭탄에 맞아 불타고 있다는 보고를 받은 야마모토 제독은 전 예하부대에 미국 기동함대를 격멸하는 동시에 미드웨이를 공략하라고 명령했다.

가가 호는 오후 7시에 미국 잠수함의 어뢰 2발을 맞고는 그때까지 퇴함하지 못한 승무원 800명과 함께 완전히 가라앉았다. 소류 호도 7시 13분에 함장

야나기모토 류사쿠(柳本柳作) 대좌를 포함한 718명의 승무원과 함께 바다 속으로 가라앉았다.

엔터프라이즈 호와 호넷 호를 지휘하는 스프루언스 제독은 우세한 일본 함대와의 야간전투를 피하기 위해 동쪽으로 항로를 바꾸어 이동하며 그날 밤을 보내기로 했다. 전함이 한 척도 없는데다가 이때까지도 미국 항공모함은 항공기의 야간 이착륙이 불가능했기에 취한 조치였다.

경순양함 나가라(長良) 호로 사령기를 옮긴 나구모 제독은 정찰기를 띄워 미국 함대의 위치와 규모를 파악한 뒤 "적의 병력은 항공모함 5척, 순양함 6척, 구축함 15척"이라고 야마모토에게 보고했다. 나구모가 지휘하는 기동함대의 항공모함 4척이 모두 작동불능인 상황에서 미국 기동함대를 추격하다가 날이 밝으면 미국의 폭격기와 뇌격기에 속수무책이 될 것이 분명했다.

결국 5일 새벽 0시 15분에 야마모토 제독은 곤도 중장에게 야간전투와 미드웨이에 대한 함포사격을 포기하고 퇴각하라고 명령했다. 2시 55분에는 미드웨이 공략도 중지하기로 결정했다. 또한 아카기 호가 구제불능이라고 판단하여 그 '처분'을 명령했다. 그로부터 3시간 후인 5일 5시 50분 일본 구축함 4척이 각각 어뢰 한 발씩을 쏘아 아카기 호를 침몰시켰다.

일본 해군의 준재로 꼽히던 야마구치는 전 승무원을 구축함으로 옮긴 뒤 구축함에 히류 호를 처분할 것을 명령하고 함장인 가쿠 도메오와 함께 히류 호와 운명을 같이 했다. 이때가 5일 해 뜰 무렵이었다. 그리고 일본 연합함대는 퇴각했다.

일본 해군소장 구리타 다케오(栗田健男)는 순양함 구마노(熊野), 스즈야(鈴谷), 미쿠마(三隈), 모가미(最上)를 이끌고 미드웨이 공략부대를 근접지원하는 임무에 나섰는데, 전투명령이 취소될 때에는 미드웨이 섬의 서쪽 144km 지점에 있었다. 일본 순양함들은 회항명령을 받자마자 북서쪽으로 진로를 바꾸었다. 얼마 후 순양함 구마노 호는 그들을 감시하던 미국 잠수함 탬버(Tambor)

를 발견했다. 미국 잠수함이 어뢰를 발사했을 것으로 판단한 구리타는 '긴급 왼편 45도 일제회두(一齊回頭)' 명령을 내렸는데, 일출 전이어서 어두웠으므로 이런 갑작스런 회피행동으로 인해 미쿠마와 모가미가 충돌했다. 미쿠마는 연료탱크가 터졌고, 모가미는 제1포탑 전부가 날아갔다. 구리타는 구축함 2척을 불러 두 순양함을 호위하게 하고, 자신은 구마노와 스즈야를 인솔하고 야마모토가 지정한 상봉지점으로 급히 나아갔다.

일본 함대의 퇴각이 확실해진 가운데 정찰기로부터 일본 함정의 위치에 관한 보고가 들어오자 미드웨이 기지의 미군 해병대 소속 급강하폭격기 12대가 출격했다. 미쿠마가 흘린 기름 자국을 쫓아간 미국 폭격기들은 5일 오전 8시경에 미쿠마와 모가미를 발견하고는 즉시 폭격에 나섰다. 그러나 폭탄을 명중시키지는 못했다. 이때 미군 해병대의 플레밍(Richard Fleming) 대위가 조종하는 폭격기가 일본 순양함의 대공포화에 맞았다. 플레밍 대위는 불타는 기체를 조정하여 미쿠마로 돌진했다(이것이 태평양 전쟁에서 미국이 유일하게 감행한 자살공격이었다). 이 공격으로 미쿠마의 후부 포탑이 대파됐다.

스프루언스 제독은 동쪽으로 퇴각하다가 날이 밝아오자 돌아서서 일본 함대 추격에 나섰다. 그는 6월 6일 이른 아침에 정찰기로부터 중순양함 미쿠마와 모가미를 발견했다는 전문을 받고는 즉시 폭격기를 발진시켰다. 3차에 걸친 폭격으로 순양함 미쿠마는 다수의 승무원과 함께 침몰했다. 모가미는 폭탄 6발을 맞았으나 침몰은 면하고 가까운 트루크 섬에 있는 일본 해군기지로 퇴각했다.

6일 오후에 불타고 있는 일본 항공모함을 발견했다는 정찰보고에 따라 미군의 B-17 폭격기 12대가 미드웨이에서 출격했다. 하지만 현장에 갔을 때는 이미 히류 호가 침몰한 뒤였다. 그래서 히류 호를 호위하던 일본 구축함 다니카제(谷風)를 두 차례 공격했으나 명중시키지 못하고 2~3발의 지근탄을 기록하는 데 그쳤다.

미국 항공모함 요크타운은 약 24도 기울어진 채 표류를 계속하면서도 끈질기게 보수작업을 했다. 그러나 6일 오후 1시 35분에 일본 잠수함이 쏜 어뢰 4발을 맞고 끝내 7일 새벽에 가라앉고 말았다.

6일 저녁에 스프루언스 소장은 연료부족과 그 밖의 여러 가지 상황을 검토한 끝에 추격을 중지했다. 이렇게 하여 미드웨이 해전은 끝이 났다.

미드웨이 해전에서 미일 양국 해군의 손실을 비교해보면, 미국 측은 항공모함 1척, 구축함 1척, 항공기 147대, 인명 307명을 잃은 데 비해 일본 측은 항공모함 4척, 중순양함 1척, 항공기 234대(항공모함에 탑재돼 있었던 것도 포함해), 유능한 조종사와 승무원을 포함해 인명 2천여 명을 잃었다.

5분간의 발진 지연이 일본에 이러한 패배를 가져왔으나 항공전투에서 일본 해군은 확실히 우세했다. 미국 해군은 뇌격기술과 어뢰의 성능 면에서 일본에 비해 크게 열세였다. 그러나 미국 해군이 보유한 레이더가 가장 유용한 병기로 많은 공헌을 했다.

일본의 니미츠 제독은 미드웨이 해전에 대해 다음과 같이 평가했다.

진주만의 원한은 어느 정도 갚았지만 일본 해군이 전멸될 때까지 우리는 계속 싸울 것이다. 우리의 목표를 절반 정도 달성하면 아마도 우리는 진주만에서 죽은 영혼들에게 용서를 받을 수 있을 것이다.

4부

독일, 일본의 패전과 한국의 독립

18장

스탈린그라드 전투

일본 해군이 미드웨이 해전에서 패배하면서 항공모함 4척과 우수한 병력을 많이 상실하긴 했으나 미국과 일본의 항공모함 전력은 호각지세였다. 그러다가 일본의 전력이 크게 기울어지는 계기가 된 것은 1942년 8월부터 다음해 2월까지 벌어진 과달카날(Guadalcanal) 섬 쟁탈전이었다.

미국은 1942년 중반부터 남서 태평양에서 두 갈래로 공세를 펴기로 했다. 한 갈래는 솔로몬 군도 남부의 과달카날을 공격한 후 솔로몬 군도를 따라 북상하고, 다른 한 갈래는 오스트레일리아로부터 뉴기니를 거쳐 진군할 계획이었다. 그리고 남서 태평양의 일본 기지인 라바울(Rabaul)을 합류점으로 잡았다.

8월 7일 오스트레일리아에 집결해 있던 미국 제1해병사단 2만 명이 과달카날 섬에 상륙해 일본군의 경미한 저항을 물리치고 내륙으로 진격했다. 일본군에게 이것은 뜻밖의 기습이었다. 일본 대본영은 미군의 반격이 1943년 후반에나 있을 것이라고 예상하고 있었다. 일본군의 저항이 점점 강해지는 가운데 쌍방 모두 증원부대를 보냈다. 이 섬에서 일진일퇴의 격전이 계속됐고, 해전도 연이어 벌어졌다.

중국은 2차 세계대전이 발발하면서 미국의 원조를 얻게 되어 고립상태에서 벗어났으나, 상황은 악화됐다. 일본군에 의해 버마로드가 봉쇄되어 군수물자를 보급받는 데 어려움을 겪게 됐을 뿐 아니라 경제 전반도 어려워졌다. 중경의 국민정부는 이런 어려운 상황에 맞서 1942년 3월에 '국가총동원법'을 공포하고 국민생활의 모든 것을 통제하려고 했다. 이 통제정책은 효과를 내지 못하고 오히려 국민의 생활을 더욱 어렵게 만들어 민심이 공산당으로 돌아서게 했다.

미국의 원조를 얻으면서부터 장개석의 국부군(國府軍)은 종전 후에 있을 공산군과의 내전에 대비하여 전력의 소모를 가능한 한 줄이려고 했으므로 항일전에 대해 소극적이었다. 장개석의 중앙군은 공산당이 장악한 지역을 봉쇄하는 데 투입됐고, 일본과의 전쟁에는 다른 군벌세력 휘하의 군대가 동원됐다. 이에 대해 군벌들이 반발하는 태도를 보였다. 소극적인 대일항전으로 인해 중국군의 항전의욕이 감퇴하여 일본군에 투항하는 병사가 크게 늘어났다(1943년 8월까지 투항한 중국군은 80만 명에 이르렀다).

1942년 봄이 오자 히틀러는 다시 소련에 대한 대공세를 준비했다. 전년 말에 소련군이 반격해왔음에도 불구하고 독일군은 여전히 모스크바에서 100km 떨어진 지점에서 전선을 유지하고 있었다. 히틀러는 카프카스의 유전지대 점령을 목표로 하는 '청색작전(Operation Blau)'을 계획했다.

4월에 스탈린은 철도를 비롯한 교통의 요지인 하리코프 시를 탈환하기 위한 공세를 명령했다. 이로써 소련군은 독일군이 잘 준비해놓은 덫으로 들어가게 됐다.

5월 12일 소련군이 준비도 제대로 갖추지 않은 상태에서 하리코프를 탈환하기 위한 공격을 개시했다. 이에 독일 제6군과 제1기갑군이 협조하며 포위망을 형성했고, 10일 만에 소련군 24만 명을 포로로 잡았다.

1942년 6월 2일에 1300여 문의 독일군 야포가 크림 반도의 세바스토폴 요새를 향해 불을 뿜었다. 이것은 청색작전을 위해 배후의 위협을 제거하기 위한 공세였다. 포격은 5일 동안 밤낮으로 계속됐다. 7일 남부집단군 소속의 11군 사령관인 만슈타인이 보병부대에 진격을 명령했다. 독일군 7개 사단과 루마니아군 2개 사단이 세바스토폴을 향해 나아갔다. 소련 해군 육전대는 지휘체계가 무너진 가운데서도 완강하게 독일군에 맞섰다.

소련군의 분투에 저지당하던 독일 제11군은 7월 1일이 되어서야 세바스토폴 외곽의 저항선을 분쇄할 수 있었다. 소련군은 세바스토폴을 포기하고 크림반도의 서쪽 끝에 있는 케르소네스에서 해상으로 철수했다. 독일 제11군은 7월 3일 세바스토폴에 입성했으나 탈진 상태였다. 히틀러는 세바스토폴을 함락시킨 만슈타인 상급대장을 원수로 승진시켰다.

7월 7일 히틀러는 청색작전을 위해 중앙집단군과 남부집단군을 해체해 A집단군(제1기갑군과 제17군으로 구성)을 편성했고, 이어 9일에는 B집단군(제2군, 제6군, 제4기갑군으로 구성)을 편성했다. A집단군은 하리코프의 남쪽에서, B집단군은 하리코프의 북쪽에서 각기 카프카스를 향해 진격하라는 명령을 받았다.

클라이스트 원수가 카프카스의 유전지대를 점령하기 위해 A집단군을 지휘했고, B집단군의 지휘를 맡은 바익스 원수는 스탈린그라드 시를 점령하라는 명령을 받았다. B집단군은 거침없이 전진해 돈 강을 건너 스탈린그라드로 향했다. B집단군의 선두부대는 제6군으로 프리드리히 파울루스(Friedrich Paulus) 상급대장이 지휘했다.

제6군은 8월 23일 볼가 강변에 도달했고, 25일에는 스탈린그라드를 포위했다. 29일 소련 제62군이 스탈린그라드 시내로 후퇴해 바실리 추이코프 중장의 지휘 아래 진지를 구축하기 시작했다.

9월 1일 스탈린그라드 교외에서 격전이 벌어졌고, 4일 독일군 폭격기들이 대규모로 스탈린그라드를 폭격했다. 13일에는 독일 제6군이 스탈린그라드 시내로 진입했다. 스탈린그라드에서 치열한 시가전이 벌어지는 가운데 A 집단군이 10월 7일 카프카스까지 진격했다.

11월 8일 드와이트 아이젠하워(Dwight D. Eisenhower) 장군이 지휘하는 미영 연합군이 북아프리카에 상륙했다. 이것은 횃불작전(Operation Torch)의 시작이었다.

11월 19일 소련군의 대반격이 시작됐다. 이를 위해 소련 참모부는 45일간 준비작업을 벌였고, 그 결과로 100만 명이 넘는 병력, 1만 4천 문의 중포, 979대의 전차, 1350대의 항공기를 동원했다. 독일 첩보기관은 소련의 이런 준비 작업을 탐지하지 못했다. 로코소프스키 장군이 지휘하는 돈 전선군과 바투틴 장군이 지휘하는 서남 전선군이 북방에서 스탈린그라드를 향해 밀어닥쳤고, 20일에는 예레멘코 장군이 이끄는 스탈린그라드 전선군도 남방에서 스탈린그라드로 진격했다.

소련군은 11월 22일 스탈린그라드의 서쪽 64km 지점인 칼라슈에서 합류했다. 독일군이 포위당할 위기에 처하자 제6군 사령관인 파울루스 대장은 히틀러에게 포위망을 돌파해 후퇴하고자 하니 허락해달라고 간청했으나 히틀러는 허락하기를 거부했다. 이러한 히틀러의 결정은 독일 공군이 하루 최저소요량인 750톤의 보급품을 공수할 수 있다는 공군사령관 헤르만 괴링의 확언에 따른 것이었다.

23일 소련군이 스탈린그라드 시내에 있는 독일 제6군 20개 사단 28만 명과 루마니아군 2개 사단을 포위망에 가두었다. 괴링의 호언장담과 달리 독일 공군이 실제로 수송할 수 있는 보급품은 하루 평균 100톤에 지나지 않았다. 수송기가 절대적으로 부족했을 뿐 아니라 소련 공군의 활동도 활발해졌기 때문이었다.

11월 25일 히틀러는 만슈타인 원수를 레닌그라드 전선에서 소환해 신설 부대인 돈 집단군의 지휘를 맡겼다. 그러나 돈 집단군은 포위된 6군과 돈 강 유역의 예비부대로 편성된 것이었다. 사용가능한 부대는 제4기갑군뿐이었다. 만

1942년 10월 스탈린그라드에 진주한 독일군.

슈타인의 임무는 서남에서 진격해 제6군을 구출하는 것이었다. 그런데 히틀러는 만슈타인 원수에게 불가능한 조건을 부과했다.

만슈타인은 제6군이 스탈린그라드에서 포위망을 뚫고 서쪽으로 후퇴하고 그 사이에 자신의 부대가 소련군을 북동쪽에서 압박하는 것이 성공의 유일한 기회임을 설명하려고 했다. 그러나 히틀러는 제6군의 스탈린그라드 후퇴를 거부했다. 돈 집단군은 진격로를 열어 스탈린그라드까지 돌파해야 했다.

12월 12일 만슈타인 원수는 무거운 마음으로 공격을 개시했다. 러시아의 겨울이 맹위를 떨쳐 눈보라가 휩쓸고 혹한이 엄습하는 가운데서도 처음에는 공격이 순조로이 진행돼 돈 집단군이 19일 스탈린그라드의 남쪽 64km 지점까지 진출했고, 21일에는 48km 지점까지 진격했다. 포위된 제6군은 이제 밤에는 눈 덮인 평원 너머에서 반짝이는 구원군의 조명신호를 볼 수 있게 됐다. 이때

제6군이 탈출작전을 시도했으면 성공할 것이 확실했다. 그러나 히틀러는 그러한 탈출작전을 불허했다.

정면과 측면에서 소련군의 저항이 거세어 만슈타인의 돈 집단군은 최후의 48km를 돌파해낼 수가 없었다. 소련군의 반격으로 돈 집단군 스스로도 포위당할 위기에 처하자 23일 만슈타인은 후퇴명령을 내렸다. 이제는 카프카스 유전지대까지 진격한 클라이스트의 A집단군마저 포위당할 판이었다. 12월 28일 히틀러는 A집단군의 후퇴를 허가했다.

스탈린그라드에서 포위된 제6군은 굶주림에 허덕이다 못해 타고 다니던 말도 있는 대로 잡아먹었다. 크리스마스 저녁에는 4천 필의 말을 도살해 최후의 만찬을 열었다. 땅이 꽁꽁 얼어붙어 바람을 피할 참호도 팔 수 없었다. 겨울 외투도 지급받지 못한 상태에서 동토 위에서 자느라 독일군 병사들이 하루에도 수백 명씩 얼어죽었다.

1943년 1월 8일 아침에 3명의 젊은 소련군 장교가 흰색 깃발을 들고 스탈린그라드의 전선에 나타났다. 이들은 돈 전선 소련군 사령관 로코소프스키 장군이 보내는 최후통첩을 독일군 제6군의 파울루스 대장에게 전했다. 이 통첩은 독일군 제6군은 퇴로가 차단됐으며, 구출될 수도 없고 수송기를 통한 물자 보급도 받을 수 없음을 지적했다. 이 통첩은 다음과 같이 정중하게 독일군의 항복을 요구했다.

"귀군의 상황은 절망적이다. 굶주림과 질병과 추위에 시달리고 있다. 러시아의 혹독한 겨울추위는 이제 겨우 시작됐을 뿐이다. 서리를 내리고 눈보라를 몰아치는 찬바람은 이제부터 더욱 심해진다. 귀하의 군대는 겨울옷을 지급받지 못했고, 참담한 위생조건에서 생활하고 있다. … 귀하의 현 상황은 이미 희망이 없고, 더 이상의 저항은 무의미하다. 이러한 상황을 감안해 불필요한 유혈을 피하기 위해서 아군은 귀하에게 다음과 같은 항복조건을 수락할 것을 제안한다."

소련군이 제안한 항복조건은 관대했다. 모든 포로에게 '정상적인 식량'을 제공할 것이고, 부상자와 병자, 동상환자가 응급치료를 받을 수 있게 할 것이며, 모든 포로가 계급장, 훈장, 사유물을 보유할 수 있게 할 것이라는 내용이었다.

파울루스 대장에게는 24시간의 회답시한이 주어졌다. 그는 이 최후통첩의 내용을 총통 히틀러에게 무전으로 보고하고 행동의 자유를 요청했다. 히틀러의 답변은 결사항전하라는 것이었다. 1월 10일 아침에 소련군은 5천 문의 대포로 맹렬한 포격을 시작했다.

전투는 가열됐고 살육은 갈수록 심해졌다. 도시의 얼어붙은 폐허에서, 눈 덮인 허허벌판에서 쌍방은 놀라운 용맹을 발휘하며 격전을 벌였으나, 그리 오래가지는 않았다. 독일군이 고립된 채 차지하고 있는 땅의 면적은 계속 줄어들어 이때에는 가장 넓은 곳이라 해도 길이 15마일, 폭 9마일밖에 안 됐다.

1월 24일에는 소련군이 그 중간 지역을 장악해 독일군의 점령지역이 다시 두 조각 났다. 독일군은 최후로 남아있던 임시가설 활주로까지 잃었다. 이때까지 약간의 보급품을 공급해주고, 부상병을 위한 의약품을 가져다주고, 2만 9천 명의 중상자를 수송해갔던 비행기조차 이제는 착륙할 수 없게 됐다.

소련은 다시 한 번 독일군에 생존의 기회를 주었다. 소련 사절단이 1월 24일 새로운 제안을 가지고 왔다. 파울루스 대장은 아직 살아남은 병사들을 몰살에서 구해야 한다는 책임감과 군 통수권자에게 복종해야 한다는 의무감 사이에서 갈등하며 히틀러에게 거듭 호소했다.

"탄약도 식량도 없는 군대 … 이미 효과적인 지휘가 불가능. … 보급도 약품도 붕대도 없는 상황에서 1만 8천 명의 부상병…. 이 이상의 방어는 무의미. 붕괴가 불가피. 잔존 장병의 생명을 구할 수 있도록 항복에 대해 즉시 허가해줄 것을 요청한다."

히틀러의 회답은 변함이 없었다.

"항복은 금한다. 제6군은 최후의 한 명, 최후의 일 발이 남아도 그 위치를 사수하고, 영웅적인 인내심으로 방위전선을 확립하고 서방세계를 구제하는 데 불멸의 기여를 하기를 바란다."

그러나 독일군의 저항은 무의미하고 불가능했다. 1월 28일에 이르면 제6군은 조그마한 3개의 고립지대에서 버티게 되고, 파울루스 대장은 백화점 건물의 지하실에 설치된 사령부의 어두컴컴한 구석에 놓인 침대에 거의 실신한 상태로 앉아 있게 된다. 30일 파울루스는 히틀러에게 무전으로 다음과 같이 보고했다.

"24시간을 넘기지 않고 최후를 맞게 될 것이다."

이 통신을 받고 히틀러는 파울루스에게 원수 칭호를 부여했다. 그리고 제6군 장교 117명의 계급을 올렸다. 히틀러는 이 조치가 고립된 그들 사이에 옥쇄의 결의를 강화시킬 것으로 기대했다. 그러나 아무도 기뻐하지 않았다.

1월 31일 오후 7시 45분에 제6군 사령부의 무전반은 최후의 통신을 보냈다.

"소련군이 우리의 엄폐호 입구에 와있다. 우리는 장비를 파괴하고 있다."

그리고 그 뒤에 'CL'이라고 첨부했다. 이것은 "본국(本局)은 금후 발신을 할 수 없다"는 뜻의 국제 무전기호다.

최후의 순간에 사령부에서 전투는 벌어지지 않았다. 젊은 장교가 인솔하는 한 무리의 소련군 병사들이 어두컴컴한 지하실에 있는 독일군 사령관의 거처에 들이닥쳤다. 그들은 독일군에 항복을 요구했고, 독일군 제6군 참모장인 슈미트 장군이 항복의 요구를 받아들였다. 파울루스는 간이침대에 우두커니 걸터앉아 있었다. 슈미트가 "원수께서 더 말씀하실 것이 있습니까?"라고 물었지만 이미 극도로 쇠약해진 파울루스는 입을 열 수조차 없었다.

스탈린그라드의 북부에서는 얼마 남지 않은 생존병을 거느린 2개 기갑사단과 4개 보병사단이 폐허가 된 트랙터 공장에 의지하여 간신히 버티고 있었

스탈린그라드를 탈환한 소련군의 한 병사가 소련 깃발을 흔들고 있다.

다. 2월 2일 정오가 되기 조금 전에 이 잔존부대도 최후의 보고를 보낸 다음에 소련군에 항복했다. 오후 2시 46분에는 독일군의 정찰기 한 대가 스탈린그라드의 상공을 높이 날면서 무전으로 이렇게 보고했다. "스탈린그라드에 아무런 전투의 징후도 없다."

불과 2개월 전만 해도 33만 명을 헤아리던 독일군 병사들이 이제는 9만 1천 명만 남아있었다. 24명의 독일군 장성들과 절반 이상이 동상에 걸리거나 부상을 입은 독일군 병사들은 영하 24도의 추위를 무릅쓰고 핏덩이가 덕지덕지 붙은 모포를 머리에 쓴 채 시베리아 포로수용소로 끌려갔다.

2월 3일 독일 국방군 최고사령부는 스탈린그라드 전투의 패배를 알리는 특별발표를 방송했다. 이 특별발표에 앞서 베토벤의 운명 교향곡 2악장이 방송에서 흘러나왔다. 히틀러는 전 국민에게 4일 간의 복상을 포고했다. 모든 극장, 영화관, 음식점이 이 기간에 문을 닫았다.

스탈린그라드 전투가 끝나가던 1943년 1월 14~24일에 미국과 영국의 수 뇌부가 프랑스령 북아프리카의 카사블랑카에서 회의를 열었다. 스탈린도 초청 을 받았으나 스탈린그라드 전투로 인해 본국을 떠날 수 없다면서 참석하지 않 았다.

루스벨트 미국 대통령은 1월 22일 밤에 샤를 드골(Charles de Gaulle)과 처음으로 회담한 뒤에 수행팀의 일원인 아들 엘리엇 루스벨트에게 이렇게 말 했다.

"드골은 일본과 독일이 패배하면 프랑스령 식민지를 모두 프랑스에 반환 해야 한다고 요구했다. 바보 같은 소리다. 일본군이 프랑스령 인도차이나를 쉽 게 점령한 것은 가혹한 프랑스의 지배보다는 그게 낫다고 그곳 주민들이 생각 했기 때문이다. 태평양에서 일본군과 싸우는 미국 해군과 해병대는 프랑스와 영국, 네덜란드의 식민지를 탈환해주려고 죽어가는 것이 아니다."

카사블랑카 회의에서 루스벨트와 처칠은 이탈리아 상륙작전을 수립했다. 1월 24일에는 루스벨트 대통령이 기자회견에서 독일, 이탈리아, 일본이 '무조 건 항복'을 할 때까지 전쟁을 계속 수행할 것이라고 선언했다. 이 폭탄선언에 옆에 앉아 있던 처칠 영국 수상의 얼굴이 창백해졌다. 루스벨트 대통령은 기자 들에게 '무조건 항복'의 의미를 설명해주었다.

"이들 3국의 무조건 항복이란 이들 국가의 전쟁능력을 제거하는 것을 뜻 한다. 이것은 장차 세계평화를 합리적으로 보장하는 것을 뜻한다. 무조건 항복 이란 독일, 이탈리아, 일본을 파괴하는 것을 뜻하는 게 아니라 정복을 하고 다 른 민족을 억압하려는 이들 3국의 철학을 파괴하는 것을 뜻한다."

루스벨트 대통령의 무조건 항복 요구는 처칠과 상의하지 않은 것이었고, 미국 정부의 요인들도 예상하지 못한 것이었다. 무조건 항복 요구에 대한 그의 설명은 전통적인 항복의 개념과 크게 다른 것이었다. 원래 무조건 항복이란 적의 '전면적 전쟁 포기' 또는 적의 '죽음'을 의미하는 것이다. 그것은 중국의 함벽여츤(銜璧輿櫬, 옛날 중국에 있었던 항복의 예법으로 팔을 뒤로 묶고, 헌상물로 구슬을 입에 물고, 죽음을 당하여도 이의가 없다는 뜻으로 관을 메고 적장 앞에 나아가는 것)과 비슷한 개념이라고 할 수 있는 것이다.

어쨌든 무조건 항복을 적에게 요구하는 것은 적으로 하여금 필사적으로 저항하게 해서 희생을 키우는 결과를 초래할 수밖에 없다. 훗날 아이젠하워 원수는 파리에서 가진 기자회견에서 "만일 여러분이 교수대에 오를 것이냐, 아니면 20회의 착검돌격을 할 것이냐 하는 양자택일의 기로에 서게 된다면 여러분은 틀림없이 20회의 착검돌격을 선택할 것"이라는 말로 무조건 항복 요구의 문제점을 지적했다.

카사블랑카 회담에 동행하지 않은 코델 헐 미국 국무장관은 미국에서 루스벨트 대통령의 이 선언을 듣고 할 말을 잃었다. 만일 무조건 항복 요구를 글자 그대로 적용한다면 미국 외교정책의 근본을 수정해야 한다고 그는 생각했다. 그는 나중에 회고록에서 "독일을 비롯한 추축국들(Axis Powers)이 냉정한 판단을 하지 않고 절망적인 전쟁을 전개하여 결과적으로 완전히 파괴된다면 나중에 부흥할 수 없게 되고, 그러면 최종적으로 미국이 그 책임을 지지 않을 수 없게 되는 일이었다"고 당시의 무조건 항복 요구가 갖고 있었던 결점을 지적했다.

루스벨트 대통령은 동맹국인 영국과 소련으로부터도 이러한 문제점을 지적받았으나 "원칙을 수정할 수 없다"면서 정정하기를 거부했다.

2월 7일 일본군은 과달카날에서 철수작전을 완료했다. 과달카날 전투에서 일본군의 사상자는 2만 4000여 명이었고, 미군의 사상자는 5800여 명이었다. 이때부터 태평양 전쟁에서 일본군은 수세에 몰리게 된다.

19장

무솔리니의 실각

1943년 2월 14일 소련군은 카프카스의 관문인 로스토프를 탈환했으나, 독일의 A집단군이 간발의 차이로 빠져나간 뒤였다.

스탈린그라드 전투 이후 계속 공세를 취하던 소련군은 2월 16일 하리코프 시를 탈환하고 드네프르 강에 육박했다. 이에 따라 독일군의 돈 집단군과 B집단군 사이에 160km에 달하는 간격이 생겼고. 도네츠 분지의 독일군이 차단될 위험에 빠졌다. 그러나 히틀러는 계속 현지고수를 명령했고, 오히려 하리코프를 다시 점령하라고 재촉했다. 돈 집단군 사령관인 만슈타인 원수는 소수의 예비부대를 가지고 반격의 기회를 노렸다. 그는 조만간 소련군이 보급의 곤란으로 공격의 예기가 꺾여 진군을 정지할 것으로 판단했다.

2월 18일 소련군의 공세가 주춤해지자 돈 집단군은 스탈리노 방면에서 반격을 시작했다. 비록 소수병력으로 시작된 반격이었지만 소련군은 대혼란에 빠졌다. 8일 간의 격심한 전투 끝에 소련군은 도네츠 강까지 퇴각했다. 이 전투에서 소련군은 전차 600대와 야포 1천 문을 잃었다.

3월 11일 돈 집단군은 다시 하리코프를 점령했다. 이어 전선은 소강상태에 들어갔다. 이 반격작전은 병력이 8 대 1의 열세임에도 불구하고 순전히 만슈타인이 뛰어난 재능을 발휘해 성공하게 된 것이었다. 그리고 이것이 독일이 대소 전선에서 거둔 마지막 승리였다.

쿠르스크는 모스크바에서 동남쪽으로 약 530km, 하리코프에서는 정북으로 약 200km 떨어진 지점에 위치한 작은 도시다. 그런데 쿠르스크를 중심으로 소련군이 차지한 지역이 돌출된 형태였으므로 독일군은 이곳을 목표로 공세를 준비했다. 독일군은 여러 차례 공격시점을 연기했고, 이에 따라 소련군은 이 지역에 튼튼한 방어망을 구축할 시간을 얻었다.

7월 5일 오전 4시 30분 쿠르스크 돌출부를 겨냥한 독일군의 '성채작전(Operation Zitadelle)'이 시작됐다. 모델(Walther Model) 장군이 이끄는 독일의 제9군은 쿠르스크 돌출부의 북부에 치밀하게 배치된 소련군의 방어망에 막혀 느리게 전진했다. 호트 장군의 제4기갑군은 돌출부의 남부에서 맹공을 퍼부었다.

6일 제9군은 야포 3천 문과 탱크 1천 대를 동원해 단 9.6km 너비의 전선을 공격했다. 소련의 급강하폭격기와 대전차포는 독일의 제9군에 커다란 손실을 안겨주었다. 독일 제9군은 이날 밤까지 10km 정도 진격했으나, 그러는 동안에 2만 5천 명의 사상자를 내고 전차와 자주포 약 200대를 잃었다. 이에 비해 남부의 제4기갑군은 이틀 만에 36km를 전진했다.

12일 아침에 거대한 두 기갑부대가 프로호로프카 부근의 초원에서 서로 마주보게 됐다. 600대가 넘는 독일 전차에 소련 전차 850대가 맞섰다. 8평방킬로미터를 넘지 않는 지역에 1천 대가 넘는 전차가 밀집한 채 처절한 전차전을 벌였다. 자정 무렵에 소련군 전차부대가 퇴각하기 시작했는데, 이때까지 쌍방은 각각 300대 이상의 전차를 잃었다. 독일군은 T-34 전차보다 성능이 우수한 티거 전차와 판저 전차를 대거 투입하고도 소련군과 비슷한 손실을 입었고, 따라서 독일이 패배한 셈이었다. 쿠르스크 돌출부에 투입된 독일군은 너무나 전력손실이 커서 더 이상 공세를 계속할 수가 없었다. 13일부터 소련군의 반격이 시작됐고, 독일군은 밀려났다.

7월 10일 패튼(George Patton) 장군이 지휘하는 미국의 제7군과 몽고메리(Bernard Montgomery) 장군이 지휘하는 영국의 제8군이 시칠리아의 동남해안에 상륙했다. 이때 3일 동안 모두 15만 명의 병력이 상륙했고, 그 뒤로 상륙한 병력까지 합치면 시칠리아에 모두 47만 8천 명의 병력이 투입됐다. 시칠리아에는 이탈리아군의 10개 사단과 독일군의 2개 기갑부대가 주둔하고 있었다. 시칠리아 출신이 대부분인 이탈리아군은 급속히 무너진 반면에 독일군은 거세게 저항했다. 22일에 이르면 연합군이 시칠리아의 절반을 점령하게 된다.

7월 24일 밤에는 이탈리아에서 1939년 12월 이래 처음으로 파시스트 대평의회가 열렸다. 여기서 디노 그란디 상원의원은 무솔리니의 사임을 요구했다. 무솔리니 해임안은 찬성 19 대 반대 7로 가결됐다. 무솔리니의 사위로 외무장관인 갈레아조 치아노도 찬성표를 던졌다.

25일 이탈리아의 국왕 비토리오 에마누엘레 3세는 자신을 찾아온 무솔리니에게 파시스트 대평의회에서 채택된 해임안을 받아들이겠다고 했고, 무솔리니는 곧장 체포됐다. 국왕은 피에트로 바돌리오(Pietro Badoglio) 원수를 무솔리니의 후임으로 수상에 임명했다. 이탈리아 정부는 이탈리아 본토에 독일군이 주둔하고 있음에도 불구하고 즉각 비밀리에 연합국과 정전협상에 들어갔다.

이탈리아 주둔 독일군 최고사령관인 알베르트 케셀링(Albert Kesselring) 공군 원수는 추축국 군대의 시칠리아 철수를 명령했다. 8월 16일까지 계속된 이때의 철수작전으로 독일군 4만 명과 이탈리아군 6만 명이 이탈리아 본토로 퇴각했다.

9월 3일 영국 제8군의 2개 군단이 장화 모양의 이탈리아 반도에서 엄지발가락 부분에 해당하는 칼라브리아에 상륙했다. 이날 이탈리아 정부는 연합국의 항복조건에 동의하고 휴전협정에 서명했고, 그 내용은 8일 공개됐다.

이런 돌발적인 사태에 놀란 히틀러는 이탈리아 주둔 독일군에게 이탈리아군을 무장해제시키라는 명령을 내렸다. 독일군은 상륙한 연합군과 격전을 벌였다. (9월 12일 독일 특공대가 무솔리니를 구출했다. 그 뒤에 히틀러는 북부 이탈리아에서 무솔리니를 권좌에 다시 올려주었다. 그러나 그 정권은 독일의 괴뢰에 불과했다.)

이탈리아의 이탈로 추축국의 일각이 무너진 것은 유럽의 전황에 기대를 걸고 있던 일본의 지도자들에게 커다란 충격을 주었다. 게다가 일본은 태평양 전선에서 육해공군 전력의 손실과 물자의 피해가 심대했기에 전략의 전환이 불가피했다.

9월 30일 일본 정부는 '금후 취하여야 할 전쟁지도 대강'과 그에 따른 긴급조치를 결정했다. 일본의 이 새로운 전략방침은 쿠릴 열도, 오가사와라 열도, 마리아나 군도, 캐롤라인 군도, 뉴기니 서부, 네덜란드령 동인도제도, 버마를 포함한 권역을 절대국방권으로 설정했다. 일본군은 이에 맞추어 확보지역을 축소시켜 시간을 벌고 그 사이에 공군력을 중심으로 전력을 충실히 다지는 데 온 힘을 기울이기로 했다.

그러나 일본의 이러한 전략변경은 때늦은 것이었다. 과달카날 전투 이래 일본은 남태평양에서 너무나 큰 전력손실을 입어 회복불능 상태가 된 반면에 미국의 가공할 공업생산 능력은 위력을 발휘하고 있었다. (미국은 1941~45년에 군용기 30만 대, 탱크 8만 5천 대, 군함 7100척을 제작했고, 특히 항공모함을 100척이나 생산했다. 이에 비해 일본은 항공모함 25척을 새로 건조하는 데 그쳤다.)

20장

노르망디 상륙작전

1943년 10월 28일 코델 헐 미국 국무장관, 앤서니 이든 영국 외무장관, 바체슬라프 몰로토프 소련 외무장관이 모스크바에서 만났다. 이들은 2주일에 걸쳐 회담했다. 이 회담에서 미국, 영국, 소련은 독일과 일본에 대한 무조건 항복 요구를 재확인하는 동시에 국제기구 창설, 유럽자문이사회(European Advisory Council) 설립, 오스트리아의 독립, 적당한 시기에 소련의 대일본 참전 등에 합의했다.

11월 3일 소련군 2개 군이 우크라이나의 수도 키예프의 북쪽으로 독일군을 기습했고, 6일 키예프를 탈환했다. 혁명 기념일인 7일 소련 외무장관 몰로토프는 성대한 파티를 열었다. 이제는 독일군에 점령당했던 소련 영토 가운데 3분의 2가 수복됐다. 이런 승리에 고무된 스탈린은 헐 미국 국무장관과 이든 영국 외무장관에게 회담장소를 이란의 수도 테헤란으로 정하면 미국, 영국, 소련의 3국 정상회담 개최에 찬성한다고 말했다.

루스벨트 미국 대통령과 처칠 영국 수상은 테헤란 회담에 참석하러 가던 도중에 카이로에서 장개석과 회동했다. 11월 22~26일에 열린 이 카이로 회담에서 한국 문제가 논의됐다. 연합국 수뇌간 회의에서는 이때 처음으로 한국 문

카이로 회담에 참석한 장개석 중국 총통, 프랭클린 루스벨트 미국 대통령, 윈스턴 처칠 영국 수상

제가 논의된 것이다. 또한 이 회담에서 처음으로 장개석이 연합국의 전쟁계획 논의에 참여했는데, 회담의 의제는 대일본 전쟁에 관한 토의에 국한됐다. 3국 수뇌는 일본의 침략을 응징하기 위하여 전투를 계속한다는 것, 영국은 독일이 항복한 다음에는 일본에 대한 전쟁을 계속한다는 것, 1894년 이래 일본이 침탈한 지역을 환원한다는 것, 즉 만주, 대만, 팽호(澎湖) 열도를 중국에 환원하고 한국은 '적절한 과정을 거쳐(in due course)' 독립하게 한다는 것 등이 합의됐다.

이어 11월 28일과 12월 1일 사이에 테헤란 회담이 열려 미국, 영국, 소련의 수뇌인 루스벨트, 처칠, 스탈린이 처음으로 자리를 같이 했다. 처칠의 생일인 11월 30일에는 3국 수뇌가 만찬을 즐겼고, 스탈린은 미국이 무기를 대여해 주지 않았다면 전쟁에서 이길 수 없었을 것이라고 말했다.

이 회담에서 스탈린은 노르망디 상륙작전을 예정대로 실행하여 제2의 전선을 만들 것을 강력히 주장했고, 처칠은 발칸 반도에 제2의 전선을 만들자고

테헤란 회담에 참석한 스탈린, 루스벨트, 처칠.

주장했다. 스탈린은 미국과 영국의 군대가 발칸 반도에 상륙하게 되면 장차 그 지역에 대한 미국과 영국의 영향력이 커질 것을 우려해 처칠의 주장에 반대했다. 루스벨트는 노르망디 상륙작전에 찬성했다. 그리고 3국 수뇌는 전후에 독일을 분할한다는 데 원칙적인 합의를 보았다.

이란 문제에 대해서는 별도의 특별한 선언을 채택했다. 그 내용은 전쟁이 끝나면 이란에 주둔하고 있는 외국 군대가 모두 철수해 이란의 영토 보전을 보장하고 이란에 경제원조를 제공한다는 것이었다. (2차 세계대전이 일어나자 이란의 레자 샤 팔레비 국왕은 전쟁의 소용돌이에 휘말려 들어가지 않으려고 안간힘을 다했다. 1940년에 프랑스가 독일에 패배하자 레자 샤 팔레비 국왕은 중립을 선언했다. 1941년 8월 25일 영국군과 소련군은 독일이 선점하는 것을 막는다는 명분으로 이란을 합동으로 침공하여 남북으로 분할해 점령하였다. 레자 샤 팔레비 국왕은 1941년 9월에 자신의 아들인 무하마드 레자 팔레비에게

264

양위를 하고 남아프리카 공화국으로 망명을 떠났다. 이란은 그 뒤 영국과 소련의 강요에 따라 독일에 선전포고했는데, 테헤란 회담에서 그 대가를 받은 셈이 됐다.)

루스벨트와 처칠은 테헤란 회담을 마치고 귀국하는 길에 다시 카이로를 방문해 터키공화국의 이스메트 이뇌뉘 대통령과 외무장관을 만나 터키의 참전을 요구했다. 터키의 참전은 처칠이 구상하고 있었던 발칸 반도 상륙작전에 매우 중요했다. 그러나 이뇌뉘 대통령은 군사적인 준비가 돼있지 않다는 이유로 참전을 거부했다.

1943년 말 유럽 동부전선에 소련군은 570만 명의 병력을 배치하고 있었던 데 비해 독일군의 병력은 300만 명이었다. 탱크와 야포, 항공기 수에서도 소련군이 월등히 우세했다. 독일군의 항공기는 3000대였지만, 소련군의 항공기는 1만 3400대나 됐다. 1943년에 소련은 전차를 2만 4000대 생산했는데, 그 가운데 1만 5812대가 T-34였다. 이 해에 독일이 생산한 전차는 1만 7000대였다. 1944년에 들어서면 유럽 동부전선은 완전히 소련의 주도권 아래 놓이게 된다.

900일간 유지되던 레닌그라드의 포위상태가 1944년 1월 27일에 풀렸다. 독일군은 격퇴되어 에스토니아와 폴란드로 물러났다.

2월부터 바투틴(Nikolai Fyodorovich Vatutin) 장군이 지휘하는 제1우크라이나전선군의 지원을 받아 코네프(Ivan Stepanovich Konev) 장군이 제2우크라이나전선군을 지휘해 코르순 돌출부 안의 독일군 8개 사단을 포위하는 데 성공했다. 만슈타인 휘하의 이 독일군 부대들은 필사의 탈출을 시도했는데, 그 과정에서 적어도 10만 명이 넘는 사상자와 포로를 남겼다.

3월 30일 히틀러는 남부집단군 사령관인 만슈타인 원수와 A집단군 사령관인 클라이스트 원수를 해임하고 모델 원수와 쇠르너(Ferdinand Schörner) 장군을 대신 임명했다. 이유인즉 방어전에는 '기동전의 대가(master of manoeuver)'가 필요 없다는 것이었다. 즉 방어전에는 필사적으로 현지고수를 하는 지휘관이 적합한데 기동방어를 주장하는 만슈타인이나 클라이스트는 그런 지휘관이 아니라는 것이었다. 그러나 당시 독일군에게 가장 바람직한 방어전 형태는 기동방어였다. 병력과 화력이 현저히 열세한 독일군이 광대한 전선을 고수하는 진지방어를 펼 경우 어느 곳에서든 돌파당할 가능성이 높았다. 그러므로 적을 유인한 다음에 반격해 격파하는 기동방어가 적합했다. 그러나 기동방어는 점령지를 대대적으로 방기해야 하므로 점령지를 고수하는 데 집착하고 있었던 히틀러로서는 이것을 받아들일 수 없었다. 이리하여 독일군 장군 가운데 가장 뛰어난 야전사령관 두 사람이 전선에서 물러나고 말았다.

4월 8일 제4우크라이나전선군이 페레코프 지협에 주둔하고 있는 독일 제17군에 압박을 가해 16일 세바스토폴로 몰아넣었다. 독일군은 거기서 5월 초순까지 버티다가 해로를 통해 루마니아의 콘스탄차로 철수했다. 그러나 6만 5천 명 가운데 3만 명이 채 안 되는 병력만이 탈출에 성공했을 뿐이다. 5월 9일 소련군은 세바스토폴을 탈환함으로써 크림반도를 수복했다.

1944년에 들어서자 영국의 남부지역은 방대한 규모의 연합군 병력이 집결하기 시작하면서 거대한 군사기지로 변했다. 5월 말에 실행될 노르망디 상륙작전(작전명은 '대군주 작전(Operation Overlord)' 이었다)을 위해 동원되는 병력이었다. 이 작전에 병력 287만 6천 명, 각종 함선 5300척, 항공기 1만 2천 대가 동원됐다. 역사상 최대의 작전이라 할 수 있었다.

이때 프랑스와 베네룩스 3국에 배치된 독일 육군은 58개 사단에 불과했다. 그나마 절반 이상이 정원에 미달되는 병력만 갖고 있었고, 훈련이 부족했으며, 장비도 부실했다. 프랑스에 주둔하고 있는 독일 공군에서 동원할 수 있는 전투기도 약 400대에 불과했고, 게다가 그 가운데 절반은 수리돼야 하는 상태이거나 부속품이 보급되기를 기다리는 상태에서 지상에 묶여 있었다. 또한 서유럽의 독일군 총사령관 룬트슈테트는 이름만의 지휘권을 행사하고 있었다. 그가 휘하 야전군 사령관에게 명령을 내리려면 일일이 히틀러의 승인을 받아야 했다.

연합군의 상륙일정은 조수의 형편이 상륙작전에 가장 적합한 6월 5~7일 사이로 계획됐다. 연합군 최고사령관인 아이젠하워 대장은 일단 5일을 상륙작전 개시일로 잡았다. 하루 전날인 4일 5300척의 각종 군함이 공격태세를 갖추었다. 그러나 기상조건이 악화되자 아이젠하워 대장은 상륙작전을 하루 연기했다.

6월 6일 0시 직후에 연합군의 소해정(掃海艇, 수중의 기뢰를 찾아내 처분하는 등 항로의 안전을 확보하는 일을 임무로 하는 함정)들이 진입경로를 내고 표지를 세웠고, 영국 공군의 폭격기들이 영국해협 건너편의 목표물을 공격했다. 1~2시 사이에 연합군 공수부대 3개 사단이 해안 교두보 예정지점의 동쪽 및 서쪽 측면을 확보하기 위해 독일군 후방에 투하됐다. 상륙지점에 대한 공군의 폭격은 예정보다 조금 이른 3시 14분에 시작됐다. 독일군 해안포대는 5시 35분부터 연합군 상륙선단에 포격하기 시작했다. 5시 50분부터는 연합군 군함들이 독일의 해안 요새들을 겨냥해 포문을 열었다.

이어 항공기 1만 2천 대가 상륙지점 바로 위에 집결해 독일 공군의 폭격을 막았다. 오전 6시 30분 브래들리 대장 휘하의 미군이 바닷물을 박차고 노르망디 해변으로 올라서기 시작했다. 7시 20분에는 영국군과 캐나다군이 해안에 상륙했다. 이날 해질 무렵에는 모두 15만 5천 명의 병력이 해안에 상륙해 교두보를 확보했다.

독일군은 완전히 허를 찔렸다. 기상이 나쁘고 높은 파도가 일고 있을 때 공격이 있으리라는 생각을 하지 못했고, 상륙지점도 칼레로 예상했다. 더구나 룬트슈테트 원수는 직접 지휘할 수 있는 기갑부대를 갖고 있지 않았고, 북부 프랑스에 배치된 B방면군 사령관으로 3개 기갑사단에 대한 지휘권을 갖고 있는 롬멜 원수는 연합군의 상륙작전이 시작될 때 독일 국내에 있었다. 히틀러는 자신의 통제 아래 4개 기갑사단을 두고 있었는데, 이들은 그의 허락 없이는 움직일 수 없었다.

11일이 되자 각각의 상륙지점들이 서로 연결됐고, 17일이 되자 상륙한 병력은 60만 명, 군용 차량은 10만 대에 이르렀다.

한편 소련군은 6월 23일 동부 폴란드와 벨로루시에 포진돼있는 독일군을 소탕하기 위한 바그라티온 작전을 개시했다. 소련군은 이 작전에서 놀라운 성공을 거두어 7월 3일에는 백러시아의 수도 민스크를 탈환했고, 독일의 중부집단군 30만 명을 포로로 잡았다. 13일에 소련군은 다시 공세를 시작해 폴란드의 주요 도시인 르보프를 향해 진격했다.

7월 25일 연합군은 노르망디 해안을 벗어나 빠른 속도로 독일군을 격퇴하기 시작했다. 같은 날 소련군의 선두부대는 폴란드를 가로지르는 비스와 강변에 도착했다. 소련군은 26일 브레스트리토프스크를 함락했고, 그 다음날에는 르보프를 점령했다. 그러나 독일 공군과 기갑부대의 반격으로 더 이상 전진할

소련군에 붙잡힌 독일군 포로들이 모스크바로 추정되는 소련 도시의 시가지를 걸어가고 있다.

수 없었다.

그러나 8월에 들어서자 소련군은 독일 남부집단군을 공격해 29일에 완전히 무너뜨렸다. 소련군은 40만 명이 넘는 독일군 포로를 잡았다. 루마니아의 친독일 정부는 무너졌다. 연합군은 8월 25일에 파리에 입성했다.

9월 19일에 핀란드와 소련 사이에 휴전조약(2차)이 체결됐다. 핀란드가 펫사모(Petsamo) 지역을 소련에 양도하고 전쟁배상금을 지급하는 조건이었다. 핀란드는 소련과 두 번의 전쟁을 치러 국토의 일부를 소련에 빼앗겼지만 독립을 유지하는 데는 성공했다.

21장

미국의 필리핀 수복

필리핀에서 동쪽으로 2천km 거리에 있는 마리아나 군도는 중부 태평양의 요
충지로, 일본이 이 군도를 상실하면 남북으로 연결되는 태평양 병참선이 차단
되고 중부 태평양 최대의 기지인 트루크 섬이 고립될 수밖에 없었다. 따라서
일본은 마리아나 군도를 사수함으로써 마리아나 군도, 캐롤라인 군도, 뉴기니
를 잇는 선에서 미군을 저지함으로서 전세를 만회하려고 했다. 일본은 이것을
'아호작전(ア号作战)' 이라고 불렀다.

일본 연합함대 사령부는 이 작전의 성공은 미국 기동함대를 격파하는 데
달렸다고 판단하여 전함 중심의 함대를 항공모함 중심의 기동함대로 개편했
다. 이리하여 전함 중심의 제2함대와 항공모함 중심의 제3함대가 합쳐져 제1
기동함대가 만들어졌다. 이 함대는 오자와(小澤) 해군 중장의 지휘 아래 항공
모함 9척, 전함 5척, 순양함 13척, 구축함 28척, 항공기 430대(전투기 222대, 급
강하폭격기 113대, 뇌격기 95대)로 구성됐다.

1944년 6월 15일 미국의 해병대 2개 사단이 마리아나 군도의 사이판 섬에
상륙했다. 이것은 일본의 예상을 뒤엎은 완전한 기습이었다. 일본 대본영은 미
군의 상륙시기를 9월 하순으로 예상하고 준비하고 있었다.

사이판의 일본 수비대 3만 명은 지하 참호에서 필사적으로 저항했다. 일본의 제1기동함대는 미군이 사이판에 상륙하자 '아호작전'에 따라 마리아나 해역으로 출동했다.

스프루언스 제독이 지휘하는 미국의 제58기동부대는 사이판 서쪽 360km 해상에서 대기하고 있었다. 이 기동부대는 항공모함 15척, 전함 7척, 순양함 21척, 구축함 69척, 항공기 956대로 구성돼있었다.

물량 면에서는 미국 함대가 우세했으나, 항공기의 성능 면에서는 일본이 우위였다. 일본의 제로센 전투기 52형, 혜성(彗星) 폭격기, 천산(天山) 뇌격기 등은 항속거리만 봐도 192km 정도 우월했다.

6월 19일 새벽에 일본 제1기동함대에서 발진한 정찰기들이 미국 함대를 포착했다. 일본 함대와 미국 함대 사이의 거리는 480km였다. 8시 30분에 1차로 일본 제3항공전대 소속 군용기 69대가 출격했고, 이어 8시 56분에 2차로 오자와 본대에서 군용기 128대가 출격했다. 1차로 출격한 69대가 미국 제58기동부대 전방 240km까지 접근했을 때인 오전 10시에 미국 함대는 레이더로 적기의 내습을 탐지하고 함대 전방 48km 해상에 전투기 400여 대를 대기시켰다. 대규모 공중전이 벌어졌다. 이 공중전에서 일본 항공기 42대가 격추됐지만, 미군 전투기는 불과 1대만 격추됐다. 곧 이어 2차로 출격한 일본 항공편대와 미국 항공편대 사이에 공중전이 벌어졌다. 이 공중전을 마친 뒤에 돌아갈 수 있었던 일본 항공기는 31대뿐이었다. 19일 하루 동안 일본 항공부대는 4차례 출격했으나 막대한 손실만 입었을 뿐이다. 이때 모두 395대의 일본 전투기가 격추됐다.

그러나 이보다도 미국 잠수함에 의해 항공모함 2척이 격침된 것이 일본군에 더 큰 손실이었다. 오자와 제독이 승선한 제1기동함대의 기함인 정예 항공모함 다이호(大鵬)는 2차 공격대가 발진을 거의 완료할 즈음에 어뢰 공격을 받아 1발을 맞았다. 이 항공모함은 오후 3시 28분 일대 폭발을 일으키더니 몇 분

후 침몰했다. 항공모함 쇼가쿠(翔鶴)도 12시 20분경 미국 잠수함 카발라(Cavalla)가 쏜 어뢰 3발을 맞아 불길에 휩싸이더니 오후 3시가 조금 넘은 시각에 폭발과 함께 침몰했다.

19일의 공중전에서 일본군의 전투기가 소진됐다고 판단한 스프루언스 제독은 미처(Marc Mitscher) 제독에게 20일 아침부터 일본 함대 쪽으로 서진하라고 지시했다. 오후 3시 42분 정찰기로부터 일본 제1기동함대를 발견했다는 보고를 받은 미처 제독은 망설이다가 출격을 명령했다. 공격거리가 너무 먼데다가 항공편대가 일몰 후에 귀환하게 될 것이므로 위험이 컸다. 4시 21분부터 11척의 항공모함에서 216대의 항공기가 출격하기 시작했다. 이들이 일본 제1기동함대의 상공에 도달했을 때에는 해가 이미 수평선에 걸려 있었다.

일본 제1기동함대의 항공모함인 즈이가쿠(瑞鶴), 준요(準鷹), 히요(飛鷹) 등 3척이 폭탄을 맞아 그중 히요가 침몰했다. 이와 함께 유조선 2척도 격침됐다. 미국 항공기는 불과 20대만 격추됐으나 일몰 후에 항공모함으로 귀환하다가 80대가 사고로 희생됐다.

미국에서는 필리핀 해전, 일본에서는 마리아나 해전이라고 불리는 이 이틀간의 해전에서 일본 해군이 입은 손실은 항공모함 3척, 전함 1척, 순양함 1척, 기타 군함 수 척, 항공기 426대였다. 미국은 항공기 130대를 잃었을 뿐 단 한 척의 군함도 격침되지 않았다.

이처럼 일본 함대가 참패한 것은 조종사들이 모두 신병이어서 노련한 미군 조종사들에게 적수가 되지 못한데다가 미군의 레이더에 의해 일본 함대의 공격이 포착됐기 때문이었다.

7월 9일 사이판에서 전투가 종료됐다. 사이판 섬이 함락된 것은 일본에 너무나 큰 충격이었다. 이에 대한 책임을 지고 도조 히데키 내각이 18일 총사퇴했다.

21일에는 괌에 미군이 상륙했고, 24일에는 티니안에 미군이 상륙했다. 8

월 말까지 미군은 마리아나 군도 전체를 장악했다. 마리아나 군도를 둘러싼 전투에서 일본군은 4만 6천 명이 전사하거나 포로가 됐고, 미군은 4750명이 전사했다.

10월 20일에는 항공모함 17척을 포함해 각종 군함 720척으로 구성된 미군 상륙부대가 필리핀 중부의 레이테(Leyte) 섬에 상륙하기 시작했다. 이날 상륙한 맥아더 장군은 연설에서 이렇게 말했다. "필리핀 국민 여러분, 나는 돌아왔습니다. 전능하신 하느님의 은총으로 우리 군대는 다시 필리핀 땅에 섰습니다."

21일까지 13만 2천 명의 미군 병력이 상륙하고 20만 톤의 보급품이 하역됐다. 레이테를 수비하고 있던 일본군 제16사단은 곧 내륙으로 격퇴됐다.

일본의 필리핀 점령군 사령관인 야마시타 도모유키(山下奉文)는 레이테

모건소 플랜과 라티모어 해법

1944년 9월 20일에 미국 정부는 전후에 독일을 처리하는 문제를 검토하기 위한 특별 각료회의를 열었다. 이때 재무장관 헨리 모건소(Henry Morgenthau, Jr.)는 독일을 '원시적 목축농업국가'로 만들어 다시는 전쟁을 일으키지 못하게 해야 한다고 역설했다. 독일을 3분할하고 공업지대를 철저히 파괴해서 독일인이 목축과 농업에만 종사하게 함으로써 전쟁을 일으킬 수 없는 나라로 만들어야 한다는 것이었다. 이로 인해 생기는 2천만 명의 실업자는 중앙아프리카로 보내면 된다고 했다. 이런 모건소 플랜은 미국 신문들이 "모건소가 유태인이기 때문에 유태인 학살에 대한 보복으로 내놓은 것"이라고 비난하고 정부의 다른 각료들도 반대함으로써 결국 철회됐다.

이에 앞서 1944년 3월에는 장개석의 정치고문으로 파견된 역사학자 오언 라티모어(Owen Lattimore)가 미국 국무성의 의뢰에 따라 전후에 일본을 처리하는 방안을 담은 〈아시아에서의 해법(Solution in Asia)〉이라는 문건을 작성해 1944년 3월 발표했다. 그 내용은 전후 일본에 대해 중공업은 금지하고 경공업만 허용하며 일본을 공화국으로 만들어야 한다는 것이었다. 그리고 그는 히로히토와 그 후계자가 될 수 있는 일본 황족을 모두 중국으로 보내 감금시켜야 한다고 주장했다.

에서 결전을 치르기로 결심하고 즉시 4개 사단을 레이테에 파견했다. 이리하여 레이테에서 치열한 공방전이 벌어졌다. 해군에서도 연합함대의 주력을 레이테 인근 해역에 투입했다.

25일 레이테 섬 부근에서 거의 동시에 3개의 대해전이 벌어졌는데 이를 총칭해 '레이테 해전'이라고 부른다. 이날 일본군은 최초로 가미카제(神風) 자살공격을 실시했다. 그 방법은 머리 부분에 폭약을 장착한 항공기가 적선에 다가갈 수 있는 연료만 넣고 날아가 돌진하는 것이었다. 이것은 공군력이 사실상 소멸한 일본군이 선택한 마지막 저항방법이었다. 일본군은 이때의 첫 가미카제 공격에서 항공기 5대로 미국 항공모함 1척을 격침하고 3척을 대파하는 전과를 올렸다.

그러나 레이테 해전은 미국 해군의 결정적인 승리로 끝났다. 일본 해군은 항공모함 4척, 전함 3척, 중순양함 6척, 경순양함 3척, 구축함 12척, 잠수함 11척을 잃어 재기불능 상태가 됐다. 이로써 일본 해군은 미국 해군과 해전을 치를 수조차 없게 됐다. 미국 해군은 항공모함 1척, 호위항공모함 2척, 구축함 2척의 손실을 입는 데 그쳤다.

11월 24일 100대의 B-29 폭격기가 사이판에서 출격해 일본의 수도 도쿄를 공습했다. B-29 폭격기는 미국이 2차 세계대전 중에 개발한 전략폭격기로 1942년에 시험비행에 성공했고, 1944년 6월부터 실전에 배치됐다. '날아다니는 요새(Flying Fortress)'로 불리는 이 폭격기가 처음으로 일본 본토의 상공에 나타났을 때 일본에는 이것을 저지할 방공전투기가 한 대도 없었다.

12월 25일에 미국은 레이테 섬 전부를 장악했다고 선언했다. 레이테 전투에서 일본군은 7만 5천 명, 미군은 1만 5천 명의 사상자를 냈다.

레이테 섬을 점령함에 따라 남중국해로 나아갈 통로를 얻게 된 맥아더는 남중국해를 비롯한 서태평양 일대를 제압하기 위해 일본의 해군기지와 공군기지가 많이 있는 필리핀의 루손 섬을 점령하기로 결정했다. 일본의 필리핀 점령

레이테 섬에 상륙하는 맥아더

군 사령관인 야마시타 대장은 총 25만 명의 일본군을 3개 부대로 나누어 최대한의 지구전을 펴기로 했다.

1945년 1월 4일 850척의 대함대가 레이테에서 출항했다. 항해 도중에 3차례의 가미카제 공격을 받아 전함 20척이 격침되고 20척이 대파되는 손실을 입었으나 예정대로 9일 오전 9시 30분에 미국 제6군이 링가엔 만을 통해 루손 섬에 상륙했다.

당시 루손 섬에 있었던 일본군 하사관 오가와 데쓰로는 가미카제 공격을 비판하는 글을 일기에 남겼다.

4시경 나는 만(灣) 전체가 한 눈에 내려다보이는 산 위에 서 있었다. 거대한 함대가 저무는 해를 배경으로 섬뜩한 실루엣을 드러내고 있었다. 돌연 검고 짙은 구름이 선단을 덮기 시작했고, 멀리서 우레 같은 소리가 들려왔다. 그 구름은 대공포화의 연기였다. 반점 같은 것 몇 개가 하늘의 이 구석 저 구석으로부터 연기구름 속으로 쏜살같이 달려 들어갔다. 우리의 자폭기(自爆機)들이었다.

"가미카제 공격이다!" 나는 지나가는 병사들에게 외쳤다. 병사들이 달려왔다. 까만 반점이 연기 속으로 날아들었고, 뒤이어 또 하나, 그리고 또 하나. 공격은 약 10분간 계속됐다. 차츰 연기는 걷혔고, 나는 멀리 몇 척의 선박이 불길에 싸인 것을 어슴푸레 볼 수 있었다.

이러한 공격이 꼭 필요한 것일까? 나는 자문했다. 저 대함대 속에 있는 배 몇 척을 격침시키는 것이 젊은이들의 목숨을 희생시킬 만큼 가치가 있는 일일까? 자원을 했건 안 했건 그들과 그들의 부모는 다 같이 무모한 전쟁의 희생자인 것이다.

"저것이야말로 고위 장성들이 생각해낼 수 있는 가장 저주스럽고 가장 치졸한 짓이야!" 한 병사가 분개하며 말했다.

22장

독일의 항복

1945년 초에 유럽 서부전선의 연합군 병력은 373만 명에 이르렀다. 이에 비해 독일군 병력은 100만 명에 불과했다. 동부전선 전체에 걸쳐 소련군 병력은 600만 명이었고, 독일군 병력은 200만 명, 독일 동맹국 병력은 19만 명이었다. 그리고 전차, 차량, 항공기에서는 소련이 독일보다 몇 배 앞섰다.

1월 12일 유럽 동부전선에서 '비스와—오데르 작전' 이라는 밋밋한 이름으로 소련군의 공세가 시작됐다. 제1우크라이나전선군이 공세를 개시한 뒤 1월 27일까지 슐레지엔에 깊숙이 진입했다.

13일 제2, 제3 백러시아전선군이 동프로이센으로 진격했다. 14일 주코프 원수가 이끄는 제1백러시아전선군이 공격을 시작했는데, 이 부대의 진격이 가장 빨라 2월 2일에는 베를린이 시야에 들어오는 오데르 강변에 이르게 된다. 그러나 북방의 포메른에 있는 독일군 때문에 오데르 강을 넘어 베를린으로 진격할 수는 없었다. 주코프는 북으로 기수를 돌렸다.

18일 일본 정부는 '전군의 가미카제화' 를 선언했다.

29일 미국 8군 휘하의 11군단이 필리핀의 수빅 만 서북쪽에 있는 산안토니오 근방에 상륙했고, 31일에는 제11공수사단이 바탄가스 부근에 상륙해 마닐라를 목표로 북진했다. 2월 초에는 미군이 마닐라를 포위했다.

2월 4일부터 12일까지 러시아의 크림 반도에 있는 얄타에서 미국, 영국, 소련의 수뇌와 외무장관, 그리고 고위 장성들이 참여한 가운데 회의가 열렸다. 소련은 동유럽을 석권하고 있어 매우 유리한 입장이었던 반면에 미국과 영국은 아직도 어려운 전쟁을 계속하고 있었고, 특히 미국은 태평양에서 일본군의 격렬한 저항에 부닥쳐 고전하고 있었다. 루스벨트 미국 대통령은 소련의 대일본전 참전이 절대적으로 필요하다고 판단하고 스탈린에게 참전의 대가로 많은 양보를 했다. 얄타 회담에서 결정된 주요 사항은 다음과 같다.

(1) **국제연합 문제:** 1944년 10월에 미국 워싱턴 교외의 덤버턴오크스 (Dumbarton Oaks)에서 열린 회의에서 제안된 방안에 따라 1945년 4월 25일 샌프란시스코에서 국제연합 헌장을 채택하기 위한 회의를 연다.

(2) **독일 문제:** 독일을 미국, 영국, 소련, 프랑스가 점령한다.

(3) **폴란드 문제:** 폴란드의 정부형태는 보통 · 비밀 · 자유선거에 의해 결정한다. 소련과 폴란드의 국경은 커즌라인(Curzon Line)으로 한다.

(4) **소련의 대일본전 참전 문제:** 소련은 독일이 항복한 후 2~3개월 이내에 대일본전에 참전한다.

얄타 회담에서 스탈린은 "나는 일본이 우리나라로부터 빼앗아간 것을 되찾기만을 원할 뿐" 이라고 공언했으나, 그러면서도 참전의 대가를 가능한 한 많이 얻어내려고 했다. 루스벨트의 가장 중요한 목표는 일본과의 전쟁에 소련을 참전시키는 것이었으므로 스탈린과 그 대가에 관한 비밀합의를 했다.

이 비밀합의는 1947년 3월에 미국 국무성이 공개했다. 그 주요 내용은 몽고인민공화국를 존속시키고, 사할린을 소련에 반환하고, 쿠릴 열도를 소련에 할양하고, 대련(大連) 항을 국제화하는 동시에 대련 항에 대한 소련의 우선적이익을 옹호하고, 해군기지로서 여순 항에 대한 소련의 조차권을 회복시키고, 국민당 정부로 대표되는 중화민국이 만주에 대해 완전한 주권을 보유함을 인정한다는 것이었다. 이 비밀합의는 사전에 중국 국민당 정부와의 협의 없이 이루어졌다. 루스벨트 대통령은 사후에 중국 측의 동의를 구하기로 했다.

2월 19일에는 일본 도쿄에서 남쪽으로 1200km 떨어진 지점에 있는 이오지마(硫黃島)에 미국 해병대가 상륙했다. 미국은 전년 여름에 사이판 섬을 점령했지만 그 섬은 일본 본토와 2400km 떨어진 곳에 있으므로 거기서는 장거리 폭격기 B−29를 가지고도 일본 본토를 효과적으로 공습하기 어려웠다. 그래서 미국은 이오지마를 점령하려고 한 것이었다. 이를 예상한 일본은 2만 6천 명의 병력을 이오지마에 보내 그곳을 수비하게 됐고. 그들은 자연동굴과 참호 등을 이용해 결사적으로 항전했다.

22일 소련군이 포즈난 요새를 함락했다. 이때 독일군 4만 명이 포로가 됐는데 그중 1만 2천 명은 아직 전투능력을 유지하고 있는 상태였다. 독일군 포로 가운데 "히틀러는 끝났다(Hitler kaputt)"라고 외치는 자도 있었다.

미군이 한 달간의 시가전 끝에 3월 4일 마닐라를 점령했다. 일본군은 산악의 동굴기지로 속속 철수했고, 이때부터 일본군은 본격적인 루손 지구전을 펼쳤다. 미군 병사들은 전차와 야포의 지원 아래 동굴 하나하나를 소탕했다. 동굴 소탕작전에서는 특히 화염방사기가 위력을 발휘했다. (일본군의 루손 지구전은 8월에도 계속되었는데, 그때까지 미군의 전사자 수는 8천 명이었고 일본군 전사자는 확인된 수만 17만 명에 달했다. 일본군이 이렇게 오래 버팀에 따라 루손에 상륙한 미군이 오키나와 상륙전에 참여하지 못했다.)

3월 9일 밤부터 10일까지 이오지마에서 발진한 미국 공군의 B−29 폭격기 150대가 도쿄에 최대 규모의 폭격을 가했다. 이 무차별 폭격으로 사망자 8만 5천 명, 부상자 11만 명이 발생했고, 가옥 26만 7천 채가 소실됐다. 16일에는 이오지마에서 일본군의 조직적 조항이 종식됐고, 21일에는 최후의 소탕전도 끝났다. 불과 한 달 간의 전투에서 일본군은 포로 216명을 제외하고 전원이 전사했다. 미군 측에서도 전사자 6821명을 포함해 사상자가 모두 2만 4891명에 이르렀다.

3월 7일 미군 제9기갑사단이 레마겐에서 루덴도르프 철교를 확보하고 처음으로 라인 강을 건넜다. 이 소식을 들은 히틀러는 9일 룬트슈테트 총사령관을 퇴임시키고 알베르트 케셀링 공군 원수를 그 후임으로 임명했다.

22일 밤에 패튼 장군이 지휘하는 미국 제3군이 마인츠 시의 남쪽에서 라인 강을 건넜다. 23일 밤에는 몽고메리 장군이 지휘하는 영국 제2군과 미국 제9군이 라인 강을 건너기 시작해, 24일 새벽까지 모두 6개 사단이 도하를 마쳤다. 이제 독일의 군인과 민간인들은 소련군이 오데르 강을 건너기 전에 미군과 영국군이 될 수 있는 대로 신속히 진격해 더 많은 독일 국토를 점령하기를 바랄 뿐이었다.

25일 독일 제1의 공업지대인 루르 지역을 포위하기 위한 미군의 공세가 시작됐다. 미국 제1군의 제3기갑사단이 레마겐의 교두보에서 출발해 북동쪽으로 우회하고 제9군의 제2기갑사단이 베젤에서 출발해 남동쪽으로 우회하여 루르 지역에 주둔 중인 독일의 B집단군을 포위하기로 했다. 29일에는 소련군이 오데르 강의 섬 요새인 퀴스트린을 점령했다.

4월 1일 미국 제3기갑사단과 제2기갑사단이 파더보른 시에서 서쪽으로 27km 떨어진 리프슈타트(Lippstadt)에서 합류했고, 미국 제1군과 제3군은 루르 지역을 완전히 포위했다. 지름이 128km나 되는 루르 지역 포위망에 모델 원수가 이끄는 B집단군의 주력인 제5기갑군과 제15군, 그리고 H집단군의 제1공수부대 등 총 18개 사단 30만 명의 병력이 갇혔다.

3일 포위된 독일의 B집단군 사령부에서 회의가 열렸다. 참모들의 의견은 이 상태로는 2주일 이상 버티기 어렵다는 것이었다. 따라서 언제 어떤 형태로 항복할 것인가가 문제였다.

4월 1일 18만 3천 명의 병력으로 구성된 미국 제10군이 유구(琉球) 열도에서 가장 큰 섬인 오키나와에 상륙하기 시작했다. 미군은 오키나와를 점령하기 위해 항공모함 40척, 전함 18척, 구축함 200여 척을 포함해 모두 1457척의 선박을 동원했다. 여기에는 항공모함 4척, 전함 2척, 순양함 5척, 구축함 10척으로 이루어진 영국 함대도 포함돼있었다. 첫 날에 5만 명의 미군이 아무런 저항도 받지 않고 상륙해 교두보를 구축했다.

일본 측에서는 우시지마 미쓰루(牛島満) 중장이 지휘하는 제32군의 병력 7만 7천 명이 오키나와를 수비하고 있었다. 일본군의 작전은 미군의 상륙은 허용하되 전면적인 가미카제 공격으로 미국 지상군을 지원하는 미국 함대를 격퇴해서 미군을 섬 안에 고립시켜 격멸한다는 것이었다.

5일 소련은 1946년에 종료되는 일본과의 불가침조약을 갱신하기를 거절했다.

6일과 7일에 걸쳐 255대의 가미카제 특공기가 오키나와에 정박 중인 미국 함대를 공격했다.

그러나 7일 일본 해군은 유일하게 남아있었던 제2함대마저 잃었다. 일본군 제2함대는 이미 항공모함은 하나도 갖고 있지 못한 채 초거대 전함인 야마토와 경순양함 야하기, 그리고 구축함 8척만으로 구성돼있었다. 이 함대의 임무는 4월 8일까지 오키나와의 연합군 교두보에 돌입하여 그곳에 집결한 미국 함대를 격퇴하는 것이었다. 제2함대의 이동을 포착한 미국 제5함대 사령관 스프루언스 제독은 7일 아침 함재기 수백 대를 출격시켰다. 야마토와 야하기, 그리고 구축함 4척이 격침됐다. 나머지 구축함 4척은 손상을 입었지만 생환하였다. 이로써 일본 해군은 실질적으로 소멸했다.

4월 12일 루스벨트 대통령이 뇌출혈로 사망해 부통령인 해리 트루먼(Harry Truman)이 대통령직을 승계했다. 일본에 대해 가혹한 보복조치를 구상하고 있던 그의 죽음은 일본에게는 행운이었다. 역시 일본에 강경한 입장을 가지고 있었던 코델 헐 국무장관도 물러났다.

소련군이 베를린 점령을 위한 최후의 공세를 준비하는 가운데 베를린 시민들이 베를린 방어선 구축에 나섰다. 베를린의 인구는 본래 400만 명이었으나 연합군의 공습을 피해 많은 사람들이 빠져나가 이때에는 200만 명 정도였다. 제1방어선은 도심에서 23km 거리에 놓인 도시외곽 순환도로를 따라, 제2방어선은 도심에서 15km 거리 안에 있는 시내 궤도전차 철도를 따라 구축됐다. 제3방어선은 도심공원 티어가르텐(Tiergarten)을 중심으로 제국 국회의사당, 히틀러의 지하관저, 정부청사 등이 모여 있는 몇 개 블록 주위로 구축됐다. 이들 방어선에는 전차의 진입을 막기 위한 장애물이 잔뜩 세워졌다.

그러나 실전경험이 풍부한 장군들은 소련군의 중전차 앞에서는 그 모든 것이 소용이 없음을 잘 알고 있었다. 다음과 같은 냉소적인 농담이 퍼져나가기도 했다.

"소련군이 이 장애물을 돌파하는 데는 1시간 5분밖에 안 걸릴 것이다. 허술하기 짝이 없는 장애물 꼬락서니를 본 소련군이 1시간 동안 배를 잡고 웃고 난 다음 5분 만에 깨끗이 날려버릴 테니까."

15일 독일의 모델 원수는 연합군 사령부에서 보낸 항복권고문을 받았다. 전후의 독일을 재건하는 데 필요한 젊은이들의 생명을 보전하는 것이야말로 독일 지휘관들에게 남겨진 '신성한 역사적 의무' 라고 설득하는 내용이었다. 모델은 그 자리에서 B집단군의 해체를 결심하고 자신의 명의로 제대증명서를 만들어 병사들에게 나누어주었다. 미군은 해산하는 독일 B집단군 30만여 명을 포로로 잡았다.

16일 새벽 5시 정각에 오데르 강 건너편의 소련군 진지에서 1만 7천 문의 소련군 야포가 불을 뿜기 시작했다. 130만 명에 이르는 주코프 원수의 제1백러시아전선군이 베를린을 점령하려고 총공세를 시작한 것이었다. 코네프 원수가 지휘하는 제1우크라이나전선군도 새벽 6시 30분부터 나이세 강을 도하했다.

18일 루르 일대에서 독일군의 저항이 완전히 종식됐다.

20일에는 소련군 6개 군이 베를린에 입성해 독일군과 치열한 시가전을 벌였다. 소련군의 병력은 베를린 시민들의 수와 비슷한 규모였다. 베를린을 지키는 정규 독일군은 7만 5천 명에 지나지 않았다.

21일 루르 지역의 뒤스부르크 숲 속에서 한 발의 총성이 울렸다. 모델 원수가 권총으로 자살한 것이었다. 그는 항복을 권고하는 참모들에게 다음과 같이 말했다고 전해진다.

"나는 비록 패배했지만 파울루스의 전철을 밟기는 싫다. 스탈린그라드에서 소련군의 포로가 된 그 사람을 제외하고는 아직 독일 육군의 역사에서 포로가 된 원수는 없다."

모델의 시신은 뒤스부르크 숲 속에 묻혔다.

이탈리아에서는 27일 40여 대의 트럭으로 구성된 독일군의 철수대열에 끼어 탈출하던 무솔리니가 스위스쪽 국경 부근에서 이탈리아 빨치산 부대에 붙잡혔다. 독일군 지휘관인 한스 팔메이어 중위는 독일군을 공격하지 않는 조건으로 빨치산 부대가 무솔리니를 체포하는 것을 묵인했다.

28일 무솔리니는 코모 호숫가의 시골마을에서 총살됐다. 그의 시체는 밀라노의 로레토 광장에 거꾸로 매달렸다. 이곳은 파시스트 경찰이 이탈리아 공산당원을 공개처형하던 장소였다.

독일 베를린에서는 29일 추이코프 장군이 지휘하는 소련의 제8근위군이 남쪽에서 티어가르텐 공원 일대를 공격할 태세를 갖추었다. 제8근위군이 돌파해야 할 거리는 360m에 불과했지만, 그 거리에는 독일 정부의 청사들이 빽빽이 들어차 있었고 히틀러를 옹위하는 독일군과 민병대의 마지막 잔존병력도 밀집해 있었다. 함부르크로 옮겨간 베를린방송은 이날 모든 정규방송을 중단하고 바그너의 오페라 〈니벨룽겐의 반지〉의 4부 '신들의 황혼'만을 반복해 틀어주었다. 히틀러가 천 년을 가리라고 떠들던 독일 제3제국에 황혼이 깃들고 있었다.

30일 오전 10시부터 독일 국회의사당 건물을 지키려는 독일군과 이를 점령하려는 소련 15사단 사이에 격전이 시작됐다. 이날 오후 3시 30분에 히틀러가 지하관저에서 권총으로 자살했다. 히틀러는 유서에서 되니츠(Karl Dönitz) 제독을 후계자로 지명했다. 밤 10시 30분에 소련군이 독일 국회의사당 건물에 소련 국기를 꽂았다.

베를린은 함락됐지만 아직 유럽 곳곳에 모두 합쳐 180만 명의 독일군이 남아 있었다.

5월 1일 오전 3시 30분 독일 육군 참모총장 한스 크렙스(Hans Krebs) 장군이 소련군 추이코프 장군의 사령부에 도착했다. 그는 히틀러가 자살했다는 소식을 전한 다음 자기는 오직 소련의 최고 지도부하고만 협상하겠다고 고집했다. 추이코프가 전화로 히틀러의 죽음을 주코프에게 알렸고, 주코프는 스탈린에게 전화를 걸어 그 사실을 보고했다. 자다가 일어나 보고를 받은 스탈린은 반응은 이러했다.

"끝장났구나. 더러운 놈! 사로잡지 못해 유감이군. 히틀러의 시체는 어디 있나?"

스탈린은 무조건 항복 이외의 어떠한 조건도 거부하라고 명령하고 다시 잠자리에 들었다. 오후 4시 크렙스가 괴벨스가 부서한 답신을 보내 무조건 항복을 거부했다.

전투가 다시 시작됐다. 저녁 6시 30분에 소련군의 모든 대포와 로켓발사기가 불을 뿜었고, 독일군 수비대는 좁은 고립지대로 밀려났다. 저녁 9시에 500여 명의 히틀러 친위대원들이 총통 관저에 불을 지르고 베를린을 탈출했다. 크렙스 참모총장은 탈출대열에 끼지 않고 권총으로 자결했다. 이날 이탈리아 주둔 독일군은 연합군에 항복했다.

2일 정오 무렵에 베를린에서 독일군의 항전이 종식됐다. 7일 히틀러가 지

1922년에 나치 당원이 된 뒤에 당내 분쟁에서 히틀러를 지지해 히틀러가 나치당을 장악하는 과정에서 공을 세웠다. 1926년 이후 베를린 지구당을 이끌면서 당의 선전부장을 맡아 당세를 늘리는 데 크게 기여했다. 1933년에 공보부 장관이 됐다. 2차 세계대전 기간에는 독일 국민을 독려해 적극적으로 전쟁에 임하게 하는 역할을 수행했고, 1944년에 총력전 추진 전권위원에 임명됐다. 1945년 5월 1일 총통의 지하관저에서 자녀 6명을 죽이고 처와 함께 자살했다.

명한 후계자 되니츠 제독은 히틀러의 수석보좌관이었던 독일군 최고사령부 작전부장 요들(Alfred Jodl) 상급대장에게 무조건 항복 문서에 서명할 권한을 위임했다. 오전 2시 41분에 독일의 전권대표 요들은 아이젠하워의 사령부가 있는 렝스(Reims)에서 무조건 항복 문서에 서명했다. 요들은 발언을 요구해 허락을 받았다. "이 서명으로 독일 국민과 독일 국방군은 좋건 나쁘건 전승국의 손에 넘어갔습니다. … 이런 때를 맞아 나로서 표명할 수 있는 유일한 희망은 전승국이 그들을 관대하게 취급해 주는 것뿐입니다."

소련 대표 이반 수슬로파로프는 독일의 항복과 관련해 스탈린의 지시를 받지 못했으므로 그의 지시를 받은 뒤에 독일이 소련을 상대로 다시 항복문서에 조인하도록 조치했다. 스탈린은 주코프에게 전화를 걸어 자신을 대행해 항복 조인식을 거행하라고 지시했다.

9일 0시 독일 국방군 최고사령관인 카이텔 원수를 선두로 독일군 지도자들이 베를린 동부의 카를스호르스트에 있는 2층 건물에 들어섰다. 0시 43분에 항복 조인식이 끝났다. 주코프는 단조로운 연설을 한 다음 연회를 개최했다.

연회는 밤새 계속되다가 러시아의 전통에 따라 주코프를 비롯한 소련 장군들이 춤을 추면서 끝이 났다(요들과 카이텔은 1946년 10월 16일에 전범으로 교수형에 처해졌다).

11일 체코슬로바키아에 주둔하고 있었던 독일의 중부집단군이 프라하 동쪽의 고립지대에서 항복했다. 19일 오스트리아와 체코슬로바키아에서 저항하던 독일군도 완전히 소탕되어 유럽에서 드디어 총성이 멈췄다.

23장

일본의 항복

독일이 항복하자 스탈린은 소련군 병력을 극동지역으로 이동시키는 데 박차를 가했다.

1945년 5월 31일 오키나와의 모든 방어선이 돌파되자 일본군은 마지막으로 오키나와 최남단의 동굴진지로 들어갔다. 6월 12일부터 미군이 최종 공세를 취하여 동굴 하나하나를 이 잡듯 소탕했다. 20일부터 일본군이 집단적으로 항복하기 시작했고, 21일에 오키나와 전투가 공식으로 막을 내렸다. 22일 황혼녘에 수비대 사령관 우시지마 미쓰루 중장이 할복 자결했다.

약 3개월에 걸친 오키나와 전투에서 미군은 전사자 1만 2520명을 포함해 4만 9151명의 병력손실을 입었고, 일본군은 11만 71명의 전사자를 내고 7401명이 포로로 잡혔다. 미국 해군은 일본군의 가미카제 자살공격으로 군함 36척이 격침되고 368척이 대파되는 피해를 입었다. 오키나와 전투에서 일본군은 1900회의 가미카제 공격을 감행했다.

7월 8일 미국에서 실시된 여론조사에서 미국 국민 중 약 33%가 일본 천황 히로히토를 즉시 처형해야 한다고 답변했고, 약 20%는 그를 감금하거나 추방해야 한다고 답변했다. 그를 기존 상태로 놔두어야 한다는 답변은 3~4%에 지나지 않았다.

7월 16일 미국이 뉴멕시코 주의 앨러모고도에서 원자폭탄 실험에 성공했다. 17일부터 독일 베를린 교외의 포츠담에서 연합국 정상회의가 열렸다. 회담이 진행 중이던 24일 트루먼 대통령은 스탈린에게 다가가 미국이 엄청난 파괴력을 가진 폭탄을 개발했다고 알렸다. 스탈린은 태연하게 미국이 그것을 쓰는 방법을 알기 바란다고 대답했다. 이날 밤 스탈린은 NKVD(소련 비밀경찰) 총수인 라브렌티 베리야에게 전화를 걸어 핵무기 개발 속도를 높이라고 명령했다.

26일 일본에 무조건 항복을 요구하는 포츠담 선언이 발표됐다. 연합국 정상들은 그 마지막 부분에서 다음과 같이 일본의 항복을 요구했다.

우리는 일본 정부가 즉시 모든 일본군의 무조건 항복을 선언할 것을 요구하며, 그러한 조치를 취하면서 그들이 믿도록 적당한 보장을 할 것을 요구한다. 거부하면 일본에 신속하고 완전한 파멸만 있을 뿐이다.

포츠담 선언에서 연합국은 일본을 "인종으로서 노예화하고 민족으로서 멸망시킬 의도가 없다"고 했으나 원자폭탄의 사용여부와 천황제의 존속여부에 대해서는 언급하지 않았다. 연합국은 한국과 대만이 일본의 점령에서 벗어나게 될 것이라고 언명했다.

최후통첩을 받은 일본 정부는 자존심과 절망 사이에서 고민하던 끝에 어리석은 '타협안'을 결정했다. 28일 일본 수상 스즈키 간타로(鈴木貫太郎)는 기자회견을 열어 연합국의 포츠담 선언을 중요한 의미가 있는 것으로 보지 않으며, 일본 정부는 그것을 단지 묵살할 뿐이라는 내용의 성명을 발표했다. 묵살한다는 표현은 포츠담 선언을 거부하지는 않으면서 그냥 하찮은 것으로 보겠다는 뜻으로 해석될 수도 있는 것이었다. 그러나 미국 정부는 이것을 전면 거부로 해석하고 원자폭탄을 투하한다는 결정을 내렸다.

히로시마로 떠나기 직전의 에놀라게이와
조종사 폴 티베츠

7월 말에 소련은 일본을 공격할 준비를 완료했다. 소련은 대규모 작전 수행을 위해 극동사령부를 설치하고 알렉산드르 바실레프스키 원수를 총사령관으로 임명했다. 만주에 주둔 중인 일본 관동군은 157만 명에 이르는 소련군의 집결을 알아채지 못했다. 관동군 수뇌부는 소련군의 공격이 이듬해 봄이나 되어야 있을 것으로 예상했다.

8월 6일 오전 2시 45분에 B-29 폭격기 '에놀라 게이(Enola Gay)'가 마리아나 군도의 티니안 섬에서 이륙했다. 3대의 미국 기상관측기가 목표도시인 히로시마(廣島), 고쿠라(小倉), 나가사키(長崎)의 기상 상태를 정찰하려고 먼저 이륙했다. 원자폭탄은 바람이 불지 않는 맑게 갠 날씨에 가장 큰 위력을 발휘하기 때문에 기상관측이 필요했다.

오전 7시 25분이 조금 지났을 때 에놀라 게이는 히로시마의 하늘이 맑게 개어 있다는 암호전문을 받았다. 공업도시 히로시마의 인구는 원래 40만 명이었으나 많은 주민들이 폭격을 예상하고 시골로 피난을 갔기 때문에 이 무렵에는 24만 5천 명 정도였다. 에놀라 게이는 아무런 방해도 받지 않고 고도 9500m로 히로시마에 접근했다. 오전 8시 15분 17초에 에놀라 게이는 우라늄 원자폭탄 '리틀 보이(Little Boy)'를 투하했다. 이것은 TNT 1만 7천 톤의 위력을 가진 것으로, B-29 폭격기 85대가 출격해야 투하할 수 있는 폭탄의 양에 해당하는 것이었다.

8시 16분 눈을 보호하기 위한 특수안경을 쓴 승무원들의 눈에 진홍색 섬광이 비쳤다. 히로시마 중심부에 있었던 수천 명의 사람들이 재로 변했고, 투하지점에서 4km 떨어진 곳에 있었던 사람들도 화상을 입었다. 이어 시속 900km의 폭풍이 불어 반경 3km가 넘는 지역 안의 거의 모든 것이 쓰러져 그 일대가 평평해졌다. 화염을 피해 시냇물이나 공원으로 도망치던 사람들은 시 중심부를 향해 부는 거대한 화풍(火風) 속으로 휘말려들었다. 그 화풍은 나무를 뿌리째 뽑았고, 강에 높은 파도를 일으켜 물속으로 피신한 많은 사람들이 익사하게 했다.

적어도 7만 8천 명, 어쩌면 그보다 훨씬 더 많은 일본인들이 죽었다. 히로시마에 주둔한 일본군은 전멸했다. 생존해 환자를 치료할 수 있는 의사는 몇 명에 불과했다. 거의 모든 병원과 구호시설이 파괴됐다. 피폭자들은 생존자건 사망자건 피부가 벗겨지고 시커멓게 변색됐으며, 머리카락이 모두 빠졌다. 코와 귀, 입술 등 얼굴의 특징이 모두 녹아 없어졌으므로 사람이라고 할 수 없는 형상이었다.

원자폭탄이 성공적으로 투하된 뒤에 해리 트루먼 미국 대통령은 라디오 방송을 통해 원자폭탄을 사용했음을 밝혔다. 그는 항복하지 않으면 완전히 파멸할 것이라고 일본에 경고했다.

우리는 지금 일본이 보유하고 있는 모든 생산시설을 신속하고도 완전하게 말살할 준비가 돼있다. … 7월 26일 포츠담에서 발표된 최후통첩은 일본을 완전한 파멸에서 구하려는 것이었다. 일본 지도자들은 그 최후통첩을 신속히 거부했다. 우리가 내건 항복조건을 받아들이지 않는다면 지구상에 있어본 적이 없는 파괴의 비가 하늘로부터 일본에 내릴 것이다.

7일 일본 대본영은 아리스에 세이조(有末精三) 장군을 히로시마에 파견했다. 그는 히로시마의 피해상황을 다음과 같이 기록했다.

비행기가 히로시마 상공에 접어들었을 때 눈에 띄는 것은 검게 타죽은 나무 한 그루뿐이었다. 마치 이 도시에 까마귀 한 마리가 앉아 있는 것 같았다. 그 나무 외에는 아무것도 없었다. 공항에서 내려다보니 잔디가 마치 구워놓은 것처럼 붉었다. 더 탈 것이라고는 없었다. 모든 것이 일시에 타 없어진 것이다. … 도시 자체가 완전히 지워져 없어진 상태였다.

8일 자정에 소련 외상 몰로토프는 소련 주재 일본 대사 사토에게 최후통첩을 전달했다. 소련과 일본 간의 불가침조약은 아직 유효기간이 8개월 남아 있었으나 소련 극동군 총사령관 바실레프스키 원수의 지휘 아래 소련군 157만 명, 공군기 4300기, 탱크 3700대가 만주와 한반도 북부로 진격했다. 한반도에 대한 공격은 소련 제25군(사령관은 이반 치스차코프 대장)이 맡았다. 관동군의 병력은 100만 명이 조금 넘었지만 훈련이 부족한 신병이 많았다. 관동군은 장갑차와 경전차를 1215대 보유하고 있었다.

9일 새벽에 소련 공군 편대가 나진, 청진, 웅기의 상공에 나타나 폭격을 개시했고, 소련 육군은 경원으로 진입했다. 이날 아침 10시 30분부터 일본 정부는 최고 전쟁지도자 회의를 열어 포츠담 선언 수락 여부를 놓고 격론을 벌였다. 그러는 사이에 10시 58분경 나가사키에 원자폭탄이 투하됐다. 이 원자폭탄

나가사키에 투하된 원자폭탄이
만들어낸 버섯구름

은 플루토늄으로 만든 것으로 약 5km 정도 목표지점을 빗나갔다. 그래도 사망자 수는 3만 8천 명 내지 그 2배에 이른 것으로 추산됐다. 오후에 열린 각료회의는 7시간 동안 계속됐지만 결론을 내리지 못했다. 밤 11시 55분에 히로히토 주재 아래 어전회의가 열렸다. 10일 오전 2시 30분에 일본 정부는 조건부로 포츠담 선언을 받아들이기로 결정했다.

일본 외무성은 "천황의 국가통치 대권을 변경하라는 요구를 포함하지 않는다는 양해하에 일본 정부는 포츠담 선언을 수락한다"는 긴급전문을 스위스와 스웨덴에 주재하는 일본 공사에게 보내 연합국에 통지하도록 했다.

10일 밤에 일본 외무성은 단파방송 보도를 통해 포츠담 선언을 수락한다고 밝혔다. 이날 몽고인민공화국도 일본에 선전포고했다.

11일 미국이 작성한 한반도 주둔 일본군의 항복에 관한 계획안은 38선 이

1945년 8월 14일에 일본은 어전회의를 열어 무조건 항복을 결정했다. 작자미상의 그림

북의 일본군은 소련군에, 38선 이남의 일본군은 미군에 각각 항복하게 한다는 것이었다. 스탈린은 이의를 제기하지 않았다. 이날 트루먼 미국 대통령은 합동 참모회의를 개최해 일본의 항복 문제를 토의했다. 이 자리에서 제임스 번스 (James Francis Byrnes) 미국 국무장관은 다음과 같이 주장했다.

천황의 대권 변경에 관한 요구를 포함하지 않는다는 양해 아래 포츠담 선언을 수락한다는 일본의 제의를 받아들여서는 안 되며, 일본은 무조건 항복해야 한다. 일본 정부의 형태는 최종적으로 포츠담 선언에 따라, 일본 국민이 자유롭게 표명한 의사에 의해 결정돼야 한다. 천황의 지위는 연합군 최고사령관에 종속(subject)되게 해야 하고, 연합군은 포츠담 선언의 목적이 완수될 때까지 일본 국내에 주둔해야 한다. 천황은 즉각 전투행위를 중지하고 항복문서에 서명할 권한을 위임해야 한다.

이 견해가 그대로 채택되어 연합국의 이름으로 12일 0시 40분 방송을 통해 발표됐다. 미국의 무조건 항복 요구를 받은 일본 정부는 최고전쟁지도자회의, 각료회의, 황족회의, 어전회의를 잇달아 열어 논의한 끝에 14일 정오에 히로히토의 결심으로 무조건 항복을 하기로 결정했다.

무조건 항복에 반대하는 장교들의 반란이 일어났다. 이들은 '천황과 일본 정부가 연합군 사령관에게 종속(subject)된다' 라는 표현에서 '종속' 을 '예속' 으로 해석하고 그것은 일본의 완전 멸망을 뜻하는 것이라고 보았다. 일본 외무성은 '제한 하에 놓인다' 라고 그것을 해석하면 된다고 했다. 일본 외상 도고 시게노리(東鄕茂德)는 국체(國體)의 유지는 보장된 것이라는 견해를 히로히토에게 말했고, 히로히토는 항복 선언을 녹음했다. 이때는 14일 밤 11시 50분이었다. 근위사단이 이 녹음테이프를 탈취하려고 반란을 일으켰으나 밤사이에 진압됐다.

8월 14일 저녁에 한국에 주둔한 일본의 '조선군' 참모부에서 보낸 사람이 서울 계동에 있는 여운형의 자택을 찾아와 "내일 정오를 기하여 일본 천황의 특별방송이 있을 것이며, 그것은 곧 일본의 무조건 항복을 밝히는 것" 이라고 말하고 갔다. 여운형은 국내에서 항일 독립전선을 구축하며 광범위한 인망을 얻고 있었다. 곧이어 조선총독부 정무총감 엔도 류사쿠(遠藤隆作)가 사람을 보내어 15일 아침 8시에 관저로 내방해 달라는 뜻을 전했다.

15일 아침 여운형은 엔도와 1시간 정도 회담했다. 엔도는 앞으로 조선은 분단되어 미국과 소련 두 나라 군대에 의해 분할 점령될 것이며 한강을 경계로 서울의 북쪽은 소련군의 점령 아래 들어갈 것이라고 말했다. 엔도는 비장한 어조로 이렇게 덧붙였다. "일본은 패배했소. 금일 중 이것이 공식으로 발표될 것이오. 그대는 치안을 맡아주시오. 이제부터 우리의 생명은 그대에게 달렸소." 이에 여운형은 5가지 조건을 내세웠다.

(1) 전국의 정치범, 경제범을 즉시 석방할 것.

(2) 8~10월 3개월 간의 식량을 보장할 것.

(3) 치안유지와 건국을 위한 정치활동에 절대로 간섭하지 말 것.

(4) 청년과 학생을 조직화하고 훈련하는 데 대해 절대로 간섭하지 말 것.

(5) 노동자와 농민을 건국사업에 조직화하고 동원하는 데 대해 절대로 간섭
하지 말 것.

엔도는 이를 받아들였다. 15일 오전 서울 시내의 요소요소에 '금일 정오 중대 방송, 1억 국민 필청' 이라는 내용의 벽보가 나붙었다. 정보에 어두운 대부분의 한국인은 '소련에 대한 선전포고' 와 '일본의 항복' 이라는 두 가지 추측을 하면서 긴장했다. 정오에 히로히토의 항복선언이 발표됐다.

짐은 국민 여러분의 마음 속 깊은 곳에 있는 심정을 잘 알고 있다. 그러나 우리는 시간과 운명의 명령에 따라 견딜 수 없는 것을 견뎌내고 참을 수 없는 것을 참아냄으로써 다가오는 모든 세대에게 위대한 평화를 위한 길을 열어주기로 결심하지 않으면 안 된다.

24장

해방과 대한민국 수립

한국에서는 8월 16일 장권(張權)을 대장으로 한 건국청년치안대가 조직됐고, 당일로 안국동 풍문학교에 그 본부가 설치됐다. 해방과 동시에 사회분위기가 흥분되어 치안이 문란해졌다. 이에 여운형은 YMCA 체육부 간사이자 유도 사범인 장권으로 하여금 치안대를 조직하게 한 것이었다. 건국청년치안대는 청년과 학생 2천 명을 동원해 서울 시내의 치안을 담당했다. 치안대는 경찰서와 파출소를 습격해 일본인 경찰관을 쫓아내고 일본인이 운영하던 상점과 공장을 접수했다.

18일 일본의 조선군관구 사령부는 '관내 일반 민중에게 고함' 이라는 포고를 발표해 "민심을 교란하고 치안을 해치는 일이 있으면 군은 단호한 조치를 취할 것" 이라고 경고했다. 이날 조선군관구 보도부장은 방송을 통해 일본군은 엄연히 존재하고 있다면서 만일의 경우에는 단호하게 누력을 사용하겠다고 위협했다(당시 한반도에 주둔하고 있었던 일본군은 36만 명이나 됐다).

19일에 관동군이 소련군에 항복했다. 모두 63만 명이 넘는 병력이었다. 이로써 관동군의 사병 61만 명, 장교 2만 1천 명, 장성 180명이 소련군의 포로가 되어 시베리아와 몽고로 끌려가 강제노역에 종사하게 된다. 그중에는 조선

인도 약 1만 명 있었다. 그러나 관동군 가운데 일부는 죽을 때까지 싸웠고, 일부는 중국과 한반도로 피신했다.

이날 맥아더 원수(1944년 12월에 원수로 승진)는 오키나와에 주둔하고 있던 미국 제24군단장 하지(John Reed Hodge) 중장을 미국 육군의 남조선 주둔군 사령관으로 임명했다.

8월 20일 박헌영(朴憲永)은 '현 정세와 우리의 임무' 라는 제목의 이른바 '8월테제' 를 발표하고 조선공산당 재건위원회를 결성했다. 이날 B-29기가 서울 상공에 나타나 주중 미군사령관 웨드마이어(Albert Coady Wedemeyer) 장군의 이름으로 삐라를 살포했다. 그 내용은 미군이 진주하게 될 것이라고 알리면서 그때까지 연합군의 포로를 인도주의에 입각해 취급해야 한다는 것이었다.

소련 제25군이 22일 평양에 들어왔고, 23일에는 38선에 이르렀다. 스탈린은 홋카이도에 소련군을 상륙시킬 계획도 세워놓고 있었으나, 미국과 불화를 빚으면 이미 얻은 이득을 놓칠까봐 두려워 마지막 순간에 작전을 취소했다.

38선 이북에 진주한 소련군은 각 도 단위로 토착 공산주의자와 우익 정치세력을 합작시켜 과도적인 인민위원회를 결성하게 했다. 또한 제25군 사령부 휘하에 군정을 담당할 민정부(民政府)를 두기로 하고 안드레이 로마넨코 소장을 그 책임자로 임명했다. 로마넨코는 9월 하순에 평양에 도착해 민정부를 설치했다. 8월 27일 새벽에는 미국의 대함대가 일본의 사가미(相模) 만에 몰려왔다.

8월 28일 건국준비위원회는 선언과 강령을 발표함으로써 공식적으로 그 모습을 드러냈다. 건국준비위원회의 간부진은 여운형을 중심으로 한 사회주의 세력, 안재홍(安在鴻)을 중심으로 한 우파 민족주의 세력, 박헌영을 비롯한 극좌파 세력 등의 연합전선 형태로 구성됐으나, 좌파세력의 비중이 컸다.

30일 미군 비행기 한 대가 도쿄에서 서쪽으로 48km 떨어진 아쓰기(厚木)

비행장에 내렸다. 비행기 문이 열리자 헌칠한 키에 파이프를 입에 문 미군 장군이 내렸다. 칼라에서 다섯 개의 별이 햇빛을 받아 반짝였다. 바로 맥아더 원수였다. 일본의 항복을 받기 위해 일본 주둔 연합군 최고사령관의 자격으로 일본에 온 것이었다. 그는 일본군의 호위를 받으며 요코하마 항구로 갔다.

한국에서는 8월 31일 좌익과 우익의 대립으로 안재홍이 건국준비위원회에서 탈퇴했다.

9월 1일 일본 제17방면군(조선 주둔 일본군) 사령관인 고츠키 요시오(上月良夫) 중장이 직통무전으로 한국에 상륙할 미국 제24군단 측에 한국에는 평화와 질서를 파괴하려는 공산주의자와 선동분자들이 준동하고 있으며 적색 노동조합이 미군의 상륙을 방해할 가능성이 있다고 통보했다. 이를 믿은 미국 제24군단장 하지는 고츠키에게 한국의 치안을 유지하고 기존 행정기관을 존치하라고 요구했다.

9월 2일 라디오로 전 세계에 중계되는 가운데 요코하마 항구에 정박한 미국 전함 미주리 호의 함상에서 일본의 항복을 받는 항복문서 조인식이 거행됐다. 9시 4분에 일본 대표로 외무장관 시게미츠 마모루(重光葵)와 육군 사령관 우메즈 요시로(梅津美治郎)가 항복문서에 서명했다(1932년 4월 29일 윤봉길 의사의 의거가 있었을 때 시게미츠는 주 중국 일본 공사로 현장에 있었다. 시게미츠도 중상을 입었다).

이어 연합군 최고사령관 맥아더가 연합국 대표로서 서명했다. 그 다음에 미국 대표인 체스터 니미츠 해군 원수, 중국 대표인 서영창(徐永昌) 국방장관, 영국 대표이자 영국 태평양 함대 사령관인 브루스 프레이저 제독, 소련 대표인 쿠즈마 데레비안코 중장, 오스트레일리아 대표인 토머스 블래미 대장, 캐나다 대표인 로런스 코스그레이브 대령, 프랑스 대표인 필립 르클레르크 대장, 네덜란드 대표인 콘라트 헬프리히 제독, 뉴질랜드 대표인 레오너드 이시트 공군 부사령관이 잇달아 서명했다.

1945년 9월 2일 동경만에 정박한 미국 전함 미주리 호의 함상에서 시게미츠 마모루 일본 외상이 항복문서에 조인하고 있다.

23분에 걸친 항복문서 조인식이 끝나자 미군 전투기 1500대와 B-29 폭격기 400대가 일본 상공을 누비며 승자의 위용을 과시했다. 그 뒤로 1945년 말까지 35만 명이 넘는 미군이 일본에 진주했다.

9월 5일 미국 제24군단 사령부와 지원부대, 그리고 7사단 장병 1만 7756명이 21척의 수송선단에 승선해 오키나와를 떠났다.

한국에서는 9월 6일 건국준비위원회의 박헌영 계열이 '조선인민공화국'을 선포했다. 이에 따라 그 다음날인 7일 건국준비위원회가 해산했다(정식 해산은 10월 7일 해산 결의로써 이루어졌다).

8일 오후 1시 미군 선발대가 상륙용 주정을 타고 인천의 월미도에 상륙하기 시작했다. 이날 미군의 진주를 환영하는 한국인들이 부둣가로 몰려나왔다. 그러나 모든 환영행사를 금지하라는 미군 측의 지시에 따라 일본 경찰이 인천 시민의 외출까지 막고 있었다. 그럼에도 경계망을 뚫고 환영하러 나온 한국인들이 경비구역을 넘으려고 하자 일본 경찰이 발포해 2명이 사망하고 수 명이 중경상을 입었다. 이날 일본군은 미군의 명령에 따라 한강 이남으로 철수했다.

9월 9일 아침 8시에 장갑차 11대를 앞세운 미군 선발부대가 경인가도를 통해 서울에 진입해 총독부와 조선호텔에 도착했다. 9시에는 500여 명의 미군이 총독부 구내로 들어가 동쪽 광장에 캠프를 쳤다. 오후 3시 45분 미국 제24군단장 하지 중장과 제7함대 사령관 킨케이드(Thomas Kinkaid) 제독이 조선총독부 제1회의실에서 일본 제17방면군 사령관 고츠키, 진해경비부사령관 야마구치(山口儀三), 조선총독 아베 노부유키(阿部信行) 등으로부터 항복문서에 서명을 받았다. 이 시각부터 38선 이남 지역은 미군의 군정 아래 들어갔다.

오후 4시를 기해 38선 이남 지역에서 일장기 게양이 금지됐다. 오후 4시 30분에 총독부 정문 앞에 걸려 있었던 일장기가 내려지고 대신 성조기가 게양됐다. 이를 지켜본 한국인들은 감격하고 흥분했다.

미군은 9월 13일 개성, 16일 부산, 17일 청주, 20일 춘천, 29일 전주, 10월 5일 광주, 10월 초순 대전(정식으로는 10월 21일)에 잇달아 진주했다. (1945년 11월경까지 남한 전역에 진주한 미군 병력은 3개 사단 7만여 명에 이른다. 북한에는 약 12만 5천 명의 소련군이 진주했다.)

9월 11일 박헌영 계열이 조선공산당을 재건했다. 10월 14일에는 소련군 사령부가 평양에서 김일성(金日成)을 환영하는 군중대회를 열고 만33세의 젊은이인 그를 민족의 영웅으로 등장시켰다.

김일성(金日成)은 본명이 김성주(金成柱)로 1912년생이다. 1931년에 중국 공산당에 입당했고, 1940년 10월에 일본군의 토벌을 피해 소련으로 피신했다. 소련은 김일성을 극동군 산하 88정찰여단에 배속시켰다. 이 여단은 50명씩 4개 대대로 구성된 총 200명 규모의 부대였다. 부대원의 대부분은 중국인이었고, 조선인은 60명이었다. 여단장은 중국인 주보중(周保中)이었다. 1945년에 김일성은 대위의 계급으로 이 연대의 제1대대장을 맡고 있었다.

1945년 8월 하순에 스탈린은 극동군 사령관 바실레프스키에게 북한을 소련의 지시대로 지도할 한국인을 선발해 추천하라는 긴급지령을 내렸다. 이때 김일성이 추천됐다. 스탈린은 곧장 그를 모스크바로 불러 자신의 별장에서 4시간 동안 일종의 면접을 보았다. 스탈린은 만족하고 바실레프스키에게 김일성을 전면적으로 지원하라는 지령을 내렸다.

9월 하순에 김일성은 북한으로 이송됐고, 소련군의 정치 담당 장교들이 김일성을 전설의 영웅 김일성 장군으로 둔갑시키는 작업을 벌였다.

한편 미국에서 활동하던 이승만은 미국 정부와의 협의를 거쳐 10월 16일에 귀국해 하지 미군 사령관의 주선으로 조선호텔을 숙소로 삼았다. 좌우익 모두 이승만의 귀국을 환영했고, 여러 정당과 단체가 그와 접촉했다. 10월 18일에 여운형과 허헌(許憲)이 이강국(李康國), 최용달(崔容達)을 대동하고 그를 방문했고, 인민공화국 중앙인민위원회는 이승만을 중심으로 단합하자는 내용의 담화를 발표했다. 조선공산당의 박헌영도 이승만을 찾아와 당수로 취임해 달라고 요청하기까지 했다.

23일 조선호텔에서 각 정당 대표 200여 명이 모여 자주독립 촉진을 위해 각 정당을 규합하는 대표 기구로서 독립촉성중앙협의회를 결성할 것을 만장일치로 의결했다. 이승만이 회장으로 추대됐고, 그에게 간부인선과 운영이 일임됐다.

북한에서는 11월 3일 고당 조만식(曺晩植)이 조선민주당을 창당했다. 그러나 이는 조만식이 적극적으로 계획해서 실행한 것이 아니었다. 김일성을 내세운 소련 군정당국이 그를 지지하는 세력을 조직화하는 것이 좋겠다고 수차례 종용한데다가 여러 가지 상황을 고려하여 그렇게 한 것이었다. 소련으로서는 북한 민중에 대한 소련군의 약탈과 만행이 심했던 탓에 이탈한 민심을 수습해야 할 처지였을 뿐만 아니라 형식적으로나마 복수정당 제도를 만들어 선전해야 할 필요가 있었다.

김일성은 처음에는 조만식 밑에서 부당수를 하겠다고 했으나, 소련 군정 당국을 배경으로 거중조정 역할을 하겠다고 말을 바꾸었다. 김일성은 자기 대신 측근인 최용건(崔庸健)과 김책(金策)을 추천했다. 이에 따라 최용건은 부당수, 김책은 서기장 겸 정치부장으로 임명됐다.

조선민주당이 발족하자 38선 이북 지역의 민중은 열렬히 호응했고, 이에 따라 창당 3개월 만에 당원이 50만 명으로 늘었다.

한편 남한에서 이승만은 11월 21일 방송을 통해 '공산당에 대한 나의 관념'을 발표했다. 그는 "일제에 대항하던 공산주의자와 근로대중에게 복리를 주는 공산주의자에 대하여는 어느 정도 찬성할 수 있으나 경제정책의 이해를 염두에 두지 않고 공산정부의 수립만을 위해 각 방면으로 선동, 소요를 일삼는 자는 한국의 독립에 방해를 가져오는 자이니 국민 각자가 자각하여 선동에 유

환국한 직후에 이승만의 안내로 하지와 만나는 김구

독립운동가, 정치가. 호는 우사(尤史). 서울에서 출생해 어릴 때 고아가 되어 미국인 선교사 언더우드의 집에서 서양식 교육을 받고 미국으로 유학했다. 1903년에 로어노크 대학 문학과를 졸업했다. 1904년에 프린스턴 대학에서 석사학위를 받고 1905년에 귀국해 경성청년회 총무, 경신학교 교감, 연희전문학교 교수 등을 지냈다. 일본이 교회를 탄압하자 1913년에 중국으로 망명했고, 1918년에는 소련의 모스크바에서 개최된 원동(遠東) 약소민족대회에 한국 대표로 참가했다. 1919년에는 1차 세계대전을 마무리하는 파리 강화회의에 임시정부 외무총장 자격으로 파견됐다. 1921년에는 모스크바에서 열린 극동피압박민족

대회에 한국 대표단을 이끌고 참가했다. 1923년에 로어노크 대학에서 법학박사 학위를 받았다. 1935년에는 중국 남경에서 민주혁명당을 창당하는 한편 북경, 남경 등지의 대학에서 강의했다. 1942년에 임시정부 국무위원을 지냈고, 1944년에는 부주석이 됐다. 8·15 광복 후 귀국하여 1947년에 민족자주연맹 의장으로서 우익 대표로 좌우합작 운동에 참여했다. 1948년에 남한만의 단독 선거에 반대해 통일정부 수립을 위해 김구와 함께 남북협상을 시도했으나 실패하고 정계에서 은퇴했다. 6·25 전쟁이 일어난 1950년에 납북되어 그해 12월에 병사했다. 저서로 《엘리자베스 시대의 연극 입문》, 시집으로 《양자강의 유혹》이 있다.

혹되지 말기를 바란다"고 했다.

23일에는 상해 임시정부의 김구 주석이 김규식(金奎植) 부주석 등 일부 임정 요인들과 함께 귀국했다. 이들은 "임시정부의 간판을 걸고는 귀국할 수 없다"는 미군정의 방침에 따라 개인 자격으로 귀국할 수밖에 없었다.

12월 16일부터 모스크바에서 미국, 영국, 소련 등 3국 외무장관이 한반도 문제에 대해 토의했다. 이 모스크바 3상회의는 27일 한국에 대해 5년간 신탁통치를 하기로 결정했다. 28일 이 소식이 전해지자 거족적인 반탁운동이 일어났다.

그러나 며칠 지나지 않은 1946년 1월 2일에 조선공산당은 신탁통치에 찬성하는 성명서를 발표했다. 3일에는 좌익 정치세력이 신탁통치 결정을 지지하는 시위를 벌였고, 이에 따라 좌익과 우익 정치세력 간 분열이 심화됐다. 2월 8일 반탁과 신속한 독립을 위한 국민운동 단체인 대한독립촉성국민회가 발족됐다. 이승만이 총재, 김구와 김규식이 부총재로 선출됐다.

북한에서는 2월 8~9일 이틀에 걸쳐 각 정당과 사회단체 및 각 도, 시, 군 인민위원회의 대표자들이 모여 북조선 임시인민위원회 수립을 결정했다. 김일성이 위원장, 김두봉(金枓奉)이 부위원장이 됐다. 조만식은 반탁을 고집하다가 소련 군정당국에 의해 연금됐고, 최용건이 조선민주당 당수가 됐다. 조선민주당 창당동지들은 거의 모두 월남해 남한에서 활동을 재개했다.

모스크바 3상회의의 결정에 따른 후속조치로 미국과 소련이 3월 20일 서울의 덕수궁에서 미소 공동위원회(1차)를 열었다. 29일 미소 공동위원회는 공동성명 3호를 통해 모스크바 3상회의의 결정 중 제2항인 '정당, 사회단체와의 협의에 의한 임시정부 수립 준비'를 제1단계로 하고 제3항인 '임시정부 참여 하의 4국 신탁통치 협약 작성'을 제2단계로 해서 차례로 그 실천을 하되 먼저 제1단계를 위하여 3개 분과위원회를 설치하기로 했다고 밝혔다.

그러나 미소 공동위원회는 협의의 대상이 될 정당과 사회단체를 선택하는 데서 난관에 부닥쳤다. 4월 18일에 발표된 공동성명 5호는 협의의 대상이 될 정당과 사회단체는 신탁통치에 관한 조항을 포함해 모스크바 3상회의의 결정을 수락해야 한다고 천명했다. 이로써 우익 진영은 중대결단을 내려야 했다. 우익은 일단 임시정부 수립에 참여하자는 의견과 절대로 신탁통치를 받아들일 수 없다는 의견으로 양분됐다. 한민당(한국민주당)은 앞의 입장이었고, 한독당(한국독립당)은 뒤의 입장이었다. 우익에서 이렇게 의견이 엇갈린 가운데 미군정은 우익의 임시정부 수립에 참여할 것을 적극 권고했다.

4월 27일까지 민주주의민족전선, 조선공산당, 조선인민당, 노동조합전국평의회(전평) 등 좌익 계열의 32개 단체가 모스크바 3상회의의 결정을 받아들인다는 내용의 선언서를 미소 공동위원외에 제출했다. 우익도 5월 1일 한민당, 한독당 등 20여 개 단체에서 나름대로의 선언서를 제출했다. 그러나 소련은 반탁운동을 전개한 단체나 지도자는 일체 초청할 수 없다고 했고 미국은 이에 반대하여 회의가 교착상태에 빠졌다. 결국 5월 9일 소련 대표단이 특별열차를 타고 평양으로 철수함으로써 미소 공동위원회는 결렬됐다.

이에 따라 임시정부 수립의 전망이 불투명하게 됐다. 한민당은 5월 11일 "미소 공동위원회의 결렬은 유감천만"이라고 하면서도 공동위원회를 재개하는 문제에 대해서는 언급을 피했다.

민주주의민족전선은 "미소 공동위원회의 휴회는 불행"이라면서 "공동위원회에 적극 협력해 민주적 임시정부를 조속히 실현하는 것이 조선민족에게 주어진 당면 의무"라고 했다.

조선공산당은 "3천만 동포가 학수고대하던 민주주의 임시정부의 수립은 소위 탁치 문제를 빙자한 남조선 단독정부 수립의 야망으로 말미암아 좌절되고 말았다"는 격한 표현으로 우익을 공격하고 "미소 양국의 공동 일치한 원조 없이 우리 정부는 설 수 없다"고 주장했다.

조선인민당 대표 여운형은 "공동위원회는 휴회되었으나 실망은 하지 않는다. 조선 독립을 약속한 3상회의의 결정이 엄존하는 이상 현지 외교절충에서 생긴 일시적 저어(齟齬, 엇갈림)로 문제될 바 아니요, 워싱턴과 모스크바에서 그 타개점을 발견하여 해결지으리라 믿는다"면서 공동위원회의 재개를 촉구했다.

미소 공동위원회의 결렬로 우익 진영의 세 지도자 가운데 이승만은 남한 단독정부 수립에 나섰고, 김구는 반탁 자주독립 운동에 나섰다. 김규식은 미군정의 후원 아래 미소 공동위원회를 재개해 모스크바 3상회의에서 결정된 통일 임시정부 수립을 이루기 위해 여운형을 상대로 좌우합작을 추진했다.

당시 미국 정부는 조지 마셜(George Marshall) 장군을 앞세워 중국에서 국공합작을 적극적으로 추진하고 있었고, 미국 국무성은 한국 문제도 좌우합작을 이루고 미소 공동위원회를 재개하면 해결할 수 있다는 기대를 갖고 있었다. 이러한 배경에서 미군정의 지지 아래 김규식과 여운형의 좌우합작 운동이 전개된 것이었다.

미군정은 좌우합작 운동의 중심인물로 김규식을 지목하고 그에게 좌우합작 운동을 이끌 것을 권고했다. 김규식은 좌익과의 합작이 쉽지 않다고 보고 거절했으나, 미군정은 이승만을 통해 김규식에게 집요하게 권고했다. 이승만은 그것은 하지 중장 개인의 의견이 아니라 미국 국무성의 정책인 만큼 독립을 위해 그렇게 시도해볼 것을 김규식에게 요청했다. 이에 김규식은 이승만에게 다음과 같은 대답을 하고 좌우합작 운동에 나섰다.

"좌우합작이 독립을 위한 첫 단계라면 독립을 위해 내가 희생하겠다. 형님이 나를 나무 위에 올려놓고 흔들어댈 것도 안다. 또 떨어뜨린 후에는 나를 짓밟을 것도 안다. 그러나 나는 독립정부를 세우기 위해 나의 모든 것을 희생하겠다. 내가 희생된 다음에 형님이 올라서면 될 것이다."

5월 25일 좌우합작을 위한 첫 회합이 열렸다. 참석자는 김규식, 여운형, 원세훈(元世勳) 등이었고, 하지 중장의 정치고문인 버치(Leonard Bertsch) 중위와 선교사인 앨리스 아펜젤러(Alice Appenzeller)도 중재역으로 참석했다.

좌익과 우익 대표들은 이후 좌우합작 협의에 성실한 자세와 열의를 보였으나 상황이 여의치 않았다. 좌우합작을 방해하려는 세력의 준동이 심했고, 8월 17일에는 여운형 교살미수 사건이 일어나 정계와 국민에게 큰 충격을 주었다.

우여곡절 끝에 10월 7일에 좌우합작 7원칙이 발표됐다. 그중에는 토지를 농민에게 무상으로 분배할 것과 친일 민족반역자 처리방안을 입법기구에서 심의해 결정할 것이라는 내용도 들어있었다.

이에 대해 정치단체마다 찬반이 엇갈렸다. 신민당은 합작 지지파와 반대파로 의견이 갈렸고, 조선공산당은 반대, 한독당은 찬성의 입장이었다. 한민당은 토지를 무상분배한다는 것에 대해 민감하게 반응하며 좌우합작 파괴에 나섰다. 이에 한민당 내의 진보적인 인사인 원세훈, 송남헌, 박명환, 이병헌, 김약수, 김병로 등 270여 명이 잇달아 탈당했다.

하지 중장은 남한의 공산주의자들을 자생적인 존재가 아닌 소련의 앞잡이로 보고 있었다. 이 때문에 그는 본국 정부와 갈등을 일으키기도 했다. 어쨌든 1947년에 들어 냉전이 본격화되면서 한국에 대한 미국의 정책도 수정됐다. 미국 정부는 1947년 3월 12일에 소련의 대외팽창을 적극 저지하겠다는 내용의 트루먼 독트린을 발표했다. 한국에 대해서는 남한 단독정부 수립이 미국의 내부방침이 됐다.

1947년 5월 21일에 덕수궁에서 2차 미소 공동위원회가 열렸다.

5월 23일 이승만과 김구는 "신탁통치의 조건을 전부 삭제하거나 신탁이라는 의미가 일반적으로 해석되는 바와 같지 않다는 것을 공식적으로 성명하여 독립정부 수립과 모순되지 않게 할 것이며, 미소 양국이 표방하는 민주주의 중 어느 것을 적용할 것인가를 명확히 하라"고 요구하고, 충분한 해석이 내려질 때까지 공동위원회와의 협의에 참가하는 것을 보류한다는 내용의 공동질의서를 냈다.

같은 날 좌우합작위원회는 김규식의 명의로 "합작 7원칙에 명시된 바와 같이 우리의 최대 목표인 공동위원회가 재개됐으므로 최속(最速)한 기간 내에 통일된 민주주의 임시정부 수립을 성취하자"라는 성명을 발표했다.

결국은 좌익과 대부분의 우익 진영이 '통일정부 수립을 위해 공동위원회 참가는 불가피하게 됐으며, 신탁통치 문제는 임시정부 수립 이후 민족의 총의로 반대해야 한다"는 입장에서 공동위원회에 참가하기로 결정했다.

이때 각 정당과 사회단체가 미소 공동위원회의 자문에 응해 답신서를 제

	한민당	민주주의민족전선	좌우합작위원회	근로인민당	공동위원회 대책협의회
국호	대한민국	고려인민공화국	고려공화국	고려공화국	고려공화국
국체	민주공화제	민주공화제	민주공화제	민주공화제	민주공화제
정체	3권 분립	3권 귀일	3권 분립	3권 통일제	3권 분립 중앙집권제
행정기관	대통령제(국무위원)	인민의원 내각제	대통령제(국무위원)	대통령 국무위원제	대통령부 국무위원제
지방정부	중앙임명제	선거제(인민위원회)	중앙임명제	인민위원회 체제	중앙임명제

출했다. 위 표는 미소 공동위원회의 제5호 자문에 대한 답신서를 요약, 정리한 것이다.

나라 이름을 정하는 문제와 관련해 '조선'이 들어가는 국호를 내세운 정치단체가 하나도 없는 것이 특기할 일이다. 현재 대한민국을 영어로는 'Republic of Korea'로 표기하는데, 이를 해석하면 '고려공화국'이 된다는 점도 흥미롭다.

6월 25일 공동위원회 참가를 청원한 남한의 정당 및 사회단체 대표 400여 명과 미소 두 나라 대표의 합동회의가 개최됐고, 7월 1일에는 북한의 정당 및 사회단체 대표와 미소 두 나라 대표의 합동회의가 개최됐다. 7월 10일 소련 대표가 공동위원회 참가단체로 등록한 남한의 425개 단체를 118개로 제한하자고 제의해서 문제가 생기기도 했다.

7월 19일에 여운형이 서울의 혜화동 로터리에서 19세 소년 한지근이 쏜 총에 맞아 암살됐다. 암살의 배후는 수도경찰국(국장 장택상)과 극우반공단체라는 소문이 있었지만, 진상은 밝혀지지 않았다. 많은 국민이 애도하는 가운데 장례식이 국민장으로 치러졌다.

8월이 되자 상황은 '모스크바 3상회의 결정 고수'와 '의사표시의 자유'를 내세워 대립하던 1년 전의 모습으로 되돌아갔다.

8월 20일 54차 본회의에서 소련 수석대표 스티코프 중장은 8월 11일 이후 남한에서 대대적으로 벌어진 좌익계 검거에 항의하여 "모스크바 3상회의의 결정과 공동위원회 업무를 지지해온 남한 좌익계 요인들에 대한 탄압은 공동위원회의 사업을 방해하는 처사"라는 내용의 성명을 발표했다.

8월 25일 55차 본회의에서 미국 대표 브라운 소장은 소련의 항의성명에 대해 "미국의 점령지역 안에서 법과 질서를 파괴하려는 북조선 지도자들을 지원하는 행동"이라고 비난했다. 브라운은 26일 다시 성명을 발표해 "남한의 좌익 검거는 공동위원회의 업무 진행과 아무런 관계가 없으며 남한 민주주의민족전선은 북한 민주주의민족전선의 사주를 받아 비합법적인 방법으로 미군정에 도전해왔다"고 주장하고 북한에 감금돼있는 주요 인사들을 석방하라고 요구했다.

9월 초에는 2차 미소 공동위원회의 결렬이 확실해졌다. 미소 공동위원회의 통역을 맡아 미국 대표와 소련 대표의 태도를 가까이서 관찰할 수 있었던 고정훈(高貞勳) 씨는 당시의 상황을 훗날 다음과 같이 회고했다.

두말할 나위도 없이 미소 공동위원회란 처음부터 되지도 않을 일을 되는 것처럼 꾸민 미소 양 대국의 연극이었다. 소련은 평양에서부터 베를린에 이르는 광대한 점령지역을 스탈린주의라고 하는 획일주의의 궤도를 선회하는 위성국 군으로 만들기 위해 전력을 기울이고 있었고, 이러한 세계적화 정책을 수행함에 있어서 한 치도 양보하지 않을 속셈이었다. 점령지역에 대한 소련의 식민정책은 크렘린에 의해서 일사불란하게 통제되고 있었다.

내가 북한 소련군 정치사령부에 근무하면서 직접 겪은 일이지만, 크렘린 당국은 이승만 박사와 김구 선생을 매도하는 구호에 이르기까지 그야말로 하나에서 열까지 철두철미하게 지시, 감독하고 있었다. 북한 공산당과 그 산하단체들이 길거리에 내다붙이는 구호는 한 자도 빼놓지 않고 크렘린이 직접 지시한 것들이었다. 심지어 이승만 박사와 김구 선생 중 어느 분의 이름을 먼저 써야 하는가, 그리고 민족반역자, 매국노, 미 제국주의 주구(走狗) 등의 순서를 어떻게 하느냐에 이르기까지 세밀하고도 치밀하게 통제하고 있었다.

실제로 경험해보지 않고는 도저히 이해할 수 없는 그런 것이었다. 스탈린주의를 바늘도 들어갈 틈이 없는 하나의 거대한 암석과 같은 것이라고 말했지만, 그래도 그렇게 지독한 줄은 몰랐다.

9월 17일 조지 마셜 미국 국무장관은 유엔(UN) 총회에서 "한국 문제가 유엔 총회에 상정되어 신탁통치를 거치지 않고 한국을 독립시키는 수단이 강구되기를 바란다"고 언명했다. 21일 유엔 총회 운영위원회는 한국 독립 문제에 관한 제안을 유엔 총회의 토의사항으로 하자는 결의안을 12 대 2로 통과시켰다.

10월 19일 유엔 총회 전체회의가 개막됐다. 미국은 소련의 동시철병 안을 거부했고, 소련은 미국의 한국 독립 촉진 결의안에 대해 거부적인 태도를 보였다. 국내에서는 대한독립촉성국민회, 한민당, 임시정부수립대책협의회 등이 미국이 유엔에 정식 상정한 '신탁통치 없는 한국 독립 안'을 크게 환영했다.

11월 14일에는 유엔 총회 전체회의에서 미국이 제안한 '신탁통치를 거치지 않고 한국을 독립시키는 안'과 '유엔의 감시 아래 남북한 총선거를 실시해 한국을 통일하는 안'이 43 대 0(기권 6)으로 결의됐다. 이에 따라 유엔 한국위원단이 결성됐다.

1948년 1월 8일부터 유엔 한국위원단이 입국하기 시작했다. 22일 유엔 한국위원단은 "제2분과위원회는 '남북 정치지도자와의 협의' 대상으로 우선 이승만, 김구, 김규식, 김성수, 조만식, 김일성, 허헌, 박헌영, 김두봉 등과 면담할 것" 이라고 발표하고 정식 면담을 시작했다.

그러나 23일 유엔 주재 소련 대표인 안드레이 그로미코는 유엔 사무총장에게 유엔 한국위원회의 북한 방문을 거부하는 서신을 보냈다. 유엔 한국위원회는 2월 3일까지 남한 정치지도자와의 면담을 완료했다.

이 면담에서 김구와 김규식 계열인 민족자주연맹은 "남북 정치요인 회담을 개최하고, 남북 통일정권을 수립하기 위한 통일 총선거를 실시해야 한다"고 주장한 반면에 이승만 계열은 "남한만이라도 단독선거를 실행하여 정부를 수립한 후 점진적으로 통일을 성취하자"고 주장했다. 이로써 국론이 두 갈래로 나뉘었다.

2월 4일 유엔 한국위원단은 제8차 전체회의를 개최하고 정식 불참을 통고한 우크라이나를 제외한 8개국으로 위원단을 재구성하고 임시 의장인 인도 대표 크리슈나 메논을 정식 의장으로 선출했다. (우크라이나는 소련을 구성하는 15개 소비에트 공화국 중 하나였다. 소련은 국제법상 15개 소비에트 공화국의 국가연합인데, 소비에트는 미국의 주(州, state)와 달리 개별적으로 유엔에 가입하는 것이 가능했다.)

유엔 한국위원단은 소련이 위원단의 북한 방문을 거부한 것과 관련해 남한만의 단독선거를 실시할 것인지 여부를 놓고 신중히 토론했다. 남한만의 단독선거에 대해 필리핀, 엘살바도르, 중국, 프랑스는 긍정적인 반응을 보인 반면에 시리아, 캐나다, 오스트레일리아, 인도는 대체로 부정적이었다. 결국 한국위원단은 북한 방문이 불가능함에 따라 그 대책을 수립하기 위해 유엔 소총회와 협의하기로 하고 그 훈령을 받기 위해 의장인 메논과 중국 대표 호세택(胡世澤)을 유엔 본부로 파견하기로 결의했다.

2월 7일 남한만의 단독선거를 저지할 목적으로 좌익이 '2.7 구국투쟁' 이라는 폭동을 일으켰다. 제주도에서는 "남한 단독정부 수립 반대", "미소 양군 동시 철퇴", "국제 제국주의 앞잡이 이승만과 친일 반동파 김성수 타도" 등의 구호를 내건 격렬한 시위가 벌어졌다. 남로당과 민주주의민족전선은 전평(조선노동조합전국평의회)과 더불어 대대적으로 시위와 파업을 일으켰는데, 그 과정에서 9천 명이 넘는 피검자가 발생하는 등 사회가 혼란에 빠졌다.

2월 26일 유엔 소총회는 유엔 한국위원단이 임무를 수행할 수 있는 지역에서만 총선거를 실시하자는 미국의 제안을 31 대 2(기권 11)로 가결했다. 소련은 미소 양국 군대와 유엔 한국위원단이 철수한 뒤에 남북 총선거를 실시하자고 제안했으나 이는 부결됐다.

김구는 유엔 소총회의 결의에 크게 낙담하여 이렇게 선언했다. "유엔 소총회가 일개 소련의 태도를 시정하지 못하고 한국 문제에 대한 유엔의 기존 결정에 위배되는 남한 단선을 실시하기로 한 것은 민주주의의 파산을 세계에 선고한 것이나 다름없다. 나는 한국을 분할하는 남한 단선도, 북한 인민공화국도 반대한다. 오직 정의의 깃발을 잡고 남북통일에 최후까지 노력하겠다." 김규식도 "나는 남한 단선에 참여하지 않을 것이며, 모든 정치행동에서 물러나겠다"고 말했다.

3월 18일 미군정 당국이 총선거법을 공포했다. 유엔 한국위원단과 미군정 당국은 유엔의 감시 아래 치르기로 한 38선 이남 지역의 총선거를 5월 10일 실시하기로 합의했다.

3월 25일 밤에 북한의 평양방송은 통일정부 수립을 위한 남북협상을 제의했다. 4월 3일에는 제주도에서 단독선거에 대한 반대를 구실로 김달삼(金達三, 제주도 남로당 총책)의 주도 아래 4·3 봉기가 일어났다.

4월 19일과 21일에 김구와 김규식이 각각 북행을 결행했다. 두 사람은 5월 5일 북한방문 일정을 마치고 귀환했지만, 소득이 없었다. 두 사람은 북한에서 연금된 우파 지도자 조만식과 함께 남쪽으로 귀환하겠다고 했으나 김일성이 거절했다.

선거를 며칠 앞두고 미군정 당국은 김규식을 정계에 전면 등장시키는 게획을 추진했다(1차 미소 공동위원회 때부터 미국 국무성은 극좌와 극우를 배제한다는 원칙에 따라 김규식을 정계에 등장시킨다는 방침을 세워놓고 있었다). 미군정 당국은 자신들과 불화가 심했던 이승만을 낙선시키기 위해 이승만의 선거구(동대문 갑구)에 최능진(崔能鎭, 미군정 수사국장)을 입후보시키고 그를 위해 신변보호 등의 특별조치를 취했다. 그러나 김규식은 미군정의 집요한 권유에도 불구하고 남한 단독선거에 대한 '불반대, 불참가' 원칙을 고집하면서 당분간 정계에서 은퇴하겠다고 했다. 이에 미군정 당국은 김규식에 대한 미련을 버리면서 최능진의 후보등록도 취소했다.

5월 10일 38선 이남에서만 총선거가 실시됐다. 48개 정당과 사회단체가 후보를 냈다. 그러나 좌익은 물론이고 중도세력도 남한 단독정부 수립에 반대한다는 입장에서 이 총선거에 불참했고, 우익에서 김구와 김규식도 불참했다. 선거과정은 무질서와 폭력으로 얼룩졌다. 선거 직전 5주 동안 선거와 관련해 589명이 죽고 1만 명이 넘는 선거사범이 구속됐다.

선거 결과 198석 가운데 무소속이 42.5%인 85석, 대한독립촉성국민회가 55석, 한민당이 29석을 각각 차지했다. 대한독립촉성국민회와 한민당은 이승만을 지지하는 정치세력이었다. 무소속 가운데도 한민당과 대한독립촉성국민회 계열의 인사들이 다수 있어 실제로는 한민당이 76석, 대한독립촉성국민회가 61석을 차지했다.

5월 31일에 제헌국회가 개원했다. 국회의장에 이승만, 국회부의장에는 신익희(申翼熙)와 김동원(金東元)이 선출됐다.

제헌국회는 7월 1일 국호를 대한민국으로 결정했다. 이어 17일에는 대통령 중심제를 채택한 대한민국 헌법이 공포됐다. 이 헌법은 대통령을 국회에서 선출하도록 규정했는데, 이승만과 김구가 대통령 후보로 출마했다. 20일 국회의 표결 결과 이승만이 180표, 김구가 13표를 얻어 이승만이 초대 대통령으로 선출됐다. 부통령에는 이시영(李始榮)이 선출됐다. 이에 따라 8월 15일 이승만

1948년 8월 15일 대한민
국 정부 수립을 선포하고
있는 이승만 대통령

을 대통령으로 하는 대한민국 정부가 수립됐다.

북한은 8월 25일에 흑백 투표함 선거로 최고인민회의 대의원들을 선출했
다. 이어 9월 3일에 헌법을 공포했고, 9일에 최고인민회의의 이름으로 조선민
주주의인민공화국이 수립됐음을 공표했다.

에필로그

조선왕조는 과거의 역사 및 문화와 스스로 단절하려고 했다. 조선왕조는 고려왕조를 역사에서 말살시키기 위해 치열한 노력을 기울였다.

　조선왕조가 국가경영의 기본원리로 내건 성리학은 한국의 역사 및 문화와 어울리기 어려운 이질적인 것이었다. 고대부터 한국은 외래문화를 포용하는 데 뛰어난 능력을 보였고, 다원적 가치관이 병존할 수 있게 하는 관용의 태도를 갖고 있었다.

　성리학은 비판을 허용하지 않는 폐쇄적인 사고체계였다. 그러므로 경제적으로 외국과의 교역이 억제되어 자급자족으로 후퇴했고, 정치사회적으로 자기정화 기능이 소멸할 수밖에 없었다. 그 결과로 국가의 안보와 국민의 기본적인 삶이 보장되지 못했다.

　한국사에서 외침을 스스로 막아내지 못한 왕조는 조선왕조가 처음이었다. 역사적으로 유례를 찾기 힘들 정도로 반동적인 성격을 갖고 있었던 조선왕조는 결국 고대 이래 한국의 문화를 젖줄로 삼아 성장해온 일본에 병탄당하는 결말을 맞았다. 어쩌면 그것은 자멸의 과정이었다고 보는 것이 더 적절할지도 모른다.

　　한국인들은 해야 할 책무를 제대로 하지 못하고 민중에게 의무만 부과하는 왕정체제에 시달린 데 이어 혹독한 착취를 일삼는 일본 제국주의에 시달렸다. 그 결과로 한국인들은 집단열등감, 국가와 사회에 대한 불신, 수단과 방법을 가리지 않는 생존경쟁 의식, 그로 인한 짧은 안목, 권력과 물질적 부에만 가치를 두는 풍조, 부패에 대한 불감증, 외세에 대한 의존성 등을 갖게 됐다. 그 모두가 건전한 국가와 사회를 이룩하려면 버려야 할 것들이다.

　　1948년 건국 당시 신생국가 대한민국이 물려받은 역사적 유산은 참담한 것이었다. 2차 세계대전 이후의 신생 독립국가 가운데 한국처럼 많은 난제를 지닌 국가도 드물었다. 선대로부터 물려받은 마이너스의 유산이 너무나 컸다. 게다가 한국전쟁으로 인해 그 마이너스 유산은 감당하기 어려울 정도로 커졌다. 한국전쟁으로 폐허가 되어 미국의 식량원조가 없으면 인구의 상당수가 굶어죽을 수밖에 없게 된 대한민국에서 절대절명의 과제는 굶주림에서 벗어나는 것이었다.

　　한민족은 어쩔 수 없다는 무기력증에 빠진 상황에서 조국의 근대화를 기치로 내건 군인 박정희 씨의 집권은 많은 법률적, 도덕적 하자에도 불구하고 한국인들에게 큰 설득력을 발휘했다. 경제성장과 안보를 정권의 존재이유이자 목적으로 삼았던 박정희 정권은 어느 정도 그러한 목표를 달성했다.

　　그러나 경제성장은 근대적인 국민국가의 형성과 발전에 필요한 요소의 하나일 뿐이며, 그것만이 전부가 아니다. 이른바 압축 경제성장으로 어느 정도의 물질적 여유를 누리게 되는 1970년대 후반부터 한국사회는 경제성장 이상의 것을 요구하기 시작했다.

　　1980년대 초에 한국사에서 처음으로 '정의사회'의 구현을 요란스레 떠드는 정권이 탄생했다. 정의를 희롱한 자들이 정의를 떠드는 개그를 7년간 한 뒤로는 대한민국 정치권이 정치적 색채상 진보와 보수를 막론하고 너도나도 정의를 독점하려는 무리로 가득 찼다. 그런 자들이 연속하여 국정을 운영하게 되니 민주화 과정이 왜곡되어 마치 '목청을 높일 자유'가 민주화의 요체인 것처럼 오해되는 양상이 나타났다.

요즘에는 정치권뿐만 아니라 경제, 사회, 문화, 교육, 언론 등 모든 분야에서 저들만 정의를 독점하고 있는 듯, 저들만 만병통치약을 가지고 있는 듯 떠들어대는 무리가 발호하고 있다. 그러나 이러한 사회일수록 정의가 강물처럼 넘치기보다는 진짜 정의에 대한 갈망이 확산된다.

게다가 '88만원 세대'라는 표현으로 상징되듯 미래를 떠맡을 젊은 세대에게 희망이 보이지 않는 현재의 한국사회는 미증유의 위기상황에 처해 있다고 아니 할 수 없다. 이러한 때 필요한 것은 이명박 정권의 선거공약이었던 '7·4·7 성장(연 7% 경제성장, 10년 내 국민소득 4만 달러 달성, 세계 7위의 경제대국 실현)'과 같은 요란스러운 구호가 아니라 냉정한 자기성찰, 자기인식이다.

이 책은 그러한 냉정한 자기성찰, 자기인식에 필요한 '있는 그대로의 현실 직시'를 '과도한 민족주의'가 가로막을 수 있다는 믿음 아래 20세기 전반기의 역사를 돌아본 것이다. 우리에게는 '일제강점기와 그 전후'에 해당하는 그 기간에 세계는 소용돌이치며 격변했고, 그러한 세계사의 과정은 우리나라가 일본의 식민지가 되고 그 뒤에 독립하는 과정을 결정지었다. 우리가 철저하게 '세계사의 객체 또는 구경꾼'이 됐던 그 시대의 역사를 있었던 현실 그대로 다시 바라보려는 노력은 우리가 지금 처해있는 상황에 대한 근거 없는 낙관이나 쓸데없는 비관에서 벗어나 우리 자신과 우리나라의 좌표를 올바로 설정하는 데 도움이 될 것이라고 기대해본다.

참고문헌

단행본

具汶列,《한국 국제관계사연구》Ⅰ, Ⅱ, 역사비평사, 1995.
金容九,《世界外交史》상, 하, 서울대학교 출판부, 1989.
金容德,《日本近代史를 보는 눈》, 지식산업사, 1991.
金翰奎,《한중관계사》Ⅱ, 아르케, 1999.
閔斗基,《中國近代史論》Ⅰ, 지식산업사, 1976.
閔斗基,《中國近代史論》Ⅱ, 지식산업사, 1981.
閔斗基,《中國近代改革運動의 研究》, 일조각, 1985.
閔斗基,《중국의 共和革命》, 지식산업사, 1999.
徐相文,《프로메테우스의 불》, 백산서당, 2003.
宋南憲,《解放 三年史》Ⅰ, Ⅱ, 까치, 1985.
尹惠英,《中國現代史研究》, 일조각, 1991.
李光麟,《한국사 강좌―근대편》, 일조각, 1982.
李光麟, 愼鏞厦 편저,《史料로 본 韓國文化史(근대편)》, 일지사, 1984.
이기형,《여운형 평전》, 실천문학사, 2000.
李萬烈,《韓國史年表》, 역민사, 1996.
이종석,《북한―중국 관계 1945~2000》, 중심, 2000.
임계순,《淸史》, 신서원, 2000.
정병권,《폴란드사》, 대한교과서주식회사, 1997.
藤原彰,《日本軍事史》, 時事日本語社, 1994.
小島晉治, 丸山松幸,《中國近現代史》, 지식산업사, 1988.
Allan Schom,《The Eagle and the Rising Sun》, Norton & Company, 2004.
Г.К.Жуков,《Восцоминияи Размышшения》, Издательство "Новость", 1995.
Isaac Deutscher,《The Prophet Armed》, Oxford University Press, 1954.
Isaac Deutscher,《The Prophet Unarmed》, Oxford University Press, 1959.
Lloyd Eastman,《蔣介石은 왜 敗하였는가》, 지식산업사, 1984.
Peter Duus,《日本近代史》, 지식산업사, 1991.
Phil Billingsley,《中國의 土匪文化》, 일조각, 1996.
Richard J. Overy,《Russia's War》, Penguin Press, 1998.
Robert E. Sherwood,《Roosevelt and Hopkins》, Harper and Brothers, 1948.

S. E. Morrison, 《History of the United States Naval Operations in World War II》, Little, Brown and Company, 1955.
Stig Jagerskiold, 《Mannerheim, Marshal of Finland》, C. Hurst & Company, 1986.
William L. Shirer, 《The rise and fall of the third Reich》, Harper and Brothers, 1960.

연구논문

高承濟, 〈沿海州 移民史 研究(1853~1945年)〉, 국사관논총 제11집, 1990.
具良根, 〈中日에 對한 韓國人의 傳統的 觀念 研究〉, 東洋史學研究 제59집, 1997.
金基赫, 〈開港을 둘러싼 國際政治〉, 韓國史 市民講座 7집, 1990.
金培喆, 〈'敎案' 과 義和團〉, 《講座 中國史 VI》, 1989.
金世昊, 〈軍閥統治와 聯省自治〉, 《講座 中國史 VII》, 1989.
金容德, 〈東아시아에서의 日本의 近代化〉, 《講座 中國史 VII》, 지식산업사, 1989.
金昌順, 〈滿洲 抗日聯軍 研究〉, 국사관논총 제11집, 1990.
金春善, 〈조선후기 한인의 만주로의 '犯越'과 정착과정〉, 백산학보 제51호, 1998.
金衡鐘, 〈辛亥革命의 展開〉, 《講座 中國史 VI》, 1989.
盧明植, 〈폴란드의 分割과 統一·獨立〉, 《歷史上의 分裂과 再統一(下)》, 1993.
羅弦洙, 〈第1次 國共合作과 北伐〉, 《講座 中國史 VII》, 1989.
閔斗基, 〈民國革命論〉, 《講座 中國史 VI》, 1989.
裴京漢, 〈南京國民政府의 成立과 그 性格〉, 《講座 中國史 VII》, 1989.
裴京漢, 〈孫文과 上海韓國臨時政府〉, 東洋史學研究 제56집, 1996.
裴京漢, 〈上海南京 지역의 初期(1911~1913) 韓人亡命者들과 辛亥革命〉, 東洋史學研究 제67집, 1999.
白永瑞, 〈第2次 國共合作의 成立過程과 그 意義〉, 《講座 中國史 VII》, 1989.
宋漢鏞, 〈張學良과 中東路事件〉, 中國史研究 제10집, 2000.
廉仁鎬, 〈華北朝鮮獨立同盟의 敵區 據點建立運動〉, 국사관논총 제54집, 1994.
尹惠英, 〈袁世凱(1859~1916)와 辛亥革命〉, 《歷史와 人間의 對應》, 고병익 선생 회갑기념 사학논총, 1984.
尹惠英, 〈變法運動과 立憲運動〉, 《講座 中國史 VI》, 1989.
尹輝鐸, 〈'邊地'에서 '內地'로: 中國人 移民과 滿洲(國)〉, 中國史研究 제16집, 2001.
李尙澈, 〈日本軍의 滿洲軍事作戰 2〉, 국방 255, 1995.
李尙澈, 〈日本軍의 滿洲軍事作戰 3〉, 국방 256, 1995.
李尙澈, 〈日本軍의 滿洲軍事作戰 4〉, 국방 257, 1995.
李昇輝, 〈抗日戰爭〉, 《講座 中國史 VII》, 1989.
韓相禱, 〈黃埔軍官學校와 韓人獨立運動〉, 국사관논총 제41집, 1993.
韓錫政, 〈東아시아 國家 만들기의 연결고리: 滿洲國, 1932~1940〉, 中國史研究 제 16집, 2001.

찾아보기

ㄱ

가미카제 공격 274~6, 287
가와바타 데이지 113
가토 다카키 36, 103
강화문제동지회 10
건국준비위원회 297~9
건국청년치안대 296
겨울전쟁 163
격리연설 134
고노에 후미마로 132
고려공화국 308
고려왕조 315
고려인민공화국 308
고립주의 134, 178
고오츠키 요시오 298, 300
고정훈 309
고종 59, 61
공동위원회 대책협의회 308
공화정 29, 31
공화제 39, 41
공황 104~5, 124
괴달가날 섬 쟁탈진 247
관동군 96~7, 106~8, 110~1, 114, 129, 153, 155~7, 199, 289
광동정부 82
광주작전 138
괴링, 헤르만 250
괴벨스, 파울 요제프 123, 284~5
교주만 36~7

구데리안, 하인츠 174, 197, 203, 205, 213
구축함 214
국공합작 87, 91, 93~4, 131~2, 306
국민당 31~2, 75, 81, 85~6, 91, 93, 131
국민당군 114
국민혁명군 86~90, 95
국제연맹 108, 113
국제연합 278
군벌 43, 75, 88, 97~8, 108, 248
군비제한 69
군함건조 경쟁 69
굿나우, 프랭크 39
권중현 11
그로미코, 안드레이 311
극동피압박민족대회 62, 303
근로인민당 308
기동방어 266
기타 잇키 105
김구 113, 115, 302~5, 307, 310~3
김규식 61, 66, 79, 303~7, 310~3
김달삼 312
김두봉 304, 307, 310
김병로 307
김성수 310
김성주 300
김수인 109
김약수 307
김일성 300~2, 304, 310
김책 302

ㄴ

나치 121, 123~125
남경 정부 100, 108, 116, 131
남경대학살 135~136
남로당 312
남만주철도 77, 96
남북화의 28
남진론 185~6
남한 단독선거 311~3
낫으로 베기 작전 171
내몽고 129
노구교 132
노르망디 상륙작전 262~268
노몬한 전투 153
노무라 기치사부로 113, 192, 212, 217
녹스, 필랜더 C. 14
농민폭동 25
니미츠, 체스터 W. 233
니콜라이 2세 13, 45

ㄷ

다나카 기이치 64, 90, 104
다카기 다케오 229
단기서 27, 29, 43~4, 83
달라디에, 에두아르 151
달라이라마 109
담연개 43, 94
당계요 43
대계도 86
대공황 105, 107, 124
대군주 작전 266
대동아공영권 186
대미 교섭 갑안과 을안 208~9
대미영란 전쟁 종말 촉진에 관한 복안212
대본영 136~7, 141, 155~6, 192, 200,

210, 247, 291
대서양 헌장 201
대원군 15
대일본 선전포고 219
대장정 82, 117
대통령 국무위원제 308
대통령 내각 126
대통령제 308
대한독립촉성국민회 304, 310, 313
대한민국 60, 308, 313~4, 316
대한민국 임시정부 61, 226
대한민국 헌법 313
대한제국 9~10, 12, 18
덩케르크 176, 178
데라우치 마사타케 15~7
도고 시게노리 294
도조 히데키 208, 272
도쿄재판 135
도쿠나가 스나오 104
독립촉성중앙협의회 301
독일 민족주의 119
독일 제3제국 283
독일노동자당 121
독일의 재무장 128
동굴 소탕작전 279
동장군 206
동필무 78
되니츠, 카를 284~5
두마 45
둘리틀, 제임스 H. 224
등은명 78

ㄹ

라티모어 해법 273
라티모어, 오언 273
랜싱, 로버트 51, 58

랜싱-이시이 협정 51
러시아 혁명 48
러시아-폴란드 전쟁 54
러시아-핀란드 전쟁 163, 168
러일전쟁 9, 13, 24
레노, 폴 178~80
레닌 48~55, 62, 80, 93
레이테 해전 274
레프, 빌헬름 폰 170, 194, 196
로마넨코, 안드레이 297
로이, 마나벤드라 나트 92~3
로코소프스키 250, 252
롬멜, 에르빈 174~5, 220, 267
루덴도르프, 에리히 50, 53, 121~2, 126~8
루손 지구전 279
루스벨트, 프랭클린 D. 188, 193, 201~2,
    215, 227~8, 257~8, 263, 281
루트, 엘리후 71
룬트슈테트, 게르트 폰 170, 194, 197,
    205, 215, 266~7, 280
리가조약 55
리벤트로프 190~1
리트로프 116
리틀 보이 290

◘

마리아나 해전 272
마셜, 조지 306, 310
마쓰오카 요스케 186, 191~2, 199~200
마쓰오카-앙리 협정186
마쓰카타 마사요시 36
마중영 109
마지노선 170, 180
만국평화회의 13
만네르하임 라인 165~6, 168~9
만네르하임, 카를 구스타프 E. 165, 168~9

만슈타인, 에리히 폰 170~1, 249~51,
    258, 265~6
만주 9, 14~5, 29, 31, 79, 97, 108, 111,
    114, 279
만주국 111~2, 114, 116, 153~4, 192
만주사변 72, 108, 111, 114, 135, 139
만주족 30
만주철도 중립화 방안 14
만한몽회장 30
말로, 앙드레 90
맥아더 221, 223~4, 273, 275, 297~8
메논, 크리슈나 311
명치유신 8
명치헌법 24
모건소 플랜 273
모건소, 헨리 Jr. 273
모스크바 3상회의 304~5, 309
모택동 78, 82, 100, 137
몰로토프 칵테일 165
몰로토프, 바체슬라프 165, 169, 190~1,
    262, 291
몽고 153~5, 278
몽고메리, 버나드 260, 280
몽고족 30
뫼즈 강 174~5
무기대여법 188, 191
무솔리니, 베니토 122, 149, 151, 178~9,
    260~1, 283
무술정변 25
무조건 항복 256, 262, 285, 288, 294
무한 국민당 정부 89, 91, 93
무한작전 138
뮌헨협정 150~151
뮌헨폭동 122~3, 143
미국 극동지상군 221
미드웨이 해전 232~43
미소 공동위원회 304~9
미처, 마크 272

미하일 대공 46
민족사회주의독일노동자당 121
민족자결주의 58, 66
민족자주연맹 311
민주주의민족전선 304~5, 308~9, 312
민주주의의 대병기창188

ㅂ

바르바로사 작전 190, 192, 195
바실레프스키, 알렉산드르 289, 291, 301
바이마르 공화국 122, 124~5
바이에른 왕국 120
바투틴, 니콜라이 표도로비치 250, 265
박정희 316
박제순 11~2
박헌영 62, 297, 299~301, 310
발칸 동맹 40
발칸 전쟁 40~1
방역연설 134
백범일지 115
밸포어, 아서 58
버마 로드 187, 224~5
버치, 레오너드 306
번스, 제임스 293
범게르만주의 121
베강, 막심 175
베르사유 강화회의 58, 61
베르사유 조약 63, 121, 128, 143
베를린 방어선 282
병간 130~1
보로실로프 167
보스니아 33
보이틴스키 78
보크, 페도르 폰 170
보통선거법 103~4
복벽운동 44

볼세비키 50~2
봉천파 68, 75, 81~5, 88, 94
부의 25, 111~2
부청멸양 26
부쿠레슈티 조약 41
북경의정서 26
북경정부 43, 63, 68, 75~8, 85~6
북벌 85~97
북벌연합군 94
북상항일선언 116
북양 군벌 23, 42~3
북조선 임시인민위원회 304
불가침조약 161~3, 191~2, 212, 281, 291
브라우히치, 베르너 폰 203, 220
브라운, 오토 116, 309
브레스트리토프스크 조약 53, 56
브뤼닝, 하인리히 124
비스와−오데르 작전 277
빌헬름 2세 56, 123

ㅅ

사라예보 33
4·3 봉기312
산동반도 37, 72
산동출병 95
산해관 사건 114
산호해 해전 231
3국동맹186, 188, 190, 199, 209, 212~3
3국 동맹국 32, 39
3국 협상국 32, 39, 47~8
3대 기본원칙 199
삼민주의 86, 115
3·1 운동 58, 60, 63
상해 임시정부 115
서산회의파 86, 94

서안사건 82, 130
서태후 23~6
성리학 315
성세재 109
성채작전 259
세르비아 33, 40~1, 56
소비에트 사회주의 공화국 국가연합 76
손문 25, 27~8, 30, 32, 68, 75, 82~3, 89
	~91, 115, 130
손전방 88, 90, 94
송교인 25, 31
송자문 227
쇠르너, 페르디난트 265
수권법 127
수원사건 129
순양함 214
슈슈니크, 쿠르트 143~4
슈투카 161~2
슈트라서, 그레고르 123
슐라이허, 쿠르트 폰 126
슐리펜 계획 170
스즈키 간타로 288
스키부대 165~6
스탈린 92~3, 139, 167, 190~1, 205, 248,
	263, 278, 284~5, 288, 301
스팀슨, 헨리 110
스프루언스, 레이먼드 233, 235, 241~3,
	271~2, 281
시게미쓰 마모루 113, 298~9
시데하라 기주로 60, 90
시라카와 요시노리 111, 113
시베리아 횡단철도 56, 158
신강 109
신약법 32
신익희 313
신정 23~4
신축조약 26
신탁통치 303~4, 307, 310

신해혁명 28, 31, 73, 109
쌍십절 31
쐐기와 함정 195, 197

ㅇ

아리가 나가오 39
아리스에 세이조 291
아베 노부유키 300
아이젠하워, 드와이트 D. 250, 257, 267
아펜젤러, 앨리스 306
아호작전 270
안재홍 297~8
안직전쟁 68
안휘파 43, 68~9, 75
야마가타 아리토모 36
야마모토 이소로쿠 228, 232, 239~241
야마시타 도모유키 217, 273, 275
양계초 24
양필 29
양호성 129, 131
어뢰정 214
에놀라 게이 289, 290
에방 에마엘 요새 174
에베르트, 프리드리히 56, 122
엔도 류사쿠 294
여공애사 104
여산담화 133
여운형 60~8, 294, 296~7, 301, 305~6,
	308
여원홍 27~8, 43, 75, 78
염석산 43, 94, 97~9, 100, 108
영일동맹 36, 70, 72
오가와 데쓰로 275
5·4 운동 58, 60, 63, 78, 82
5·30 운동 85
오스만투르크 37, 40~1

오스트리아헝가리 제국 55~6, 145
5·15사건 113
오자키 호쓰미 200
오키나와 전투 287
오패부 43, 75~9, 83, 88, 94
왕명 114
왕정위 86~7, 92~3, 99, 108
왕정위-장개석 연합지도체제 86
왕진미 78
외몽고 14, 31, 73
요나이 미쓰마사 185
요들, 알프레트 285~6
요중개 암살사건 86
요페 52, 77
우메즈 요시로 298
우시지마 미쓰루 281, 287
옹극무 43
워싱턴 체제 72~4
워싱턴 회의 69~70
원세개 23~32, 36, 38~43
원세훈 306~7
원자폭탄 215, 288, 290~1
웨드마이어, 앨버트 C. 297
웨인라이트, 조너선 M. 224
윌슨, 우드로 32, 46~7, 53, 58, 61
유고슬라비아 193
유럽 우선 원칙 188
유엔 한국위원단 310~1
유인정 78
육영정 43, 68
윤봉길 113
윤치호 59
을사보호조약 11~2
의사당 방화사건 127
의열단 79
의화단의 난 9, 25~6, 77
이노우에 가오루 36
이누카이 쓰요시 114

이달 78
이대쇠 78
이동휘 62, 80~1
이든, 앤서니 262
이립삼 100
이범석 115
이승만 226, 301~7, 310~3
이시영 313
이시이 기쿠지로 51
이시하라 간지 106
21개조 요구 37~9, 42, 61
이와쿠로 히데오 211
이완용 11, 15~7
이재면 15
이재황 10~1, 13, 58
이종인 94, 97
이즈볼스키, 알렉산드르 페트로비치 13
2차북벌 95
이척 13, 17
이청천 80~1, 115
2·7 구국투쟁 311
이토 히로부미 10~1, 13
이하영 10
이한준 78
인도차이나 209, 256
임시정부수립대책협의회 310
임표 133
입헌군주제 24, 29, 39, 41
입헌사상 25

ㅈ

자이스인크바르트 143~4
장개석 62, 81~3, 86~100, 107~16, 129
　　~34, 263
장고봉 사건 139
장국도 78

장권 296

장작림 43, 68, 75~6, 79, 81~3, 88, 92~7

장지동 23

장택상 308

장학량 97~9, 100, 108, 129~31

장훈 43

전격전 161, 163, 195

전군의 가미카제화 277

전제군주국 18

전함 214

전회 109

절강 재벌 90

정성단결 일치항적 선언 134

정의사회 316

제1차 국공합작 81

제1차 러일협약 13

제1차 직봉전쟁 75

제1차 카라한 선언 78

제2차 고노에 내각 185

제2차 국공합작 134

제2차 러일 협약 15

제2차 직봉전쟁 81

제2차 한일협약 11~2

제3 인터내셔널 80

제3차 고노에 내각 199

제3차 러일협약 31

제3차 한일협약 13

제4차 러일협약 42

제국 국방방침 14

제국 해군 작전 방침 213

제국국책 수행요강 204

제국국책 수행요령 208

제국육군 작전요강 201

제로센 236~7

제암리 학살 사건 60

제크트, 한스 폰 116

제헌국회 313

조각내기 전술 166

조곤 43, 75~9, 82

조르게 205

조만식 301~2, 304, 310, 312

조선건국동맹 62

조선건국준비위원회 62

조선공산당 재건위원회 297

조선공산당 300~1, 304~5, 307

조선민주당 301~2, 304

조선민주주의인민공화국 314

조선왕조 315

조선인민공화국 62, 299

조선인민당 62, 304~5

조선총독부 79

조여림 39

조지, 로이드 58

좌우합작 7원칙 306

좌우합작 62, 305~6

좌우합작위원회 307~8

주덕 100, 114, 133

주데텐독일당 145, 147

주데텐란트 145~7

주불해 78

주은래 81~2, 89~90, 114, 133

주코프 155~7, 206, 215, 277, 282, 285

중국공산당 78, 82, 89, 91, 93~4, 100, 114, 116, 129~34

중국에 관한 9개국 조약 71

중국혁명동맹회 25, 31

중산함 사건 86~7

중원대전 100, 108

중일전쟁 82, 129, 135

중화민국 30, 279

중화제국 41

지구전에 관하여 137

지구전 137~8

지도자원리 124

직예파 43, 68, 75, 77, 79, 81~3, 88

진공박 78

진과부 115
진담추 78
진독수 78
진주만 공습 217
진지방어 266
진형명 43, 68, 77, 84
진흙장군 206

ㅊ

처칠, 윈스턴 150, 173, 179~80, 201~2,
    256, 263, 265
천황의 지위 293
천황제 288
청색작전 248~9
청일전쟁 9
체임벌린, 네빌 147~8, 151
체코슬로바키아 145~51
최용건 302
치머만 전보사건 48
치아노, 갈레아초 151
치안유지법 84, 103~4

ㅋ

카사블랑카 회의 256
카이로회담 263
커즌라인 55, 278
케렌스키 50~1
케셀링, 알베르트 280
코르닐로프 51
코민테른 78, 80, 84, 91, 93, 116
콜론타이, 알렉산드라 169
크렙스, 한스 284
클레망소, 조르주 58
킨케이드, 토머스 300

ㅌ

태아장 전투 137
태양이 없는 거리 104
태평양 전쟁 14, 18, 226
태평양전쟁협의회 226~8, 230
태풍작전 208, 213
태프트, 윌리엄 H. 14
테헤란 회담 263~4
투하체프스키 55, 139
트로츠키 49~52, 93
트루먼 독트린 307
트루먼, 해리 281, 288, 290, 293
티모셴코 168

ㅍ

파시스트 대평의회 260
파울루스, 프리드리히 249~50, 252~4,
    283
파펜, 프란츠 폰 125~6
팔레비, 레자 샤 264
팔레비, 무하마드 레자 264
팔로군 133~4, 137
8월테제 297
88함대 69
패튼, 조지 260, 280
팽덕회 100, 133
페르디난트, 프란츠 33
페탱, 필리프 180
포츠담 선언 288, 292
포츠머스 강화조약 9~10, 13
포퓰리즘 4
폴란드 분할 163
폴란드 55, 161~2
폴로, 마르코 132
필키슈 운동 121

풍국장 27, 44
풍옥상 82~3, 88, 91~2, 94, 97~100
플레처, 프랭크 228~9, 233, 235
피우수츠키 54
필리핀 방어계획 221
필리핀 해전 272

ㅎ

하딩, 워런 69
하바로프스크 의정서 99
하산 호 사건139
하세가와 요시미치 10~1
하야시 곤스케 10, 12
하와이 기습공격 213
하우스, 에드워드 M. 32
하지, 존 리드 297~8, 300~2, 306~7
하하, 에밀 151
한규설 10
한독당(한국독립당) 304, 307
한민당(한국민주당) 304~5, 307~8, 310,
    313
한야평공사 38
한일합방 18
한일합병조약 17
한족 109
한지근 308
한회 109
할더, 프란츠 191, 203
할인 골 전투 153, 158
함믹여츤 251
항공모함 214, 229, 231, 234~5, 272
항공어뢰 236
헐, 코델 192, 212, 217, 257, 262, 282
혈맹단 114
호소이 와키조 104
호트, 헤르만 197

혼죠 시게루 111
홍군 100, 114, 116~7, 131, 133
홍범도 80
환관 30
황색작전 170~1
황포 군관학교 81~2
횃불작전 250
회족 30
흑룡회 10
흠정헌법대강 24
히로히토 287, 294~5
히오키 에키 39
히틀러, 아돌프 119~28, 143~50, 170~
    1, 190~2, 215, 220, 248~54, 161,
    165, 284
힌덴부르크, 파울 폰 122~7